Choice Theory

选择理论

现实疗法创始人
带你走出心理困境

A
New
Psychology
of
Personal
Freedom

William Glasser

[美] 威廉·格拉瑟—著
郑世彦—译

献给我的妻子——卡琳

这本书是我的,也是她的。我写好这本书,而她逐字逐句录入。我非常爱她,希望能用语言来描述我们的婚姻。但托马斯·哈代在《远离尘嚣》一书中早已有过类似描写,我在此引用它来描绘我们共同度过的岁月:

积极的友谊——同志之情——通常出现于对事业的共同追求中,很少出现在两性之间的爱情中,因为男人和女人是仅仅在娱乐而非工作中结交的。然而,一种快乐的环境会允许这种混合性情感的发展,它会证明自己是唯一至死不渝的爱——大水不能浇灭,暴洪不能淹没,而通常所谓的激情只不过是转瞬即逝的蒸汽罢了。

目录

序言 1

致谢 3

第一部分 理论

第一章 我们需要一种新心理学 2

第二章 人类的基本需求和感受 20

生存 25

爱、性和归属感 26

权力 30

自由 32

乐趣 33

各种需求和人际关系 34

第三章 优质世界 36

第四章 整体行为 51

抑制愤怒 66

求救 67

逃避 68

第五章 相容性、个性和需求强度 74

调解圈 78

反社会者 88

无业者 89

第六章　冲突与现实疗法　95

第七章　创造力　113
心身疾病：创造力的黑暗面　115

第二部分　实践

第八章　爱情和婚姻　136
家庭暴力　149
有组织的现实疗法婚姻咨询　150

第九章　信任与家庭　161
选择理论、家庭和儿童教养　164
用选择理论教养孩子　175
治疗受虐儿童或儿时受过虐待的成人　185

第十章　填鸭、教育和优质学校　200
填鸭式教育　202
计算 vs 数学：填鸭式教育的重灾区　207
数学与其他学科中的问题解决能力　211
学校里的斯塔西　213
学习障碍　218
教育范例：施瓦布中学　221

学校纪律　　230

教育范例：亨廷顿·伍兹小学　　231

优质学校中的成绩考核　　234

学业水平测验　　240

优质学校的标准　　242

第十一章　　职场上的选择理论　　243

老板式管理　　243

领导式管理　　248

沟通障碍　　250

员工索赔　　254

从年度绩效考核到调解圈　　259

第三部分　应用

第十二章　　优质社区　　264

源自文图拉的构想　　268

展望优质社区　　272

准备开始第一步　　278

阅读小组　　280

实施阶段　　282

第十三章　重新定义个人自由　284
　　选择理论的十条原则　284

附　录｜威廉·格拉瑟学院　288

译后记｜291

出版后记｜295

序 言

本书的主题是良好的关系对成功的人生多么重要。我在书中指出，如果不是为疾病、贫穷或衰老所苦，那么困扰我们人类的主要问题——暴力、犯罪、对儿童和配偶的虐待、酒精和毒品成瘾、普遍的未成年人性行为和滥交以及抑郁——都是不良的人际关系导致的。这本书既说明了这些问题为什么会发生，也阐述了我们能如何让彼此和睦相处。

我在书中关注四种需要改善的重要人际关系，即夫妻关系、亲子关系、师生关系以及管理者和员工间的关系。我的论点是，如果我们不改善这些关系，要想减少上述问题，将困难重重。

我提出这样的主张可能有些冒昧，但就在本书出版之前，我很高兴地发现最近有一项研究强有力地支持我的观点：青少年尤其需要良好的家庭关系和师生关系，否则他们很容易出现自毁式行为。

1997年9月10日，《美国医学会杂志》（*JAMA*）刊登了一篇题为《保护青少年远离伤害》的论文，这篇文章描述了针对青少年健康的全美纵向研究的首要发现。其中最重要的是："家庭关联性（connectedness）和个体感知到的学校关联性对除了妊娠（早孕）行为外的各种危害健康的行为都具有抑制作用。"

虽然这项研究没有深入探讨如何改善这两种重要的关系，但它清楚地显示了解决问题的方向——而这正是本书的主题。同时我建议研究者继续关注夫妻如何达到更高的婚姻满意度，我认为这是提升亲子关系的一个关键因素。我永远不会忘记多年前芝加哥的一位约翰牧师说过的一句话："父母能为孩子做的最好的事就是彼此相爱。"

当你阅读这本书时，你会注意到我没有使用"关联性"这个词。尽管我使用了"令人满意的人际关系"(satisfying relationships),但我认为它们没有什么差异。如果你想了解它如何有力地支持了本书内容,我建议你去阅读《美国医学会杂志》上刊登的那篇文章。

致　谢

在我的思路误入歧途的时候，鲍勃·苏洛（Bob Sullo）做了大量思考并帮我厘清头绪。我的目标或许最终已经完成，在此非常感激他的一臂之力。他的著作《提升你的学校的品质》（*Inspiring Quality in Your School*）讨论了在学校中如何将大量的选择理论投入实践应用。

鲍勃·伍伯丁（Bob Wubbolding），与我共事已有25年，给了我许多好建议。他的专长在现实治疗领域，他正在写一本新书——《21世纪的现实疗法》（*Reality Therapy for the 21st Century*）。在这本书中他将回答所有人这一问题："这种疗法是否有研究基础？"答案是"有"。

凯伊·门特利（Kay Mentley），我在第十章多次提到她，她是一所优质学校——亨廷顿·伍兹小学的负责人，这所学校在所有环节中都应用了选择理论。凯和她的员工集合了所有关于学校的理想，然后将其变为现实。你可以在威廉·格拉瑟学院找到她的著作——《优质是关键：亨廷顿·伍兹的故事》（*Quality is the Key: Stories from Huntington Woods*）。琳达·哈什曼（Linda Harshman），威廉·格拉瑟学院的主管，是她让我有时间来写这本书。她是一位具有领导力的管理者，不论与哪一位员工谈话，她都能让对方迅速明白她的意思。对我来说，她是不可或缺的。

如果你发现这本书读起来通俗易懂，我要谢谢我的编辑辛西娅·莫曼（Cynthia Merman）。我给她手稿时说："发挥你的魔力吧。"她做到了！

布莱恩·列侬（Brain Lennon），来自爱尔兰都柏林附近的斯凯里斯，在我需要的时候给了我支持。我在斯洛文尼亚时，编辑发传真给我，告诉我这本书很好，但它需要一个新的名字。他帮助我走上了正确的方向，但我许多来自斯洛文尼亚和克罗地亚的同事也有贡献。当我问："对你们来说，选择理论意味着什么？"他们回答："自由。"最近在墨西哥阿卡普尔科的一次会议上，我有幸遇见一位关注大脑的研究者——保罗·罗斯比（S. Paul Rossby），他就一篇研究暴力的神经生理学论文进行了演讲。会后，我和妻子与他交谈，我告诉他，就算是对许多看似无情、固执、难以接近的年轻人来说，暴力也不是无可救药地刻在他们脑中的，这位教授不禁热泪盈眶。如果有选择理论的帮助和他人的关怀，他们的暴力行为确实可以得到改善。我们希望再次与他交流。

如果你因为任何原因想要接触他们当中的任何人，请联系威廉·格拉瑟学院询问联系方式，他们都是非常值得结交的朋友。他们曾经帮助了我，我相信他们也会毫不犹豫地帮助你。

我不得不就此搁笔。如果继续写下去，我可能就无法阻止成百上千的人教授选择理论了，他们将与我一起将外部控制心理学这一瘟疫赶离地球。

第一部分

理 论

第一章　我们需要一种新心理学

假如去问世界上所有不受饥饿、疾病或贫穷折磨且对生活似乎颇有追求的人"你们过得好吗",并要求他们给你一个诚实的答案,成千上万的人会回答:"我过得不好。"如果你问为什么,他们几乎都会因自己的痛苦而责难他人——爱人、妻子、丈夫、前任、孩子、父母、教师、学生或同事。世上几乎没有人不曾听过这样的话:"你让我快疯了……这真的让我烦透了……你考虑过我的感受吗?……你让我如此伤心,我忍无可忍了。"但他们从来没有意识到,正是他们自己选择了这些痛苦。

选择理论认为,我们是出于实用目的而选择去做我们所做的每一件事的,包括感受痛苦。别人既不能使我们悲伤,也不能使我们开心。我们能够从别人那里得到或者给予他们的,只有信息,而信息本身并不能使一个人去做任何事或者感受任何东西。信息进入我们的大脑,然后对其进行加工,最后我们才决定去做什么。正如我将在本书中详细解释的:我们选择了自己所有的行动和思维,也间接地选择了几乎所有的感受和大部分生理活动。这可能让你感觉很糟糕,但它是事实:当你生病或感到疼痛时,身体经历的大部分过程是你选择的行动、思维或者日常生活的间接结果。

本书还展示了我们如何以及为何做出这些令人痛苦甚至疯狂的选择,而我们又如何才能做出更好的选择。选择理论告诉我们,人类对自己的生活拥有更强的控制力,比我们认识到的要多得多。不幸的是,我们有许多控制都是无效的。举个例子,你选择对孩子感到烦躁,然后你选择大喊大叫并对他放狠话,而事情却变得更糟而不是更好。采取更有效的控制,意味着在你与孩子以及他人相处时做出更好的选择。通过选择理论，你可以了解人类机能到底如何发挥作用，即我们的基因指令与生活经验是如何结合的。

学习选择理论的最佳方式是关注我们为什么选择那些常见的痛苦，而我们一直认为这些痛苦是降临到自己身上的。抑郁的时候，我们认为自己不能控制痛苦，自己是神经化学成分失衡的受害者，因此需要药物（比如百忧解）来使自身化学成分恢复平衡。这是一个谬误。我们对自身的痛苦拥有高度的控制力。我们很少是过去发生事件的受害者；而且正如第四章解释的，对于我们选择去做的事情来说，我们大脑中的化学成分是正常的。药物或许会让我们感觉好些，但它不会解决那些致使我们选择痛苦的根源。

我们遇到那些不仅知道什么对自己有好处，还不幸地知道什么对我们有好处的人时，就已经埋下了所有不幸的种子。这些人带着这种认识以及一个支配了我们思维数千年的坏传统，感到有责任迫使我们去做他们认为对的事情。到目前为止，我们选择反抗这种压迫的方式正是人类痛苦的最大根源。选择理论挑战了"我知道什么对你有好处"这一古老传统。本书就是要尝试回答一个问题，几乎所有人在不开心时都会不停地这样问自己："我如何能够找到一种让我既能过上我想要的生活，又能与身边的人融洽相处的方法呢？"

以我从事精神病学实践40年的经验来看，所有不幸的人都有一个共同问题：他们想要与某些人融洽相处，但总是事与愿违。我有过很多成功的治疗案例，但我始终记得我的导师哈林顿（G. L. Harrington）——我所知道的最富经验的精神病学家——所说的话："如果这个领域所有的专业人员突然消失，这个世界将很难注意到他们的缺席。"他并不是在贬低我们所做的事情。他是说，如果精神病学的目标是抑制痛苦在这个世界上蔓延并帮助人类彼此融洽相处，那么他们现在的成就连皮毛都还没有达到。

为了达到这一目标，我们需要一种可以使我们更加亲密的新心理学。

这种心理学必须简单易懂，任何想学习的人都能学会。而且不单要易于理解，它还必须方便应用与实践。我们现在的心理学没有满足以下条件，我们不知道如何融洽相处，哪怕是比以前好那么一点。事实上，现在的心理学使我们日渐疏远。尤其在婚姻领域，传统心理学明显是无效的。

这种因破坏个人自由而摧毁人际关系的普遍心理学，被我称为"外部控制心理学"。这种控制可能小到一个不赞成的眼神，也可能强大到威胁我们的生命，但无论怎样，它都企图迫使我们去做自己不想做的事。最终，我们相信别人真能控制我们的感受或行为，这一信念夺走了所有人想要并且需要的个人自由。

外部控制心理学有一个简单的操作性前提：惩罚那些做错事的人，这样他们就会去做我们认为对的事了；然后奖赏他们，这样他们就会继续听从我们的"指挥"了。这一前提支配了世界上大多数人的思维。这种心理学之所以盛行，是因为它获得了那些掌权者——政府官员、父母、教师、商业管理者以及宗教领袖（他们定义对错）的全力支持。而那些被控制的人——他们对自己的生活几乎没有控制——在接受掌权者的控制过程中找到了安全感。不幸的是，几乎没有人意识到这种控制、支配或强制的心理学正是遍布人间的痛苦的元凶。尽管我们努力减轻它，但是鲜有成效。

这种痛苦一直不能减退，并不是因为我们经过慎重考虑，然后认定控制他人是最好的选择。它之所以持续，是因为当人们不听从"指挥"时，我们想当然地认为强迫和控制是有用的。我们的先辈、父母和祖父母、教师和领导，几乎所有我们认识和了解的人都信奉这种心理学。我们利用强制达到目的的传统由来已久，已经成了一种习惯，而且我们会不假思索地使用它，既不关心它从哪里来，也不曾问过它是否有效。

如果外部控制是诸多痛苦的根源，为什么就连深受其害的脆弱人群也仍然选择它呢？答案很简单：因为它有用。它对掌权者有用，因为它经常让他们得到自己想要的；它对无权者也有用，因为他们体验到了它在自己身上的作用，希望自己最终也能控制别人。社会最底层的人们总是"就高不就低"。但是，无权者接受它，更多还是因为他们相信自己没有其他选择，而且认为反抗会导致更坏的后果——这一点倒经常是对的。

所以不管怎样，大多数人都在做着许多自己不想做的事。举个例子，许多女性宁可忍受虐待也要维持婚姻，因为她们认为离开了会更糟糕。她们害怕无法养活自己，害怕失去自己的孩子，害怕就算离婚也无法解脱，甚至可能失去生命。许多人一直怀抱着希望：如果她们坚持下去，事情就会渐渐好转。然而，本书不仅讲述了人们为什么安于现状并接受外部控制，还阐述了这样一个事实——相信并使用外部控制对每个人（包括控制者和被控制者）都是有害的。举个例子，虐待妻子的丈夫也经历着痛苦（尽管程度不如他的妻子和家人），他也是外部控制心理学的受害者，他选择了这样的行为，也就失去了获取幸福的所有机会。这种心理学是一场可怕的瘟疫，侵入了我们生活的每一个角落，破坏了我们的幸福、健康、婚姻、家庭，剥夺了我们受教育的潜在可能，打击了我们完成优质工作的意愿。它正是暴力、犯罪、药物滥用和无爱之性在社会中盛行的原因。

本书旨在告知人们他们为此付出的代价以及如何减少这种代价，方法就是通过了解外部控制多么有害，用一种新的、支持性的人际关系理论取而代之。选择理论即是这样一种理论，它是一种内部控制心理学，解释了我们为何以及如何做出那些决定自己生活的选择。选择理论是一种彻底的改变，能让人从一种常识转变为我期望看到的另一种新常识。这种改变并不容易。只有了解外部控制心理学的症结所在，以及与人相处时为何必须以选择理论取而代之，这种改变才有可能发生。在尝试这样做时，我们要不断问自己：我要做的事会让我与其他人更亲密还是更疏远呢？我们如何运用选择理论及其效果，就是本书的核心和灵魂。

在本书中，我质疑了这个世界的传统心理学，我知道这不是一件容易的事。为了认识传统心理学以及它对人类生活多么有害，我们需要看看人们因为依赖这种常识而遭受的痛苦，和即使在它明显不起作用时还不放弃的事实。举个例子，根据你了解的传统心理学，你会因为十几岁的儿子没有完成作业而罚他周末不许出门。但是，你把他困在家里后，他仍然不做作业，事情甚至变得更糟了——你让一个郁闷的青少年整个周末都在屋里转来转去。一个月之后，你开始思考：为什么我在反复地做这样的事？一定有更好的办法。

认识到这一点也许需要一段时间，因为惩罚儿子是你习以为常的一件事，它不像是一个选择。你感觉它是对的。任何爱孩子的父母在这种情况下都会这样做——你的父母可能就是这么对你的——而且如果你去问其他人，他们也都会说这样做没错。基于一种普遍的常识，他们会说："惩罚他啊，你为什么问我这么愚蠢的问题？你希望他长大后整天游手好闲吗？"这个建议唯一的问题就是它很少奏效。如果你继续惩罚儿子，他会不再跟你说话，也不再听你说话。你们都会很痛苦，互相埋怨，而且他比以前更不爱做作业了。

对大多数人来说，一种违反常识的观念总是让人感到奇怪和不安，特别是涉及如何与子女打交道时，但如果想让生活中少一点痛苦，你就要开放心态，去了解为何控制以及让自己受到控制对人际关系的破坏力如此巨大，而你的幸福又依赖着这种关系。然后，你才可能愿意在某些你企图控制他人但结果无效的情况下尝试选择理论。如果选择理论更有用，你也许就会想放弃外部控制心理学，以选择理论取而代之；根据我使用选择理论20年的经验，我认为它不会让你失望。即使传统的心理学已经成为常识，但如果它有损人际关系，就应该被抛弃。

为了解释我们应该放弃外部控制心理学的原因，我画了一幅简单的图来比较两种进步：技术进步和人性进步（见图1-1）。这样的对比并不常见，因为当我们提到进步，首先想到的就是技术，如图所示，这种进步是如此明显。我们很少考虑到人性进步（即人们比过去相处更和睦），因为我们还没看到足够多的现象，能让我们感觉这个领域有显著进步。

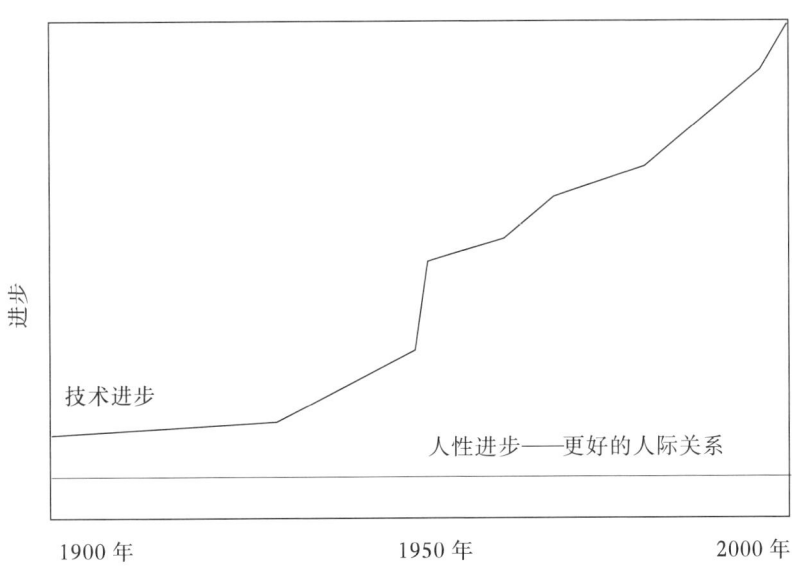

图 1-1　技术进步与人性进步对比

在过去的 100 年里，我们的技术进步相当可观：从第一架飞机发展到超音速飞机，再到探索火星，通信方面也从老式电话发展为互联网。技术方面的进步日新月异，而人性进步却不尽然。除了 20 世纪 60 年代公民权利方面的进步，以及 20 世纪 70 年代的质量管理带来的职场人际关系的改善以外，我们的相处并没有比以前更融洽。

有谁敢说我们在夫妻相处方面有任何进步？今天的家庭比起过去有了更好的面貌吗？如果是这样，我倒是孤陋寡闻了。我在学校工作，还没有听哪个教师说情况比起他或她刚开始教学时有了好转。事实上，我倒听说过更多相反的话——孩子们比以前更难教了。而且，在利润至上以及为了谋利而大幅裁员的今天，再也没有人鼓吹工作环境比多年前好很多了。事实上，甚至连老板也感到工作没么令人满意了。

虽然我们在相处方面未能做出任何改进提升人性进步曲线，但我们有足够的努力空间；毫无疑问，如果有更多人了解如何去做，我们就能做到。我们在许多地方发现了令人惊叹的学校，教师和学生都能相互照顾，而且每个学生都勤奋学习并感到很快乐。我们也都见过幸福的夫妻、稳固的家庭以及那些对自己工作满意的人，但是，你要他们解释自己的幸福时，许多人吞吞吐吐，他们并不确定原因是什么。有人说"我们努力好好相处"，也有人说"也许是我们运气好吧"，他们从来不说"我们不再试图控制他人"，他们没有认识到自己可能遵从了一种不同的理论——于无意中发现的选择理论。

被问到技术进步的原因时，人们偶尔会提到良好的人际关系，许多人明白在某些情况下这两者存在相关性。但是，很少有人把重大的技术进步归因于运气。技术之所以能取得进步，是因为我们愿意接受一种新理论或者是采用新方法来使用旧理论。

在所有改善关系的尝试中，比如改善婚姻、家庭、学校或职场中的人际关系时，理论都没有实质性的改变。外部控制心理学的地位是如此牢固，我们就算取得了进步也感觉不到自己已经放弃了外部控制心理学，开始使用与其有本质差异的选择理论。我要说的是，我们需要意识到另一种心理学的存在。

我并不是说没有其他与选择理论类似的心理学。阿尔伯特·埃利斯（Albert Ellis）的理性情绪行为疗法便是其中一种。在工作领域，爱德华兹·戴明（W. Edwards Deming）也展示了高效工作有赖人们的和谐相处。他把职场管理比喻为指挥交响乐团，其中每个人都乐意遵从指挥并贡献自己的力量，没有人被迫贡献，这样做是因为他们明白这关乎自己的利益。

西南航空公司的总裁赫伯·凯莱赫（Herb Kelleher）在管理公司时就使用了选择理论，尽管他自己可能没有意识到这一点。在《西南航空公司商业和个人成功的疯狂秘诀》中，凯莱赫这样写道："领导的艺术就是通过实例和劝导，让员工愉快地合作，共同追求一个有价值的目标。"他认为裁员是一家公司的重大失误，他说："西南航空公司没有采取过任何临时解雇行动，尽管很明显，在经济衰退期间这样做能让我们挣到更多的钱。裁员会引起不满，引起焦虑。一旦你这样做了，它的影响是很难消除的。"在西南航空公司，神圣的是员工，而不是财物。

但是，西南航空公司是一个例外。如果凯莱赫卖掉公司或者退休，几乎可以肯定，公司的接管者会裁员，并使用强制手段设法增加利润。从短期来看，他们可能会成功。然而，没有了凯莱赫，新老板很可能恢复外部控制，但最终会失败。

我们没看到痛苦到底有多普遍。由于常识的再次误导，大多数人都认为痛苦是由贫穷、懒惰所致，或者是由掌权者压迫无权者引起的，但在富裕的西方世界，富有、工作努力、大权在握却感到痛苦的人并不鲜见。我注意到，著名学者中有着很高的离婚率，其次是专业人才和商业领袖。在穷人和无权者中，亲子关系中的失败可能更明显，但并不是这个群体所独有的。

尽管与富裕地区相比，贫穷地区的更多学生不努力学习，但这种失败与师生如何相处，而非富裕程度关系更大。受教育是富裕家庭致富的主要原因，因此比起没有受到教育惠及的家庭，来自富裕家庭的学生通常更有学习动机。教师欣赏这种动机并倾向于花费更多精力与这些学生相处，这是他们能学到更多知识的另一个原因。但如果教师们了解选择理论，并发现它在自己的婚姻和家庭中多么有用，他们也可能会开始使用这种理论与那些看似没有动机的学生更好地相处。这种努力可以大大弥补家庭对教育支持的不足，使以前动机不足的学生比现在学得更好。

在谈论教育的第十章，我将阐述选择理论是如何应用于美国少数族裔学校的，我和我的妻子曾在其中工作一年。这是我比较了解的一个领域。所谓贫穷或少数族裔学生不能或不愿学习的常识完全是错误的。他们与教师融洽相处时，可能进步缓慢，因为他们起步较晚，但他们最终会赶上其他学生。而在管理者与员工融洽相处的组织中，工作成果一定会变得优质、高效。

我们相处时惯常的行事规则被称作"系统"。在外部控制的世界，系统自然是强制性的。当强制失效时，正如它在婚姻、家庭、学校和职场上的失败，我们会进一步强制并设法操控别人。许多治疗师都强调系统性咨询方法①，他们不是试图治疗某个个体，而是帮助来访者寻找一种方法，让家庭系统为所有成员更好地效力。我建议我们尝试改用选择理论系统，因为它教导每个人（不仅是不幸的人）如何与别人更好地相处。外部控制的双重害处在于：它不仅导致了我们要设法解决的问题，而且还被用来解决这些问题。当惩罚不奏效时，我们总是加大惩罚力度。因此，我们在这方面没有什么进步并不奇怪。

到目前为止，我们用来减少痛苦的经费仅有一小部分用在预防上——教导人们在发展出顽固的敌对关系（那是许多人尝试控制或操纵的结果）之前如何更好地与对方相处。如果我们想把标志人性进步的平坦线条向上提升，预防便是一条可选路径，这意味着要从外部控制转变为选择理论系统。任何人类问题一旦发生，比如婚姻开始走向崩溃，一对夫妻就很少能破镜重圆。无论咨询师多么有技巧，拯救一段婚姻或一个学生经常是出力不讨好的事。解决之道在于预防，而不是寻找更好的方法弥补这些失败。

为了证实我的主张——大量看似无法解决的问题其实都是人际关系问题——你可以看看自己以及周围人的生活。我相信，你们当中有许多人与自己的配偶、父母或孩子的相处都不够如意。你可能还会承认，你与他们相处得越久，就越难相处融洽。

想想看，刚结婚时你很幸福，而现在你是在痛苦之中还是已经离婚？你是不是和家里某个人不再说话了？你上中学的孩子还像低年级时一样快乐吗？你在自己的工作中仍然能找到乐趣吗？

如果你体验过上述任何痛苦，那么你可能属于以下四种试图控制他人的情况之中至少一种，它们在本质上并没有区别：

---

① 系统性咨询方法的特色在于它关注的不是个体身上的问题，而是某个系统（比如家庭）运行中存在的问题，家庭疗法就是一种系统性咨询方法。——译者注

- 你想别人去做他们不想做的事。你通常用种种（公开的或隐晦的）方法强迫他们做你想做的事。
- 他人试图让你去做某些你不愿意做的事。
- 你和他人都试图让对方做彼此不愿意做的事。
- 你强迫自己去做非常令人痛苦甚至是不可能完成的事。

很明显，前三种是同一种情况的不同方面。第四种情况尽管有些不同，但还是万变不离其宗。比如，你可能一直强迫自己戒烟，继续做自己讨厌的工作，在不想节食时减肥，或者去爱某个不再喜欢的人。

在前三种情况下，你可能是一个抱怨丈夫的妻子，你需要他帮你照顾孩子；或者是一个埋怨妻子的丈夫，她忙于工作，没有时间陪你；或者你们相互唠叨和埋怨。你还可能是一位父亲（母亲）或教师，试图激励孩子在学校里做得更好。或者是一个老板，迫使员工去做一些他认为没有价值的事。只要我们继续相信自己可以控制他人，或者相反，认为其他人能够控制我们，痛苦就会如影随形，有增无减。这几种情况根深蒂固，再加上对强制的反抗，正是我们在人际关系中几乎没有进步的原因所在。

这种被广泛使用的外部控制心理学有一个最令人不解的例外，那就是我们很少对那些相处多年的好朋友使用它。与他们在一起时，尽管很少有人意识到，但我们确实使用了选择理论。然而无论了解这个理论与否，大多数人都意识到我们对待好朋友，与对待配偶、孩子、学生和员工通常有所不同。

我们认识到好朋友是长久幸福最可靠的源泉。我们似乎知道，如果强迫他们去做不愿意做的事，就可能失去他们，幸福也会随之而去。我们强迫外人时少有不安，而试图强迫朋友时却很不情愿，我觉得后者是界定友谊的一个好方法。如果对每个人都使用选择理论，我们将结识更多的朋友并能保持友谊，我们的幸福也会大幅提升。

这里可能还涉及所有权的问题。大多数人相信，我们应该或者确实拥有自己的丈夫、妻子、孩子、学生和员工。我有权利控制自己的妻子、孩子，因为他们属于我。这是我的班级，我的学生最好按我说的做。我拥有这家公司，我拥有你，所以按我说的做，要不就换个地方工作。这些都是所有权思维的例子。只要我们认为自己拥有他人，就会毫不迟疑地强迫他们听从"指挥"。我们对朋友的态度有所不同，我们承认朋友并不是我们的私有物，反之也如此。关心而永远不试图拥有彼此，可能是界定友谊的另一个方法。

虽然大多数人没有真正思考过所有权问题，但我们确实把世界上的人划分为两个群体。第一个群体是那些我们拥有或者试图拥有的人，包括我们的爱人、妻子、丈夫、孩子、学生和员工。第二个群体是那些我们不拥有或者不试图拥有的人，通常是一个更大的群体，包括好朋友、熟人以及一些掌权者（比如老板），当然还包括陌生人。

学习选择理论的一个好方法，就是仔细看看你如何对待最好的朋友、老板以及大多数陌生人，再与你如何对待生活中的其他人做个比较。你知道自己为什么不会强迫老板或朋友。你很少去强迫不熟的人做什么，如果你还有任何理智的话，你也不会去强迫陌生人，因为你可能会受到攻击甚至被杀。为什么我们做不到"己所不欲，勿施于人"呢？为什么大多数人口头上赞成黄金法则[①]却不去实践它？为什么我们一直强迫别人去做他们不愿做的事情，就算大多数时候这种努力几乎没有成效也不放弃？在本章开始，我就开始回答这些问题。在下一章介绍人类的基本需求时，我将补充一些新的选择理论理念。

但是，我想先详细描述外部控制心理学的三条信念，以便你能理解大多数人到底笃信什么。你很容易看到，第二条和第三条信念对人际关

---

① 这里应该是指人际交往黄金法则，即"以你希望别人对待你的方式去对待别人"。

——译者注

系是多么有害。要理解这种传统的心理学，最简单的方法就是想想我们在生活中是如何运用它的。

- 第一条信念：电话铃响了，我接电话；门铃响了，我去开门；红灯亮了，我停下来；我对简单的外部信号做出反应，所以我要去做数不清的事情。
- 第二条信念：我可以让他人听从我的指挥，即使他们不愿意去做。而他人也能够控制我的思维、行动和感受。
- 第三条信念：讥讽、威胁或者惩罚那些不听从指挥的人，奖励那些听从指挥的人，这是我的权利，也是我的责任。

这三条常识性的信念，正是统治这个世界的外部控制心理学的基础。

在第一条信念中，我们认为要对电话铃声或其他机械信号做出反应，实际上它们都属于外部控制。第二条信念从第一个推论得出，实施控制的换成了行动者之外的某个人，比如，父母告诉孩子"剪草坪"，教师告诉学生"不要在教室里讲话"，丈夫对妻子说"你快把我逼疯了"。接下来的第三条信念最具破坏力：丈夫、妻子、父母、教师和老板一致认为，威胁、惩罚、贿赂孩子或那些不服从他们的成年人，是他们的权利、职责甚至他们的道德义务，因为按他们所说的做，对这些孩子或成人而言利益最大。

这些信念的基础（即人类是靠外部驱动的）完全是错误的。就像在有人质疑之前，人们一直认为这个世界是平的；在有人质疑之前，我们也一直认为电话铃响了就应该去接。一旦去质疑每一条外部控制理念，我们很快就会明白所谓的"正确"实际上并不正确。举例来说，我们去接电话，并不是因为铃声响了，而是因为我们想去接。这个反应可能是瞬间的，但每次去接电话，我们都认为这是一个最好的选择；如果不这样认为，我们就不会去接。

你可能会争辩说:"如果铃声响了,我不接电话,那响铃目的何在?难道我要跑去接不响的电话吗?"铃响有其目的,但并不是要你去接它。它只是给你信息,告诉你另一个地方有人想与这里的某个人说话。电话铃声以及所有其他从外部世界感知到的刺激,包括我们在自己身体内部感知到的刺激,都是信息,但信息不是控制。选择理论认为,并不存在始终控制一个人做出具体选择的刺激。

既然信息不能强迫我们去做什么,我们就可以选择忽略它或者随机应变。人类不是机器,我们并没有像机器那样,被设计为以特定方式对外部控制做出反应的模式。当我们去做被告知的事,是因为我们基于收到的信息而选择去做它。就拿接电话来说,如果我们不想去接,可以让它一直响、让答录机接、扯掉电话线或者喊其他人来接。

我们选择的任何行为都产生于自己的大脑。选择理论认为,人类像所有生物一样,都是从内部驱动的。你可能会问:"知道我接电话或者做其他事情的原因有什么用?我已经做了。"对于简单的机械信息,像电话铃声或红色信号灯来说,确实意义不大。但是,从第一条信念到更加复杂的第二条信念——迫使某人去做他或她不想做的事,或者认为他人能够控制我们的行为——你可能就会渐渐理解外部控制心理学和选择理论之间的巨大差异。

举个例子,如果我了解选择理论,你告诉我你希望拥有一间像我家一样的房子,这不会使我感到内疚。如果我做的某件事让你失去了一间漂亮的房子,我可能会选择感到内疚;但如果我没有做,为什么还要选择感到内疚呢?我们生活的外部控制世界中无意义的内疚泛滥,而学习选择理论会使我们从中解脱。许多母亲依赖外部控制心理学来让孩子产生内疚,然而,是否要因为没有达到母亲的期望而感到内疚,实际上也是孩子的一个选择。学会这一课后,你会发现你和母亲都能自由地做出更好的选择了;当然,如果你有一个擅长让你感到内疚的母亲,这一课是不容易学会的。

有一个诠释了选择自由性的最佳事例。事关我的一个好朋友,他是一位犯罪学家,他并不认为外部控制心理学和选择理论之间有多么重要的差异。然而,就在他做出大多数人认为是错误的选择时,外部控制心理学并没有起作用,他也因此捡回了一条命。

当时他去拉斯维加斯参加某个学术会议,住在一家豪华宾馆里。尽管朋友们提醒他要多加小心,每次进门之后都要快速地关好门,插上门闩,挂上锁链,但他没有在意这个信息。有一次,他忘了把门关好,更不用说插上门闩,挂上锁链。不一会儿,一个拿着枪的男人推开没上锁的门闯了进来。如果你在那儿,可能会看到一种罕见的场面:一个罪犯和一个犯罪学家面对面。这个罪犯看起来似乎是传统心理学的信徒,他说:"把钱包给我。"我的朋友,自己也很惊讶(他惊讶于自己运用了选择理论)地告诉这个强盗:"你不能拿走我的钱包。我可以给你钱,但钱包不行。"这个罪犯拿走了我朋友放到地板上的一些钱,转身逃走了。

如果这个罪犯是一个顽固的外部控制心理学实践者,我的朋友可能就不会活着讲述这个故事了。一个手里拿着枪的男人,大概是最有力的外部控制者了,关键时刻,在我的朋友做出不给钱包的选择之后,这个罪犯竟然也转而采用选择理论,选择不去开枪。选择,甚至看起来有些不同寻常的选择,正是本书的主要内容。如果一个罪犯在必要时都能放弃外部控制,这点对我们大多数人来说应该没么难。

生活中之所以有许多痛苦,是因为我们为自己的不幸不停责怪别人,或者是试图控制别人,即使在有损双方最大利益时仍这样做。为了解释清楚,我还是以前面的那对父子为例。之前你把不做作业的儿子困在家中,现在他已经把作业抛到九霄云外了。他一有机会就会和坏孩子在外面游荡,学会抽大麻,你还发现他周末溜出去鬼混。

你花费大量时间与他争吵并实施惩罚,但他只会变本加厉。现在你采取了更严厉的措施,整个星期都把他关在家里。慢慢地,你开始认识到,在你和他关系较好时惩罚还有点用,但现在根本不起作用了。他不再跟你说话，而你也收到了学校说他逃课的通知。

虽然惩罚不起作用，但你坚信自己的做法是对的。不过，随着你继续把他困在家里，你会发现自己对他已经没有影响力了。你尝试跟他说话时，他只是翻翻白眼，好像在说："谁想听你说？"

对儿子而言，你已经无足轻重了。在惩罚他之前，你们仅有的人际关系似乎已经消失殆尽。他不再是几年前的样子了，而你也已束手无策，结果一家人现在像仇人一样。尽管你不知道错在哪里，但你知道你们的行为在让两个人逐渐疏远。

在很多长期痛苦的关系中都可以看到类似情况，许多父母、教师与青少年相处时都会有所体验。婚姻也是长期痛苦的肥沃土壤，一份令人不满意的工作同样如此。但是，这种痛苦是可控的。它不同于那些不可控的悲剧事件，比如失去爱人，或者被莫名其妙地炒鱿鱼。它是可控的，因为你可以选择停止惩罚你想与之融洽相处的青少年，学会与他们打交道，这样就很少会出现反抗了。本书的第二部分将详细介绍如何去做。

在上面这个例子中，无论惩罚是对还是错，它都不会起作用。在你不让儿子出门之前，他还会做一些作业，现在他选择一点也不做了。以前你至少还能与他交谈，现在他根本不跟你说话了。以前你们关系还不错，现在已经反目成仇了。你选择遵循外部控制心理学的第二条和第三条信念——你可以并应该强迫儿子听从你的指挥，但这正是你们痛苦的原因。如果你选择停止控制，即使在一个建立在外部控制上的世界中，你也可以让自己不那么痛苦，同样让曾被你控制的人不那么痛苦。如果认识到别人需要你，像你需要他们一样，即使他们在试图控制你，你也可以选择停止报复，然后事情就有机会好转。

但是，你能做的可以比"停止"更多，你可以通过协商来替代强制和报复。你可以告诉儿子你为什么不再惩罚他，因为你们的关系比他的作业更重要，因为你想和他像过去一样共度欢乐时光。他知道你想让他做作业，不必一说再说，唠叨是没用的。如果你们能像以前一样亲密，他做作业以及你想让他做的其他事的可能性，会比在你们继续疏远的情况下大得多。

我们必须认识到，如果长时间强迫他人，或许就再也没有回旋余地了，我们和他们可能永远不会亲密如初。一旦失去了这种亲密感，有些孩子开始对人际关系绝望，最后一生只顾寻求刺激、开心。为了建立和维持生活所需要的人际关系，我们必须停止选择强制、强加、迫使、惩罚、奖励、操纵、指使、激励、批评、责备、抱怨、唠叨、纠缠、攀比、评价和远离。我们必须选择去关心、倾听、支持、协商、鼓励、爱、示好、信任、接纳、欢迎和尊重，以此来取代那些破坏性的行为。这些不同的词语界定了外部控制心理学和选择理论之间的差异。

在词典中查找这些破坏性的词语时，我发现它们更多与外部控制而不是选择理论有关。既然语言是文化的一面镜子，这就是有力的证据，表明我们生活在一个强调破坏而非保护人际关系的世界。

尽管美国社会在改善人际关系方面几乎没有进步，但是我们对这种痛苦有足够的关注，并投入了大量经费努力减少它。仅在公共教育领域，我们就花费了数十亿美元用来提升教育质量，但无论怎样衡量成功，都不能说我们取得了成效。1997年，比尔·克林顿在国会演讲上花了10分钟来谈教育。他提了一些很好的建议并表示：如有需要，联邦政府将提供更大的财政支持。

如果人间有一条不容置疑的真理，那就是任何事业的成功都与参与者相处的融洽程度成正比。这条真理在婚姻和家庭中不言而喻，在学校和职场中也同样如此。那些与教师和同学相处融洽的学生几乎总能获得成功，但只有不到一半的学生做到了这一点。在贫困社区、郊区或农村的学校里，只有不到10%的学生做到了。在这些没有发挥功能的学校里，大部分的金钱和精力不仅被浪费，有些还被用来发展对学生人际关系有害的训练项目，而这些人际关系正是学生成功所必需的。

我们需要全国上下共同努力来管理学校，让师生都感到幸福；我们还要进一步建立一个社会，让其中的丈夫、妻子、家庭成员、员工和管理者都比现在更幸福。我不怕别人说我幼稚，这本书最终讨论的对象就是幸福。在我们所有的努力中，看似最简单的目标也是最难实现的。

要想幸福，我们就要靠近那些幸福的人。因此，幸福的人越少，我们获得幸福的机会就越少。这个世界充满了孤单、挫折、愤怒、不快乐的人，他们无法靠近任何幸福的人。他们主要的社交技能就是抱怨、责备和批评别人，几乎与任何人都无法融洽相处。

我要在这里介绍，并在后面章节进一步解释，不快乐可以导致人们朝向两个方向发展。第一种人尝试寻找幸福，我将此界定为与幸福的人建立愉快的关系；第二种人放弃了寻找幸福，他们甚至不再尝试拥有令人愉快的关系。但像我们所有人一样，他们没有放弃享受乐趣。他们不断寻找不涉及人际关系的快乐，通过暴饮暴食、酗酒、吸毒、参与暴力和滥交达到目的。如果不能创造一个让生活在其中的人们感到幸福的社会，我们将永远无法减少这些破坏和自我破坏的选择。

最近，美国缉毒局发言人在电台中声称，纽约有50万海洛因和可卡因成瘾者。即使这个数字有些夸张，但如果我们算上酗酒者——他们也是上瘾者——它确实让人警惕。这些不快乐的人放弃了愉快的关系，而去追求物质上的快感。他们在化学物质中寻找迅速到来的强烈快乐，因为这种快乐不费力气，只要将这些化学物质注入血液里即可。除了寻找毒品与酒精以外，他们不需要与其他人打交道。

我谈到的一些不快乐的人并不一定都是穷人或少数族裔，他们也不一定沉迷于毒品、暴力或滥交。他们当中许多人有责任心，能照顾自己，不伤害他人。但是，他们选择的行为方式让他们无法与幸福的人维持令人满意的关系，因此他们陷入痛苦之中。痛苦是他们人生经历中最普遍的体验。

因为不理解在人际关系中寻求幸福和非人际关系中寻求快乐的差异，我们无法理解为什么帮助那些不幸福的、寻欢作乐的人是那么困难。

我们假设这些人通常会寻求一些专业人士（比如精神病学家、心理学家、社会工作者和心理咨询师）尽力提供的人际关系。

但对于第二种不快乐的人，即那些放弃人际关系、寻求物质快感的不快乐的人，这种假设并不正确。他们可能只是嘴上说自己在寻求人际关系，但并不尝试去做。所以比起那些仍然寻求幸福的人，想要帮助这些人更加艰难。但不管怎样，总得有人把他们重新带回那些寻求幸福的人当中。

咨询师和教师是最有可能这样做的人，但那些了解选择理论和社交经验丰富的非专业志愿者（比如成功的退休人士）也是可考虑的资源，本书最后一章将讨论这个问题。对酗酒者来说，嗜酒者互诫协会（AA）为他们提供了他们急需的人际关系，参加这个戒酒会的人中有一半都戒酒成功了。该协会有一个典型的特征，那就是，它是一个更多使用选择理论而非外部控制的组织。

如果能够理解那些寻欢作乐者缺乏的是人际关系，不论他们的表现怎样，我们（包括专业和非专业人士）在帮助他们时将会取得更多成功。但是，要想与他们成功地建立起联系，我们必须小心翼翼，不能试图控制他们。他们身上的外部控制造成了他们今天的处境；帮他们学习选择理论似乎有点作用，可以解释他们对自己做的事。我们可以将选择理论培训作为矫正和药物康复治疗项目的一部分，因为接受这些治疗的患者中有许多人需要它。另外，采取小组形式进行培训可能会非常有效，这种形式为他们提供了建立人际关系的机会，让他们可以在体验中学习选择理论。我将在下一章开始解释，我们对彼此的需要存在于人类的基因中。

人类的基本需求和感受

第二章

一般除了祖父母以外，父母、叔叔、阿姨、兄弟姐妹和教师都不遗余力地让我们听从指挥，所以我们很快就学会了使用外部控制心理学。但我们并没有了解自己行为的潜在动机，比如，为什么长久的关系对人类比对许多其他生物重要得多？而为什么它们又是如此难以实现？在解释人类动机时，我相信它是根植于我们基因的，而我们选择大量的控制行为也有基因方面的原因。

刚出生时，我们能做的就是哭闹、吸吮以及挥舞四肢。这种哭闹是愤怒情绪的早期表达，是迫使父母来照顾我们的一种方式，而且大多数母亲都会选择立即响应这些要求。没有这种照顾，我们就无法存活。这种生命早期的哭闹是我们满足生存的基因需求的一种尝试，它是我们一生中企图控制他人的行为的缩影。但这仅仅是一次展示，生存基因的驱动还没有强烈到让我们无法学会照顾自己。

下面的故事不仅显示了儿童的控制企图并非不可更改，还证明了我们可以照顾与己无关甚至素不相识的人。在一架从洛杉矶飞往明尼阿波利斯的飞机上，一个看上去16个月左右的孩子在3小时的旅程中一直在不停尖叫，这位妈妈已经无计可施了。我们都对她和她遇到的麻烦深表同情，有人甚至设法提供帮助，但这个孩子难以安抚。在降落前15分钟，这位妈妈实在受不了了，全飞机的人都听到她大喊："这简直是一趟地狱航班！"这个孩子也许是因为耳朵适应不了气压的变化而感到疼痛，他的大脑将这种疼痛解释为这架飞机威胁到了他的生命，在生存需求的驱动下，他做了自己能做的：尖叫。他知道自己在做什么——他试图迫使妈妈来帮助自己。在这个年龄，他不知道其他选择。

随着年龄的增长，当这些控制性行为不再起作用时，儿童更容易学会照顾自己。假设还是这个孩子在10年后坐飞机,他又遇到了一些气压变化方面的麻烦。尽管还是与妈妈在同一趟航班上,但他不会再尖叫3个小时了。他会理解妈妈也束手无策,他不会有生命危险,而且尖叫也没什么好处。如果他尖叫的话,妈妈可能还会生气,并且这会让他更不好受。他将不去注意自己的基因,并且尽量忍耐。

这趟旅程中还发生了一些其他事。几乎所有的乘客都对这位妈妈表示了关心,都愿意尽己所能来帮助她。这只是一个很小的例子——大多数人都明显愿意关心素不相识的人,我们也愿意纳税并捐钱给慈善机构来照顾陌生人。照顾与己无关的人是一种独特的人类行为。

我们对子女的长期照顾和对他人持续终生的关心花费了我们大量的时间、精力和资源,而这些本可以花在我们自己身上,因此我相信人类还有其他像生存基因一样强烈的基因指令,驱使我们在一生中彼此亲密关怀。在一个富足的国家(比如美国),纯粹的生存已不是大多数人关注的重点,绝大多数的痛苦或幸福都与满足非生存基因指令有关。为了阐明我的意思,我们将简单地讨论一下遗传学。

当一个精子使一个卵子受精,它们各自对第一个细胞贡献出了5万个基因,这10万个基因携带了塑造我们外表的指令。这第一个细胞经过亿万次的分裂后形成一个婴儿,最初的基因在婴儿的所有细胞中得到了复制。每一个携带这些基因的细胞都得到了一个或多个基因指令,然后形成人类的皮肤、肌肉、骨骼、骨髓、心脏、肺和脑。

遗传学家发现,这10万个基因包含了全部的程序,我们遵从这些程序后,就会成为解剖学和生理学上的自己。如果我有棕色的眼睛和黑色的头发,是我的基因提供了这些解剖学特征。如果我有良好的消化能力或音乐才能,这要归功于我的胃肠道或者大脑,所有这一切都来自我的基因。如果我患上了囊肿性纤维症,也是因为与肺部有关的基因无法正常工作。

遗传学家一直在努力探索这10万个基因,即人类基因组的精确目的,但仍存在许多未解之谜。他们认为,形成一个解剖学和生理学上的正常婴儿所需要的基因数量远远少于 10 万个,剩下大量基因的功能还未被发现。我相信这些未知的基因,其中有一些为我们提供了心理基础,即我们选择如何行动,要过怎样的生活。

因此,除了依赖于生理的生存需求之外,我认为人类的基因程序还尝试满足四种心理需求:爱和归属、权力、自由和乐趣。我们所有的行为都是为了满足其中一种或多种需求而做出的最佳选择。所有植物和动物的基因程序里都有生存(包括繁殖)需求,某些高级动物还与人类分享着一些其他需求。举个例子,狗也会爱,甚至会嫉妒,只是它们的爱没有人类那么强烈、复杂和多样。

比起其他高级动物,我们绝不仅仅受到生存基因的驱动。人类对爱和归属的需求不仅促使我们去照顾他人甚至是素不相识者,还促使我们设法与一些特殊人群,比如配偶、家人和朋友建立满意的关系。其他的基因则驱使我们寻求权力、自由和乐趣。一些脑部比较大的动物,比如鲸鱼、海豚和灵长类,似乎与人类有相似的需求,但我们对此还所知甚少。我猜测我们与它们会有许多相似之处。虽然人们还不了解自己的需求,也许了解程度永远不及本章做出的阐述,但是人类从开始第一口呼吸起就一直在努力满足它们,这种努力持续终生。

在了解自己的行为和动机之前就能够去满足自身的需求,这是人类基因的神来之笔。进化为人类和高等动物后,我们拥有了承载感受能力的基因。基于这种能力,我们知道的第一件事就是自己的感受如何。因为在所有生物中,人类拥有最为复杂和多样的需求,所以我们也拥有最为广泛的感受。但是,无论感受多么复杂,是好是坏,我们都会牢记自己行动时的感受。基于这些记忆,我们努力让自己感觉舒适,避免感觉糟糕。因此,人类所有行为的动机都是为了尽量让自己感觉舒适。

然而,从婴儿期到童年期,再到成年期,我们发现越来越难感到舒适了,因为我们的人际关系变得越来越复杂。对飞机上那个婴儿来说,事情很简单：如果受到伤害，就尖叫并让妈妈来解决问题。对12岁的儿童来说，事情就变得复杂了一些：忍受疼痛，不让妈妈做她办不到的事；如果我尖叫，可能危害我和她之间的关系。所以，如果想舒适并避免痛苦，我们在选择做什么时就不得不考虑与身边其他人的关系。

　　为了实现良好的关系，许多人甘愿忍受痛苦甚至是大量的痛苦，因为人际关系对我们来说更为重要。为了得到、保持和提升人际关系，我们愿意长期参加让我们不快乐的活动，因为我们相信最终感觉会变好，我们也能与身边的人更亲密。即使没人承诺会有更好的关系，许多人还是愿意延迟快乐或忍受痛苦，期望今后能有更好的感觉或更少的痛苦。

　　但是，我们的基因并没有把感受快乐仅限于人际关系方面。上一章末我说过，让我们获得快乐的某些事并不依赖任何人，靠自己就行。年轻的时候，大多数人都会通过自我安慰取乐，这样做时，我们可能会幻想别人会怎么做，但这种快乐并不依赖他们。我们也可以从伤害别人中得到快乐，轻视别人是一种常见的行为，虽然会使爱和归属的需求受挫，但它可以满足我们对权力的需求。我们还可以通过无爱之性来满足自己的生存基因，仅仅通过另一个人的身体来获取快乐。我们也可以利用容易成瘾的药物来欺骗大脑，为我们提供类似任何需求得到满足时的感受。

　　这个社会运行良好，是因为我们从不放弃追求幸福，从不放弃这一观念：即使相处不易，我们也仍然需要彼此。比起单打独斗，一起奋力生存更简单、更高效，而且通常也感觉更好。我们当然需要他人来满足自己对爱和归属的需求。我们还发现利用权力去帮助他人的感觉不错，而且在这个过程中可以收获更多的权力。追逐自由的我们总希望在自己回到群体中时有人热情欢迎。我们还喜欢与别人一起学习和玩耍。这是我们满足基本需求的理想方式——亲密相处并将这种态势保持下去。

　　那些缺乏亲密关系的人总是感到孤独和痛苦。他们不知道明天会怎样，因为明天将和今天一样孤独。与那些幸福的人不同，他们只会关注眼前的快乐。酗酒者通过酒精获得一时的快感，他可没想过自己会开车绕着一棵树打转的结局。当不快乐的人寻求短暂快感时，他们可能完全是非理性的。

尽管独自行乐和与人同乐的感受可能类似，但两者的过程不尽相同。与那些看似快乐却没有亲密朋友的人相处时要格外小心。他们可能诙谐、机智，但他们的幽默中不乏贬低和敌意。如果你与这样的人结婚，会很快成为敌意幽默的接收器，可能在今后的婚姻生活中后悔不已。所以去找那些有好朋友且真诚待人、你也喜欢与之相处的人吧。没有好朋友的人，是不懂得如何去爱的。

假如我们基本上感觉良好并对与有同样感觉的人保持亲密，那么这种感受如何准确地告诉我们我们爱和归属的需求在多大程度上得到了满足？如果我们与自己在乎的人一起满足了其他需求，它们又是在多大程度上得到满足的呢？我们每个人都有一个独特的需求满足层次，告诉我们这个或那个需求已被满足，不再需要额外的努力。在第五章讨论个体的需求强度时，我将进一步解释这个观点。

如果你早上起床时感到痛苦，那么一定有某种基本需求没得到满足。举个例子，如果醒来时发现自己感冒了，这种痛苦告诉你，你的生存需求受到了病毒的威胁。如果醒来时感到孤单，因为你最小的孩子也上大学了，那么你爱和归属的需求没有得到满足。如果你期待升职并且今天就能得到消息，你的急躁表明了对自己可能失去权力的担心。如果得到提拔，你会感觉很棒；如果没有，你会感觉更糟。如果你正在筹备一次家庭旅行，这时却发现狗不见了，你会很生气，因为没有找到它你就不能脱身。如果你计划尽情打一场网球，但是下起了雨，你不得不怀疑自己的乐趣需求是否受挫，你的失望很快告诉你就是如此。

一旦了解了这些需求，在感觉糟糕时，你就可以意识到是它们未得到满足；在感觉舒适时，就表明它们得到了满足。当然，实际情况也许没有上述例子这么明显，但如果你花些时间，通常都能弄明白。

生存

所有生物身上都有为生存而奋斗的基因。西班牙语中的"ganas"是我所知描述强烈生存欲望的最佳词汇。它意味着努力奋斗、坚持不懈、任劳任怨,确保生存并超越生存而获得安全感。ganas 是一种非常有价值的特质,如果你想要完成一项任务,请雇佣那些具有这种品质的人。如果你正在寻找一个与其组建家庭共同生活的伴侣,就去找一个具有这种品质的人吧,然后好好对待他(她)。尽量不去批评这位动机很强的伴侣,与具有 ganas 精神的人为敌是很不明智的。

生存的另一面——物种的生存——建立在性快乐的基础之上;而且从遗传角度来看相当成功,世界上几乎哪里都不缺人。当然,性还涉及了其他超越生存的需求,"为了快乐而参与性活动"是个很常见的概念。无论是有爱之性还是无爱之性,避孕都是一种增加快乐的简便方法,它也许是人类想出的鱼和熊掌兼得的最佳方法之一。

人类与动物在生存方面的一个不同之处在于:人类在年轻时候就意识到了生存需要,包括现在和未来的。我们想方设法让自己活得更久。许多人锻炼身体、注意饮食甚至喝瓶装水,希望活得更加健康和长寿。不幸的是,脂肪容易获取,但对生存有害,它的味道很好,我们的祖先就是靠它才得以生存。有些人为了奶酪汉堡不顾身体健康,但儿童在发育成熟之前通常不该多吃。所以,与摄取脂肪有关的快乐仍然藏在我们的基因中,如果我们想获得健康,就必须拒绝这种快乐。不过自从我们意识到未来的情况,许多人就无法心安理得地摄取脂肪了,这种不安会帮助人们拒绝它。

我知道世界上有数百万人一直在遭受饥饿和疾病之苦,他们得不到足够的食物或医疗服务。这些人并不是选择了挨饿或放弃医疗。这种饥饿带来的痛苦是自然的,根植于我们的生存需求,但本书要阐述的不是这种非自愿的缺乏。相反,我要解释为何如此多的年轻女孩选择挨饿,甚至有人因此死去，本书要阐述的是这种自愿的拒绝。她们的做法，证明了人类会为了另一种需求（权力需求）而不顾某一种需求（生存需求）。如果生存是唯一的基本需求，就不会存在厌食症，当然也就不会有自杀了。

选择理论适用于所有人类活动，包括生存，但本书主要关注的是人们的社交活动：如果放弃外部控制，我们将相处得多么愉快。然而有趣的是，在这个充斥着暴力的社会，相处融洽可能会对生存有很大帮助。枪伤而不是疾病或事故已成为年轻人死亡的主要原因，如果他们能更好地相处，很明显，将有更多的人存活下来。在远古时代，生存是人类唯一的基本需求，就像今天所有动物一样。那些受他人关爱的人逐渐获得生存的优势，随着这种优势继续，爱就开始与生存分离，变成一种独立的基本需求。权力也是如此，随着时间的流逝，掌权者比无权者拥有更好的生存机会，所以权力需求也逐渐成为一种独立的需求。

为了逃离他人的支配和控制，让自己活得更轻松，我们需要自由，因此自由也变成一种独立的需求，并对权力需求起到减缓作用。乐趣是对学习的一种奖赏，当我们开始学习许多与生存无关，却与如何获得爱、权力和自由密切相关的事情时，它也成为一种独立的需求。正是这些超越生存的其他终身需求使我们的生活变得如此复杂，与那些动物如此不同。接下来，我要开始更仔细地考查四种新的、超越生存的需求。我最先讲爱和归属，好让你更深入地理解复杂的情况。在进一步阐述选择理论的精髓时，我还会详细地解释这些复杂的心理需求，但我们有必要先从下面的内容开始。

爱、性和归属感

几乎每一部伟大的小说、每一出伟大的戏剧都在讲述爱情故事，经常开头精彩而结局悲惨，有情人因为批评、责备、抱怨和嫉妒最终不欢而散。爱情一开始并不难，但是爱和归属的基因要求我们始终如一，这个要求在外部控制的世界里难以实现。或早或晚，许多开始看似美好的人际关系都会逐渐破裂。正是这种破裂，使爱情的痛苦与磨难在文学作品中格外引人注目；如果爱情一直浓烈如初，就没有故事可讲了。背叛、谋杀、自杀和精神疾病在破裂的爱情中十分常见，而嫉妒、抛弃、复仇和绝望也经常支配着恋人的行为。

不论是杀人、被杀还是承受痛苦，所有受爱情折磨的人都卷入了第一章描述的前三种外部控制情形，即：你让我痛苦，我要你改变。小说和戏剧在描绘这种痛苦时虽然有些夸张，但并不离谱。恋爱失败在人类痛苦中可能位居首位。

众所周知，爱是很难定义的。但无论怎样定义，我们都知道爱与不爱之间的区别：前者让人沐浴爱河，心醉神迷；后者让人求之不得，痛不欲生。后面我会提供一个对许多人都适用的爱情定义，但现在无论用哪个定义都没关系。我在这里要解释的问题不需要一个统一定义。

尽管人类受驱动去寻找爱和归属，但归属（或友谊）并不难获取。我们很容易结交朋友并保持友谊。而爱，尤其是恋爱，是这一需求中最易受挫的部分。因为几乎每个人对爱情不满时都会想到背叛，没有证据显示我们受基因驱动，一生只会寻求一个性伴侣。我们的基因需要某个人，但并不关心是谁。这个事实在高离婚率和几乎同样高的再婚率中得到了证明。但正如我之前所说，离婚并不是不幸婚姻唯一的指示器，或许没有离婚的不幸家庭比离婚的家庭还要多。

在许多人心中，令人满意的性和爱是相辅相成的。但在步入婚姻殿堂并对彼此做出终身承诺时，我们并不知道让性和爱持续一生有多么难。随着关系继续并变得具有强制性，许多人开始为相互控制付出代价，性和爱的联系不复存在。去爱某个想控制和改变你的人，或者爱某个你想控制和改变的人，这两种情况都很难甚至不可能实现。性通常会在婚姻中继续存在，但它会变得具有控制性。当伴侣中的一方或双方使用外部控制时，婚姻中的爱便不复存在，他们还会相互抱怨自己多么孤独。

我想有很多维持着性关系的人并不相爱，或者一个爱而另一个不爱。但是，许多人曾经是相爱的，而且大多数人愿意保持爱情，如果可能的话。为了得到性（它能提供非关爱的快乐），许多人在无爱时仍愿意假装相爱，但也有许多人甚至懒得假装。受到生存激素（它对爱漠不关心）的驱动，他们为了快感与别人发生性关系，甚至是与不喜欢的人，更不用说相爱了。一方或双方有性快感，就足以让他们发生性关系。

性与权力也有很大关系，但这种需求并不排斥爱情或友谊，它可以被描述为一种兼备友爱和强权的性。亨利·基辛格（Henry Kissinger）说，权力是最强力的春药。显而易见，女人会被有权力的男人吸引，如果男人没有权力，她们将不予考虑，反之亦然。纵观历史，不少掌权者与那些幻想与其分享权力的人一起沉湎于性的快乐之中。在某些情况下，这种幻想会成为现实，比如爱德华八世为了沃利斯·辛普森（Wallis Simpson）而放弃了英国王位。性也是一种分享友谊和乐趣的一种方式，对于一对友好的伴侣来说，没有爱情的压力以及种种期望，这种娱乐至上的性非常令人享受。它还可能是了解一个新朋友的愉快方法。

文学作品关注爱情的开头与结局，因为在这些阶段，故事情节跌宕起伏。而较为平淡的中间部分——为了保持关系中的爱情而进行的创造性斗争——被忽略了，但这部分可能是读者非常感兴趣的。对一个作家来说，让一段关系的这个部分具有戏剧性并不容易，但持久的爱情又几乎是每个人最关心的主题。

要想任何爱情长久，无论其中有没有性，我们都需要回到第一章讨论过的友谊上去。与爱人和家人不同，好朋友能将彼此的友谊维系一生，因为他们从没幻想过掌控对方。而且，如果没有或很少有共同语言，他们也不会成为好朋友。我将在后文中详细讨论相容性（compatibility）的问题，但现在为了检验你们的爱情能否长久，请你问自己："我与我爱的甚至已经存在性关系的对象有多少共同语言？"尤其要问自己："在没有激素吸引的情况下，我还会想跟他或她做朋友吗？"如果答案是否定的，这份爱情成功的可能性就很小。激素让我们相互吸引，但它不会让我们的关系长久。

为了让爱和性的关系长久，我们还需要一种个人生活——不是性生活，而是独立于这一关系之外的社交生活或娱乐生活。夫妻双方需要有各自的兴趣、爱好以及朋友。你能够沉迷于自己的兴趣中而不担心对方批评或埋怨你吗？我们与好朋友和通情达理的家人相处时很容易做到这一点，在婚姻中也需要学习这样做。试图阻止伴侣享受这些自由必然会损害这段关系，如果你全身心地依赖你的伴侣，就是对这段关系提出了过分的要求。

说到爱，我们想得更多的是得到而不是付出。在感到不满意时，我们经常问对方的问题就是："你爱我吗？"当一方比另一方付出更多时，爱情还能继续吗？当然，任何事都可能发生，你可以找到一个只付出而几乎不求回报的人，但你不能依赖这一点，一味索取而不给予回报，爱情和友谊都是将心比心的。接受爱也是一种艺术，学习如何优雅地接受爱，对任何一段关系都有极大帮助。

爱情以外的爱也会出现问题。家庭成员，尤其是父母和孩子之间，经常会对对方提出过分的要求。当他们这样做并使用外部控制时，这个家庭很可能就会破裂。只要他们试图控制对方，就无法阻止这种破裂。不幸的是，这是大多数家人在意见产生分歧时采取的行为。要解决这种家庭问题或者其他与付出和得到爱有关的问题，我唯一的建议就是放弃外部控制并开始使用选择理论。

权力

权力是一种特殊的人类需求。作为生存需求的一部分，一些高级的动物想要爱，许多动物想要自由，不少动物至少在年轻时会在玩耍中学习，但是，因为权力本身而想获得它，是我们独有的需求。动物在受到威胁、想要繁衍以及为自己或孩子获取猎物时会变得有攻击性，但这种行为是为了生存，不是为了权力。当动物们有了足够的食物、不被激素驱动也不需要喂幼崽时，它们便不具有攻击性。人类是唯一受权力驱动的物种。这种权力需求很早就取代了生存需求，并左右着许多人的生活方式。

很多人承认自己拥有一个人可能拥有的一切，但仍然想得到更多；他们因此感到快乐，尽管这往往意味着别人得到的更少。当一个人想拥有比朋友更多的权力时，再长久的友谊也会变得脆弱不堪。我们很难与那些被贪婪和权力欲吞噬的人做朋友。对许多人来说，这种感觉让他们欲罢不能。我们想赢，想操纵事物，想按照自己的方式来，想告诉别人做什么并看着他们做，让他们按我们认为最好的方式去做。许多人认为追求权力是很有必要的，对此没有任何不安，即使这意味着牺牲一段婚姻、与孩子或父母的关系、摧毁一个商业竞争对手。对一个迷恋权力的人来说，甚至连谋杀也不算什么。

在我们生活的外部控制社会，通常是由掌权者来界定现实世界的，无论这种界定是否对他人有害。举个例子，那些认为伤害学生自尊心没错的教师在每所学校里都很常见。这种基于滥用权力而伤害孩子的做法，是第一章中人性进步曲线保持平坦的一个重要原因。权力本身无所谓好或坏，区别在于人们如何定义、获取和使用它。

婴儿时期，父母或其他人会对我们的需要给予立即关注，一旦由此尝到权力的滋味，我们便开始追求更多的权力。到了青少年时期，生存和获得关爱不再是唯一的动机，权力促使我们去做许多其他的事情。在权力的驱动下，我们做的每一件事几乎都在为事物等级排序，这些事物包括社会地位、社区、住宅、服装、学分、胜利、财富、美丽、种族、力量、体格、胸部或二头肌的大小、汽车、食物、家具和收视率，你能想到的每一个事物似乎都进入了权力斗争。为了自己出人头地不惜损害他人的利益，正是社会上某些人的生活方式。

当然，也有许多人是为了维护公共利益而争取权力的。我们努力完成会给自己带来权力的事，便可能在很多方面帮助到他人。一个人高尔夫水平是升是降，对他人并没有什么影响，但是，当一位医生挽救了患者的生命或者发明了新的治疗手段，他或她会感到自己手中的权力，也会让众人受益。教师行业当中有很多幸福的教师，他们在看到学生功成名就时会感到自己的力量。我写这本书是为了帮助别人，如果成功达到目标，我会感觉非常棒，充满了力量！

幸运的是，在一个富裕、较民主的社会（比如美国），几乎人人都能获得一些权力，而且大多数人对此感到满意。我们并不像政客或某些富人一样渴求权力，但我们也希望有人能听到自己的声音。如果没有人倾听，我们就会有一种无力感，这种痛苦就像你身处异国，想与人交流却没人能听懂你的语言一样。在选择理论的世界里，会有更多的人享受相互倾听的感觉，而不会试图与人强辩。

在人际关系中，强制对掌权者而言并不比对其他人更有用。掌权者倾向于滥用权力，这很可能对其婚姻和家庭造成不利影响。以前，有权力的男性经常与妻子维系婚姻，但很少忠实于妻子；现在，他们当中有更多人离婚了，不再假装婚姻美满。比起过去，现行法律在判处离婚时对妻子的保护更多，所以更多不幸福的妻子选择了离婚。掌权者与其他人一样，甚至更需要选择理论。因为他们手中握有权力，如果他们接受了这种理论，整个社会都可能受益。

选择理论的社会强调的是彼此融洽相处，强迫他人的情况很少出现。我们没有理由相互评判，更多的精力应该用于协商分歧。掌权者将会发现，他们与人融洽相处时比支配他人时拥有更多的权力。应用选择理论的社会的特征之一就是学习如何处理权力需求。如果能够改变我们所秉持的心理学原则，这样的社会并非遥不可及。

自由

当有人用权力威胁我们的生活时，我们才会注意到权力；同样，当自由受到威胁的时候，我们才会关注自由。我相信对自由的需求是人类进化的结果，它尝试在你我的需求之间提供一种平衡，前者迫使我们听从命令，后者想要挣脱这种压迫。这种平衡最好用这条黄金法则来表达：己所不欲，勿施于人。而外部控制是权力之子，是自由的敌人。顺我者昌，逆我者亡的血腥统治是全世界范围内痛苦的主要原因。

比遭受痛苦更可怕的是身陷困境。我们一旦失去自由，就可能会丧失一种人类独有的品质：发挥建设性创造力的能力。第七章将详细解释，我们的创造力不一定都是有益的。当不能自由表达或者没人愿意倾听时，创造力就有可能给我们带来痛苦甚至疾病。我们越自由，越能以不妨碍别人的方式来满足自己（再次体现了黄金法则），就越能发挥自己的创造力——不只为个人的利益，更为了大众的利益。能够自由发挥的创造者很少是自私的，他们乐于与别人分享并从中得到大量快乐。

美国成为最富创造力的现代化国家之一，得益于其制度保护了民众的自由，特别是言论自由。美国开国元勋中有许多人非常富有、大权在握，但他们在制定宪法时充分地意识到了一个压制自由的社会有多危险。他们中大多数人为了寻找自由而逃离英格兰，因此能够与许多无权者慷慨分享自由。拥有财富和权力的人不一定是自私自利的。

然而享受了那么多年自由，许多人仍对言论自由深表怀疑，不相信自己可以随便发表意见。多年来，《权利法案》带来了好处，也导致了一些问题，但这些人只看到了问题。如果今天仍有机会，他们一定会对其投以反对票。"如果你按我说的做，我将保护你不受恶势力的压迫"，这是历史上每一个暴君最有效的许诺。

乐趣

乐趣是对学习的一种基因层面的奖赏。我们是那些具有学习优势者的后代，而学习优势又给了这些人一种生存优势，因此乐趣需求也就被写入了人类基因。除了鲸鱼和海豚之外，我们可能是唯一能够终生玩耍的生物，因此我们也需要终生学习。我们停止玩耍的那一天，也就是不再学习的那一天。乐趣的最佳表现就是欢笑。相爱的人一直在相互了解，而且几乎总是在欢笑。

当有人与婴儿躲猫猫时，他们会哈哈大笑。我相信，婴儿大笑是因为这个游戏教给他们有用的一课：我是我，你是你。而在此之前，他们认为我是我，你也是我——他们拥有每一个照顾自己的人。在几个月大时认识不到自己和他人的区别并没有什么问题，但如果到了成年后还如此，就会破坏人际关系。早点发现我们与别人不同，只有我们自己属于自己，是很重要的。

与人好好相处需要付出很多努力，最好的方法就是从相互了解中收获乐趣。欢笑和学习是所有长期融洽关系的基础。当一段婚姻开始变质时，乐趣最先受到伤害。这太糟糕了，因为乐趣是最容易满足的需求。世上有太多能给予我们乐趣的事情，很少有人会挡住你的去路。

各种需求和人际关系

第一章提出了一个重要问题:"我如何能够找到一种让我既能过上想要的生活又能与身边的人融洽相处的方法?"答案就在于运用选择理论而非外部控制心理学,这样做更容易达到目的。但完全的自由是不可能的,没有人能不受基因的影响。我们在努力寻求爱和归属的同时也不可能忽视其他需求,特别是权力和自由。

权力会摧毁爱情。没有人想要被支配,无论那些支配者如何宣扬他们的爱情。爱情也意味着找到合适的相处空间——亲密关系中的自由空间比许多人预想的要小很多。这个相处空间的大小会随着时间而变化。如果找不到合适的空间,关系就可能被毁灭。

一对夫妻就像在共同指挥一场"需求六重奏",协调双方对爱、权力和自由的需求。只要婚姻出现紧张局面,就可能是没协调好这六种需求。如果某一方准备对婚姻付出尽可能多的爱,那么他或她会希望得到更多的权力或自由。

只要婚姻中出现重大变化,就必须进行协商。如果出现以下情况:一方(或双方)开始或停止工作,孩子出生,工作变动,搬去新的城市,买了一处豪华住宅,特别是一方(或双方)退休,这时,某一方就可能需要更多的权力或自由。举个例子,如果丈夫退休了,现在整天围着屋子转,不工作或较早退休的妻子就会感到无所适从。以前丈夫对妻子的生活空间不感兴趣,现在他开始侵入其中。如果想避免危机,这对夫妻必须重新协商对自由的需求。

协商这种需求最好的时机是在丈夫退休之前,而妻子一感到不适就要提出,等得越久,问题就会变得越复杂。如果这对夫妻对需求很熟悉并且以前协商过,那么就没什么大问题。如果这是他们第一次尝试协商,过程将会非常艰难。在第五章讨论调解圈(solving circle)时,我将详细描述如何进行协商。

如今我们很明显都是社会性动物，想满足需求，必须有良好的人际关系。鲁滨逊不需要"星期五"也能生存下去，但有了"星期五"的陪伴，他就幸福多了。① 除非我们是隐士，否则如果被迫独自生活，即使满足了所有的生存需求并拥有宽敞的居住空间，我们依旧会在孤独中悲惨度日，悲惨之处在于我们不能跟需要的人一起生活。当我们感到孤单且想要他人陪伴时，就会一直期盼有人出现。那个人将是我们的朋友，甚至可能深爱着我们。他或她会倾听我们的心声，与我们一起学习和欢笑，不会强迫我们去做不想做的事，还可能帮助我们生存下去。

总而言之，权力本身并没有多少价值，除非你利用它去影响人们。如果你在烟草公司担任销售主管，它将很难满足你的权力需求，因为互联网上的销售渠道有更高的回馈。自由是摆脱某些人，但绝不是所有人，基因不允许我们享受那么多的自由。如果我们不与别人分享，学习或完成一件事还有什么乐趣呢？我的一个朋友，他是一位很棒的高尔夫球手，有一次一个人玩时一杆进洞。这真是太不幸了！

---

① 在《鲁滨逊漂流记》中，鲁滨逊收留了一个奴隶，取名为"星期五"，后者成为他忠实的仆人和朋友。——编者注

第三章　优质世界

众所周知，我们生活在一个看得见、听得着、摸得到、可以闻、可以尝的世界里。我们称之为真实世界或者客观现实，并倾向于认为它对所有人都是一样的。但正如"盲人摸象"的寓言所说，没有哪两个人的知觉是一样的。这个事实也许难以接受，特别是对那些以客观自居的人来说，但我们确实是根据自己的意愿来感知周围现实的。乐观者和悲观者生活在同一个世界，智者和疯子也在同一个世界，但每一个人看到的世界大不相同。尽管我们眼里的世界大部分与其他人眼中的相近——否则我们根本不能融洽相处——但毕竟不是完全相同。

选择理论认为，我们感知到的许多现实与别人迥异，是因为我们每个人都独有另一个重要的世界，可称之为优质世界（quality world）。这个小小的、个人的世界，在每个人出生后不久就开始在记忆中组建，并在生活中不断积累丰富。优质世界由许多具体的画面组成，如果我们想要满足基本需要，最好的方法就是实现这些画面描绘的内容。

这些画面的内容可以分成三类：（1）我们最想与之共处的人；（2）我们最想拥有或体验的事物；（3）我们遵循的理念或信念系统。只要在感觉良好的时候，我们都在选择行动方式，以让真实世界中的某个人、某些事或某些信念接近优质世界中的人、事或信念。在这一生中，我们与优质世界的联系比与其他任何东西的都要密切。

大多数人对自己的基本需求一无所知。我们只知道自己的感受如何，并总想尽可能地感觉舒适。因此，我们选择把特定的画面放进优质世界，最重要的原因是，我们与这些人在一起，拥有、使用或体验这些事物，把这些信念付诸实践时的感觉，比接触其他的人、事或信念感觉时要好得多！

优质世界包含了对我们而言最重要的信息。我们试图否认这种信息的重要性，但总以失败告终。当我们说"我不在乎"时，其实是在欺骗自己。如果谈论的话题属于自己的优质世界，我们就会深为关切。我们大脑中整天盘桓着优质世界里的画面，赶也赶不走。举例来说，这些画面可能包括存钱要买的新房子、渴望的新工作、对前途至关重要的好成绩、打算与其结婚的心上人或从疾病中康复的孩子。对酗酒者来说，这个画面就是他们念念不忘的酒；对革命者来说，这个画面是新的政治制度，他们希望以其取代自己恨之入骨的旧制度；对宗教信徒来说，这个画面则是他们希望安度来世的天堂。

对每个人而言，这个世界都是他/她的"香格里拉"：一旦拥有，别无所求。只要能满足优质世界中的一幅画面，就会快乐无比，反之会带来无尽的痛苦。如果认识到优质世界的存在，并理解它在每个人生活中扮演的重要角色，那么我们在与人相处方面将有很大的进步。

举个例子，如果斯佳丽知道她正在损害自己在白瑞德的优质世界中的地位，她可能就会更加小心地对待他。如果她这样做了，白瑞德可能就不会说出那句著名的话："坦白说，亲爱的，我已经将你从我的优质世界中抹去了。"（鉴于有人怀疑，我承认我的这本《飘》可能是唯一出现这句引言的版本。）

我们了解优质世界里的细枝末节，但很少有人知道这个世界的存在，这真是一个悖论。虽然我可能对自己的优质世界一无所知，但我知道我的女儿（她是一位演员）对我非常重要。我去看她主演的戏剧时觉得她是最伟大的演员，即使她有缺点，我也视而不见。我告诉所有观众她有多么伟大，如果有人不赞同，我就会很生气。对我来说，她伟大的表演就是我的现实，无论其他人说什么。如果全市的人都为她的表演倾倒，我会欣喜若狂，因为我的现实也被大多数人当作现实接受了。所以，我们界定现实或真实世界的一个方法就是，以大多数人所说的为准——只要他们与我们意见相合。我会认为一个批评她表演的评论家是疯子或者会在现实中将其屏蔽,这个评论家永远也不会进入我的优质世界。

如果这个抨击她的评论家是城里最伟大的评论家——之所以说最伟大,是因为他身处这个城里戏剧爱好者的优质世界中——他的话可能会被大多数人看作现实,特别是关于她的另一面。对读他的评论的读者来说,一些不重要的评论家的言语根本不起作用,因为这些人根本不在他们的优质世界中。大多数人会参考这位受欢迎的评论家的言论,然后选择不去剧院。反对权威人士的信念是很难的。因此对我们来说,尽管难以接受,现实还是与大多数人或重要人物的言论有很大关系。

但最终,无论众人的意见是否与我们一致,我们总会以对自己最有利的方式来定义现实。也就是说,如果你我优质世界中的画面存在出入,那么对于真实世界中发生的事,我也绝对不会与你意见一致。我在电视上看到总统时说他很了不起,你却看着我,好像我发了疯。总统还是那个总统,但我们无法以同样的方式来看待他。为了避免争论,许多人倾向于置身政治和宗教辩论之外,以谈论天气取而代之。无论我们的优质世界中是什么天气,没有人会挑剔那幅画面。

因为女儿在我的优质世界中,我无法如实地看待舞台上的她,但对于那晚的舞台背景,我与其他观众观点趋同。我们赞美它,除了设计者本人,这个舞台背景不在我们任何一个人的优质世界中,因此没有必要对它另眼相看。完全的客观是一个神话,只有你我拥有完全一样的优质世界时,它才可能存在。

这种差异在陪审团审判制度中体现得最清楚。如果出于各种原因,被告恰好处于陪审员的优质世界中,陪审员可能会无视犯罪证据并宣告他无罪。如果他不在陪审员的优质世界中,则很可能因为一点儿证据就被判有罪。这就是被告在审讯时都打扮得体并对审判人员毕恭毕敬的原因。尽管我们自认为可以完全客观地看待一种情境,但这其实是不可能的,除非它与我们的优质世界毫不相干。

然而在实际操作中,真实世界必须存在。如果不能以大致相同的方式来看待大部分世界,我们就相当于生活在巴别塔中,无法进行有效的交流,然后什么事都做不了。举个例子,大多数人对时间都意见一致,否则就没有准时的概念了,但时间通常不在我们的优质世界中,一般情况下,我们无法从知晓时间这件事中获得巨大的快乐。然而,如果我是一个铁路调度员,时间就会在我的优质世界中存在,因为不知道准确时间可能会导致严重的事故。世上几乎没有不重要的事,只是因人而异,但总有一些事在大部分时间里对大多数人来说不太重要,因此我们可以对那一部分现实达成一致。

当我们设法满足自己的需求时,我们就在不断创造和改造优质世界。如果想掌控大权,我可能会把政治放进优质世界。如果只想生存,我可能会把埃比尼泽·斯克鲁奇(Ebenezer Scrooge）[②]当作偶像。如果我的优质世界中的画面是自由,我会购置一艘小帆船,在大海上幸福地独自航行。如果关注的是性,我可能会忽略我的配偶,去找一个与优质世界中的画面匹配的性感伴侣。如果花费大量金钱参加竞选却没有成功,我可能最终会把政治从优质世界中删除。但只要它们还有一点用,我就倾向于保留这些画面。

不过我仍然可能将这些画面长久地保留下去,因为它们固然令人失望,但将其删除也令人格外痛苦,这样做是在放弃一些曾经很好地满足了我们需求的东西。所以,就算长期无法实现那些画面,许多人仍然将其保留在优质世界中。你可能仍保留着关于妻子的理想画面,即使你已经无法在现实世界中实现它了。你把她长时间放在那里,希望她有所改变,而且如果你将她移出优质世界——你也许会受到诱惑离开她——可能会导致经济问题和让孩子感到不幸福。你可能对妻子感到不满,但如果将她移出优质世界,你会更不幸福。无论有多么好的理由将某人保留

---

① 英国作家狄更斯作品《圣诞颂歌》中的主人公,他极为贪婪,嗜钱如命。——译者注

在优质世界中，如果你不能以希望的方式与他或她相处，你都会感到痛苦。罗密欧和朱丽叶分开一段时间，长大些再相见，结局可能会更好，但他们的优质世界没有给彼此这个选择。

正如前两章解释的，即使良好的感觉也是复杂的，因为有两种不同的快乐画面。一种快乐，我称之为幸福。它意味着如果你感到不幸福，你会努力实现与人亲密相处的图景。幸福的人的优质世界里总会有一群人，通常是爱人、家人，至少有一个朋友。

然而，许多人没有找到自己可以信任且乐于相处的人。他们可能遭到了拒绝或伤害，然后开始放弃幸福，放弃在人际关系中寻找良好感觉。很多时候，他们发现了许多不需要人际关系就能获得快乐的方法。为了感觉舒适，他们开始以与人物无关的快乐画面（暴力、药物和滥交）取代优质世界里的人物画面。在这样做的时候，他们使自己更加远离人群和幸福，也使自己的问题更为迫切。他们越感到孤独，就越不能接受是自己拒绝了别人的事实，而越认为是别人拒绝了他们。他们当中许多人会责怪政府或那些与他们不同的人。

如果他们是男人，他们常会憎恨女人，贬低她们。他们恨女人，因为自己在性方面需要女人，但又喜欢将自己看作不需要任何人的铁汉子。《皮条客》杂志正是依靠着这些男人所幻想的优质世界而畅销的。世界上一定有许多这样的男人，因为这份杂志已经为其创建者赚取了数百万美元的利润。

几年前，我的妻子卡琳和我曾在市中心的一所中学工作了一年，那里大多数学生的优质世界中根本没有教师、同学和作业。那所学校里的学生感受不到幸福，但他们从谈论甚至实现某些画面中获得了快感，这些画面就是毒品、暴力和滥交，它们对不幸福的年轻人来说十分熟悉。这些年轻人相信自己在学校里永远也不会感到幸福。显而易见，因为在学校体验到的快乐如此之少——多年前在小学里还有过一些——他们无法想象在学校里还有可能幸福。

教师和校长越强迫（威胁和惩罚）他们去做作业，他们就越反抗，越关注自己优质世界中的内容。我们在第十章将讨论我们在那所学校里为扭转教育局势做出的所有努力。但现在就可以看出，如果要说服学生做作业，我们必须做些什么。我们必须劝说他们把我们放进优质世界，并且通过我们把作业也放入其中。我们必须友好地对待他们，无论他们怎么对待我们。通过选择理论，我们能够与他们建立人际关系，而通过这些人际关系，他们开始考虑如何与学校中的人们相处以满足自己的需求。当他们将教师和同学放进优质世界，幸福就会开始慢慢取代寻欢作乐。

如果一个人的优质世界中只有反社会的快乐画面，我们只能与他们建立人际关系并慢慢进入他们的优质世界。对学生（特别是来自贫穷家庭和不喜欢学校的孩子）大肆运用惩罚手段，只会适得其反。大多数人都认为惩罚是对的，但做得越多，离我们想得到的东西就越远。想想看，我们使用了多少惩罚，多少学生的优质世界中没有教师和作业，而我们的学校还能有现在的面貌真是个奇迹。

我们的优质世界里需要幸福和温暖的人，其他东西是没有用的。父母、教师和老板应该成为这样的人。许多教师和老板没有认识到，他们多么需要展示温暖、友好，对他们教育和管理的对象表示支持。这并不需要花费多少心思，一天只需几分钟就会带来奇迹，但许多教育者和管理者不明白这一点：只要给予关心和支持，现在不思进取的学生和员工就会愿意并渴望奋斗。

如果优质世界里没有能给予自己充分支持的人，我们经常会落入第一章描述的第四种不幸情形：强迫自己去做违反基本需要的事。厌食症患者就是这样的人。无论得到多少关怀，她们都不会满足。她们让自己挨饿，表面上是想瘦身，实际上是想控制照顾他们的人。因为人类看待这个世界时都带有强烈的主观色彩，所以她们很可能将父母的照顾解释为控制。但是，无论她们如何将自己选择的行为合理化，研究发现，她们优质世界中的自己比镜子里看到的都要瘦得多。

如果这些年轻女孩牢牢抓住这个无法满足的扭曲画面,她们会让自己饿死。尽管事实上只有很少的人会饿死,但很难预测谁会饿死而谁不会。她们为什么让自己饿死,这不是一个容易回答的问题。我的猜测是,她们发现这样可以获得一种意外的权力感,可以控制那些没有按其想法来对待她们的人。

当一个无权的青少年突然控制了全家人,那种感觉如此美好,足以让她不去吃饭。她对这种内啡肽上瘾了,感觉不到饥饿的痛苦。如果她吃饭,就会失去所有的权力,快乐也会随之而去。后文在讨论儿童教养时,我将解释如何抚养女儿,使她在年幼时就获得合理的权力,这样她便不需要像厌食症患者一样在突然获得不正常的权力时不知所措。养育儿童的关键在于让他们在优质世界中身边环绕着有爱心和可以提供支持的人,帮助他们既体验到自由,又体验到可靠的权力。厌食症就是优质世界巨大威力的一个具体例子,优质世界中的错误画面可以毁灭生活。

为了与他人相处得更好,我们需要了解对方的优质世界中都有些什么,然后尝试去支持它们,这样做会让我们与那个人更亲密,比做其他任何事都有效。但正如厌食症的例子清楚显示的,发现别人的优质世界中有什么并不容易,而且支持我们所发现的画面同样不容易,没有哪个父母能够或者应该支持那种疯狂的画面。那就实话实说吧:"我关心你,但我不能支持你做所有你想做的事情。"即使你知道事情的由来经过,厌食症的治疗也不容易,它超出了本书的范围。

大多数人都不愿与人分享自己优质世界中的内容,甚至对亲密的人也心存抗拒,因为我们害怕别人可能不支持自己的想法——他们可能对我们视为珍宝的东西嗤之以鼻。如果他们这样做,我们会感到受伤或愤怒,或者两者皆有。举个例子,一个男人想写小说,但他害怕告诉妻子。他怕妻子说:"那太荒谬了。你对写小说这件事了解多少呢?"由于害怕这种贬低,他索性不告诉她,这样他便不会受到伤害。但是,由于不能与妻子分享理想，他可能会心生不满。事实上，她什么也没说，这一切只是他的臆想。如果他告诉妻子，她也可能相当支持他。正是这种恐惧导致了他的不快乐。尽管如此，还是有许多桩婚姻中充满了恐惧和怨恨，而且就是从批评另一个人的优质世界开始的。如果你知道选择理论，最好的做法是对你的伴侣解释优质世界以及你的担心，这是在婚姻中取得信任的一个好方法。如果不这样做，你的怨恨可能会导致你批评、责备伴侣，而这会进一步降低信任。

根据外部控制心理学的第三条信念——让别人听从指挥是你的权利——你在优质世界中放进了一幅凌驾于关系之上的画面，这样做实际上是占有了某人。如果你占有了那个人，让他或她听从你的指挥是很自然的。任何关于占有的画面都可能带来一场人际关系灾难，它几乎总会让我们感到失望、愤怒和冲突。这些画面可能会导致谋杀，监狱中成千上万的男性和一些女性的罪行就是杀害了不能为其所有的伴侣。罗伯特·布朗宁（Robert Browning）悲惨的诗歌《我已故的公爵夫人》（*My Last Duchess*）清晰地描绘了当主人妒意大发时，占有权如何变成了一场灾难。

掌权者很难容忍无权者的优质世界。如果每个人都能理解适合自己的东西未必适合别人这一点，这个世界将变得更幸福。选择理论告诉我们，我的优质世界是自己生活的核心，但不是任何其他人的生活核心。对习惯外部控制的人来说，这是很难学会的一课。

大多数人的优质世界中都有两幅画面。一个是稍微理想化的画面，另一个是极端理想化的画面。因为这两幅画面，当你看向镜子时，首先会将看到的东西与极端理想化的画面比较，你当然会感到不满意。你可能会思考一会儿，然后很快意识到想让现实与那幅画面一致是不可能的，因为你可能永远不会有那幅画面上那么美。在一阵不愉快之后，你意识到不值得费那么大劲，于是就不再那样想。对大多数人来说，极端理想化的画面不过是一幅幻想中的画面。它在那里，我们享受它，但不能拿它当真。我们应该满足于稍微理想化、有机会实现的画面。比如，我认为自己的网球打得不错，但从不期望自己成为一个专业选手。

我们可以选择将什么人放进优质世界，并以自己喜欢的方式描绘他们，我们同样可以选择将他们删除。父母和孩子通常是个例外，我将在第九章进行解释。尽管有点不可思议，但我们确实能将所有人从优质世界中删除，除了自己。无论我们怎么描绘自己，都不能将自己删除。那些画面可能完全不现实，但只要是我们想要的，我们就不得不努力靠近它。我们无法通过将自己移出优质世界来逃离这种自愿的任务，将自己删除将意味着我们不存在。然而，如果不去改变自己孤零零的画面，我们还有一件事可以做。我们可以自杀，而且这可能是自杀的一种动机：我宁愿死，也不愿继续努力对这种孤独的生活产生好感。这不同于通常的自杀动机：我宁愿死，也不愿继续努力争取某一段无法拥有的关系。

因为与他们在一起感觉如此好，或者我们相信与其在一起感觉很好，所以我们可能会与被我们放进优质世界中的某些人发展出破坏性的关系。有时候，我们也清楚将这些人放进优质世界对自己的健康和幸福存在危险。说句公道话，将我们放进对方的优质世界里对他们也是有害的。我们可能与优质世界中的某个人一起吸毒、犯罪、施虐、欺骗、撒谎或者自杀。

因此，无论我们承认与否，被我们放进优质世界的人的好坏与真实世界中定义的好坏其实无关。真实世界中的看法可能会影响我们放进或移出他们，但是我们自己的想法才是决定性的。他们之所以在我们的优质世界中，是因为我们相信，至少是希望与他们在一起时会感觉很好，而没有他们时会感觉很糟。

对于事物也是一样。几乎所有被放进优质世界中的事物都以某种方式与人关联，因为这种关联，我们可以获得许多美好的感觉。即使拥有一座豪宅、一辆豪车或者一幅名画，如果没有人一起享受，我们就很少会有满足感。我们在优质世界中描绘的事物也可能是那些我们不会去占有的东西，它们可能是壮丽的日落、幽静的公园、一轮满月或者一头蓝鲸，但只有与我们在乎的人一起分享时，这些画面才最让人感到满足。

大多数人笃信的是宗教信仰、政治信念和生活方式，而音乐、艺术、运动等几乎任何东西都可以成为生活方式的一部分。但如果不能说服他人也相信我们的信念，那么被放进优质世界中的信念系统就意义甚微。我们不必说服每一个人，可如果不能说服某个我们认为应该说服的人，就会感到受伤。事实上，如果我们能够说服他人，这将是把他们放进优质世界的一个好理由。大多数人一开始设法说服亲密的人，如果成功了，就继续说服普通朋友，但很少去找陌生人。如果普通朋友拒绝了，很少有人会采取极端手段去说服他们。

当然也有一些人愿意走极端。恐怖分子的优质世界中的信念系统就是用暴力反对政府，并根据那些信念而行动，造成大批伤亡的战争只是为了让别人相信少数掌权者的信念。美国不愿从越南战争中撤兵就是一个例子，证明了要改变政客优质世界中的信念有多么难——无论对或错，美国永远都不该输掉这场战争。幸好只有少数公民认可这个信念，大多数人的优质世界中不再有战争的画面，现在的军队已经很好地意识到了开战的风险。

你可以通过严重的威胁强迫许多人说任何话或做任何事以求生存，但是只有这个压迫存在时，这种行为才会继续。可无论使用多少威胁或惩罚，你都无法改变人们已经放进优质世界中的画面。有一样东西是没人能从你手中拿走的，那就是控制你自己优质世界的自由。这种自由在两个相关的新闻报道中得到了很好的阐释。

第一则报道是：学业水平测试结果显示，现在学校里使用的计算机并没有提升学习效果。第二则报道有喜有忧：美国四年级学生在数学和科学方面的成绩大幅超过了其他国家的学生，但到了八年级，学生们的成绩却远远落后于其他国家的学生。第一则报道说明教师和学生的互动正在被计算机所替代。计算机是好工具，但它们不是教师。如果教师理解计算机的限制，并与学生有足够互动，让学生将其放进优质世界，那么计算机在这种情况下就可以起到辅助作用。如果没有教师的互动，计算机几乎不起作用，而且根据我的经验，使用计算机多长时间都是一样的。

从四年级到八年级的学习成绩下降也是出于同样的道理。在以上两个例子中，测量的实际是有多少学生把他们的教师放进了优质世界。走进全国任何一所学校的一至四年级去看看，再去同一所学校的六至八年级看看，你就会发现其中明显的差异。

年龄小的学生比年龄大的学生更能全身心地投入学习。换句话说，比起年龄大的学生，有更多年龄小的学生把他们的教师放进了优质世界。我们将在第十章详细解释为何会出现这种下降情况，但总体原因实际上很简单。很多时候，外部控制心理学在高年级比低年级更盛行。不是学生也不是教师，而是这种心理学的运用造成了这一差异。

要解释我们如何学会将某些画面放进优质世界，最好的方法是从一个新生儿说起。在最初的几星期里，她只知道自己的感受。感觉舒适时，她会睡觉或者四处观察；感觉糟糕时（比如饿了），生存基因就会起作用。但是，除了与生俱来的几种行为（哭和闹）之外，她能做的没有多少。

一两个星期之内，她学会把痛苦、哭闹与喂食联系起来，并学会了利用哭闹来获取食物，因为被喂食的感觉非常好。她很快学会了吸吮乳汁，并意识到自己正在被喂食。这种重要且感觉舒适的认知，是她优质世界的开端。她知道得越多，优质世界就变得越丰富；但即使长大成人，她的优质世界也绝不会变得庞大无比，因为她只会把那些让她感觉好的人、事和信念放进来。

几周后，喂养她并让她感觉好的主体换成了某个特定的人，大部分情况下是她的母亲，这是大多数人准许进入自己优质世界的第一个人。婴儿也开始了解哭是一种通用的行为，不仅可以减轻疼痛，经常还可以带来幸福。因为当她哭闹时，母亲甚至其他人会费尽心思来照顾她。她不知道幸福是什么，但她知道这种感觉与人紧密联系在一起，这有助于她以后了解幸福的含义。因此，她开始认识好坏感觉之间的差异，而这种差异会激发她未来的生活的动力。

到六个月大时，她意识到良好感觉与优质世界中的母亲高度相关，但她也开始认识到母亲并不是完美无缺的。如果这个婴儿有一点肠积气，母亲只能拍打其背部帮助她打嗝。有时她的母亲会成功，婴儿会感觉好些；但无论成功与否，婴儿可能会开始朦胧地理解母亲总是努力让她感觉好点，但她也知道，有些时候必须靠自己。

她感激母亲总是努力帮助她，即使有时没能成功，这是婴儿让母亲继续留在优质世界中的另一个原因。她逐渐明白：无论有多么好的母亲，自助都是一个好主意。她学会了自助，便开始将自己放进优质世界。现在，她种下了个人自由的第一颗种子。优质世界中的其他人越是让我们自己做事，我们就越懂得照顾自己。

到两岁左右时，这个婴儿逐渐形成的自我画面遇到了意外挫折。虽然这个婴儿还不明白，但她的基因很了解，她现在被一种新的不适感驱动着：她想要一些权力。除了父母，她还能求助谁来验证自己能否得到帮助来摆脱这种挫折呢？遇到一点小事，她想要的东西和优质世界中的画面有一点差别时，她就会选择尖叫不止，让父母束手无策。一些父母将这个权力检验期称为"可怕的两岁"，因为很明显，这时候大多数儿童在两岁左右。

尽管她还不知道自己在做什么，但这个受到权力驱动的孩子在试探曾经起作用的控制性行为，看它们是否足够有效，能让自己摆脱遇到的各种不适。这正是权力的最终目标。虽然没有人能够实现，但有些孩子可以相当接近这个目标。这个孩子对自己说："为什么不看看我到底有多大本事让别人为我付出呢？"虽然她检验的内容大多与权力有关，但久而久之，也可能与自由和乐趣有关。她可能在寻求自由时跑遍整个超市，当妈妈抓住她并将她放进购物车时，她会哭个不停。她可能会在书店里发现一本书并开始阅读（乐趣和学习），如果爸爸不买这本书，她就会大发脾气。有时候，她并不是特别想要某个东西，只是想看看父母会不会迅速而热情地回应自己的需求。

在两岁到四岁之间，她发现自己所受的限制并重新开始成熟过程——调整她以前形成的父母对其无微不至的画面。她发现父母虽不像想象中那样令人满意，但他们仍然值得留在优质世界中。这个学龄前儿童开始认识到，指望那些不会或不能为她服务的人真是太痛苦了，这是不值得的。她学会了不能要求太多。根据现实的可能性来调整优质世界是很值得学习的。她还开始将那些以前热心过度而现在对她不再关心的人移出优质世界，并在选择将什么人放进优质世界时也变得更加现实。

称职的父母能分清楚他们和别人要做什么，而孩子要为自己做什么，这样可以帮孩子创造一个理智的优质世界。在孩子优质世界中竞争地位的离婚父母不适合教孩子这一课，孩子也经常会利用这种情境。孩子们应对现实的方式是否成熟，与他们今后的人生幸福有很大关系。许多人做得实在太差了。

孩子长大并上学后，会感受到另一种震惊：虽然外部控制是双向的，但大多数控制来自另一个方向。教师和父母越来越多地联合起来，迫使他们做他们不想做的事情，比如家庭作业，它很少在任何一个孩子的优质世界中出现，但家庭作业是如此坚定地存在于教师和父母的优质世界中。如果孩子不做家庭作业，教师和父母就会实施威胁和惩罚。因此，那些以前花费大量时间和精力保证孩子感觉舒适的人，现在让孩子深深地感到受伤害，他们不知道父母正在使用外部控制的第三条信念——父母知道对孩子而言什么是对的，积极地将其付诸实践。

从四岁到青春期前，家庭这个部分通常是令人满意的，因为很少有父母实施的惩罚会强到孩子考虑将他们移出优质世界。如果父母足够明智，在严格要求孩子的同时辅以大量关爱和耐心解释，并且对孩子的反抗行为不记仇，事情通常就可以得到很好的解决。那些优质世界中有父母的孩子，认识到与父母合作比试图要挟父母且失败的结果要好得多。

到了青春期，性激素开始更为自由地流动，父母和孩子之间的权力斗争开始升级，即使过去一向温顺的孩子也一样。在这几年间，许多父母和孩子的关系遭到严重破坏，而这时每天都可能陷入麻烦的青少年其实比任何时候都需要优质世界中的父母。

每个人都在强迫对方去做不想做的事，或者因为认定对方永远不会满足自己的理想而与他人逐渐疏远。在外部控制心理学的氛围下，他们将这点发挥到了极致，每个人都确信自己是正确的。在青春期的孩子面前，懂得选择理论的父母会竭力维护自己在其优质世界中的形象，我能给他们的建议就是"多注意孩子做什么，别在意他们说什么"，要做到这一点并不容易。但如果你知道优质世界，并且知道自己使用的威胁和惩罚会危害自己在孩子的优质世界中的位置，那么你很有必要学会这样做。

我们的社会中许多问题的起因并不是我们没有能力与优质世界中的人们融洽相处。如果不能与他们融洽相处，我们可以对其置之不理，甚至避而不见。置之不理也许对我们认识的人有效，但它对一个社区不起作用。许多人越来越习惯躲在安全系统、保卫和门墙的外部控制背后，这不是美国梦。现代社会最大的问题是，我们甚至无法想象自己会去认识许多自己讨厌的人，更不用说与他们融洽相处了。我们将那些人看作危险人物或者具有潜在危险，他们当中许多人确实是这样。他们是我们考虑放进优质世界的最后一个人。

但不论是我们还是我们害怕和躲避的人，都没有意识到彼此间的需要。我们和他们有相同的基因，除了爱情，我们对归属的需求都是无条件的，所谓的条件只与我们遵循的心理学有关，而人类基因才不管什么心理学。只要这个社会继续使用外部控制心理学，我们就只能用逃避和惩罚来对待这些人。

如果我们改用选择理论，就会开启不同的思考方式。我们可能开始认识到逃避和惩罚不可能带来舒适感和安全感。然后，我们可能想到一个安全且廉价的途径：在社区里广泛传播选择理论。选择理论没有害处，可以很好地帮助我们，也可以帮助那些我们害怕和逃避的人。仅仅一个概念就可以带来很大的不同，优质世界可以在生活中起到更广泛的作用。我将在本书第三部分详细阐述优质社区这个概念。

第四章 整体行为

托德是个三十岁出头、相貌英俊、衣着讲究的年轻人,他来找我做心理咨询,一见到我就说自己感到很抑郁——这是到目前为止最常见的促使人们寻求心理咨询的原因。我使用的心理咨询或治疗方法被称为现实疗法(reality therapy)。它以选择理论为基础,着眼于改善当前的关系,通常会忽略过去的关系,而且它的成功依赖咨询师和来访者之间建立的良好关系。托德一坐下来,我的脑海里就闪过下面的这些话。

如果托德知道选择理论,他会比现在更了解自己。当然,如果他知道选择理论,就不会出现在我的咨询室里了——因为他就不会做现在做过的那些事了,而我确信正是那些事让他今天来找我咨询的。如果一个有行为能力的人,比如这个年轻人,了解并在生活中运用选择理论,那么我们对心理治疗的需求就会大大减少。但是,托德不知道选择理论,所以作为心理咨询的一部分,我的工作是将这一理论传授给他。我要教给他的是:他对现在的人际关系感到不满意,这个问题总是人们寻求心理咨询的原因。他过去的经历可能会有一些影响,但即使大多数心理疗法都聚焦于此,过去从来都不是问题。

他的人际关系问题可能跟女朋友有关,但可能性不大。在我的经验中,很少有男性因为女朋友来寻求心理咨询。以他的年龄,可能与父母或是孩子有关,但事实上跟他的妻子有关,她正在做一些他不喜欢的事。当然,妻子可能对他也有同样的感觉,但是,既然他来到这里,他才是我的服务对象。

当他告诉我他很抑郁时,我确定他认为这种痛苦是降临在他身上的,但我认为是他选择了自己感受到的痛苦。我要告诉他,是他选择了去抑郁，以此来应对他不想让妻子做的一些事。下面我将解释，我为什么把形容词的抑郁改成动词的抑郁。

在一生中，我们做出的都是行为，所以在选择理论的世界里，所有的抱怨都会从形容词和名词（大多数人的表达方式）转化为动词。这种转变至关重要，因为它指出，是我们主动选择了正在抱怨的痛苦，而且我们本可以做出更好的选择来消除这些抱怨。

我的咨询将为他提供两个选择。如果他选择一个或两个都选，我能保证他会感觉更好。如果他都拒绝，就难以保证了，搞不好会比现在更糟。他不会喜欢这些选择——至少一开始是——但如果想要感觉好点，他只能这样去做。首先，他可以改变对妻子的要求。其次，他可以改变与妻子的相处方式。他可以选择任何一个，或者两个都选，这取决于他想要什么结果。如果他这样做了，可以肯定，他会比以前感觉好很多。

托德可能会立即反驳我的观点，说他没有选择自己的痛苦。每当我们感觉痛苦时，它似乎不像是一个选择，而是发生在我们身上的。这就是为什么直到来访者对选择理论有了足够的了解，我才会指出是他们选择了自己的感受，好让他们可以理解我说的话。如果我直接告诉他们，他们会起身离开的。

两三次会谈之后，正是托德有所感悟的时候。对他而言，婚姻已经无法挽救了。来找我之前，他的第一任妻子离他而去，再没有回来。但是，选择理论对他的第二任妻子会很有帮助。如果他对待她像对待前妻一样，这份关系也不会持续下去。下面是我们前几次咨询会谈的精髓，这里省略了许多关于建立关系、加深了解的谈话，如果准备建立温暖而支持性的关系，它们当然是非常重要的，这种关系是成功的心理咨询必备的。

托德开始对我产生信任感，我们很快平静下来，检视是什么破坏了他与妻子之间的关系。在我看来，他想与妻子建立良好的人际关系，这很明显。如果他不能修复这份关系，他还可以寻找另一份爱情，这也很明显。但是，刚进入心理咨询时，他还没想到这一点。下面是一些简短的对话片段，可以帮助你了解一下现实疗法。我也很乐意解释当时的想法，这样你就能理解我是如何运用选择理论的了。我是这样开始的：

"托德，我需要知道你的故事。告诉我你有什么想法？"

"我很抑郁，感觉糟透了。我烦躁不安，已经一个星期没上班了。"

"你的痛苦是因谁而起呢？"

一开始我会寻找失败的人际关系，然后检视他是否进行了外部控制活动，并因为自己的感受而责怪他人——在这个例子中是他的妻子。这个问题将引起他的注意，并由此开始治疗。

"是我的妻子。她离开我了。大约一个星期前，我下班回来，她通常都在家，但那天她不在。我没有想太多，有时她也有些事情要做。但一个小时过去了，她还没有打电话给我，然后我注意到了。"

"注意到什么？"

"她留下的一张便条，贴在冰箱上，只有两个字：再见。她就这么走了。我跑去卧室一看，她的东西全都收拾干净了。所有的衣服，什么都没了。我简直崩溃了。我是说我爱她，她怎么能这样对我呢？"

"我无法回答你，只有她知道。但是，我也很好奇她为什么这样做。这是一次很大的行动。她一定早就对某些事情烦透了。你认为是什么事情呢？"

"这不好说，真的不好说。"

当来访者说"不好说"的时候，他通常知道真正发生了什么，只是不想去谈论它，否则他必须承认自己与发生的事情有更大的关系，这会让他不舒服。我只好假装不知情来打破他的不情愿。

"随便说说吧。这里就是诉说难言之隐的地方。"

"嗯，虽然我不这样认为，但她一直说我太盛气凌人，爱发号施令。但好笑的是，我以为她喜欢这样。她比我年轻10岁，才23岁。我知道的东西比她多得多。我原以为她喜欢凡事由我做主。"

"你希望她回来吗？"

"上帝啊,我当然希望她回来。你能帮助我让她回来吗?"

我没有回答这个问题。也许我们需要再多谈一点,看看她回来对他甚至对她来说是不是最好的选择。我没有说可以,也没有说不可以。但我的下一个问题——问他正在做什么——则暗示他可以比现在做得更好。以我的经验,大多数来访者都会这样理解。

"她走后,你都在做些什么?"

"没做什么。我心烦意乱,只是待在家里。公司里一些同事担心我,他们来看我,有位同事给了我你的号码。我似乎无法自己好起来。我听说过抑郁,但从来没经历过。我感觉有点精疲力竭。"

我没有回应他的话,因为我无法直接帮他感觉好一些。听他讲述自己的感受时,我没有对其发表过多意见。他坐在这里,说着话,做着事,我关注的是他选择去做什么。我让他考虑自己做出的选择,这是一个不错的起点。

"自从她走后,我猜你就选择待在家里,不去上班,对吗?"

"医生,你没明白。我没有选择待在家里。"

"是的,我不明白。你怎么能说没有选择待在家里呢?有谁逼迫你待在家里吗?"

"可是我心烦意乱,无法安心上班。我没有选择任何事情。自从我读到那张纸条,我就一直烦躁不安。"

"你选择了今天来见我。"

"我需要帮助,所以我来到这里。"

"你尝试过联系她吗?有她的消息吗?"

"我一直希望她能打电话来,也想过去找她,但又觉得可能会吵起来,会让事情变得更糟。有一阵子,我真的很生气;但一想到她离开了,我又陷入了悲伤。医生,我爱她,我不知道该做些什么。我也不想盛气凌人,我就是这样的,我父亲也是这样的,但似乎没有让我母亲感到烦恼。我可能是从他那里学来的。"

"这跟你从哪里学来的有关系吗?"

"我以为心理医生都对这点感兴趣。"

"我对你的父母不感兴趣,你已经长大成人了。我感兴趣的是你现在选择做什么。我感兴趣的还有你想要什么以及如何尽力帮助你实现它。我们必须去面对她已经离开这一事实。你认为她还会回来吗?"

"好吧。我的脑子里一团糟,我不知道。如果她还打算回来,我想她会留下一些东西。但她把所有东西都带走了,干净彻底。这一切发生得太突然了,我真不知道该做什么。"

"假如你现在可以跟她说话,你会说什么?"

"我会告诉她,我对不起她,我不知道自己都干了些什么。我看不起她,不珍惜她。我以为她喜欢什么都让我过问。我太吹毛求疵了,从不认为她能做好一件事。世上哪有完美,她叫我完美先生,我不觉得那是一种贬低,反而认为是一种赞美。我们从没吵过架,也有性生活。大概在她离开的前一周,她说这不是她想过的生活。她问我是否也有同样的感觉。我说,我唯一的烦恼就是她似乎并不快乐。我告诉她她应该尝试变得更开心一点。她问我是否想过还有什么可以做的事。我说,我已经做了一切能做的,不知道还能做什么。她说,她就猜到我会那样说。在那之后,她似乎开心了一点,我以为事情会变好。这也是我对她的离开感到如此惊讶的原因。"

"你现在还认为自己无法改变做法吗?"

"不,不。现在我明白自己还有其他选择。但我怎么告诉她呢?她已经走了。我在等她的电话,但她没有打来。"

"你不想告诉她你很想她、你爱她、你愿意改变吗?"

"当然,但是怎么告诉她?即使我知道她在哪儿,我怕把事情弄得更糟。我不是那种勇于承认错误的人,我做的第一件事肯定是责备她。我很抑郁,但我还有点愤怒。她不应该那样一走了之。"

"我可以提一个建议吗?它对一些来访者很有用。"

"太好了，什么建议？"

"给她写一封信。告诉她你有多么爱她，想念她。告诉她你会改变。我不能告诉你要写些什么。这必须由你自己而不是我来做。它必须发自你的内心，否则就别麻烦了。但你可以告诉她，你正在我这里做心理咨询，问她是否愿意与你一起来见我。这样她就不必单独和你在一起，也许她更愿意这样做。"

"我能做到。这是个好主意。"

"这样做没有压力，这封信能让她思考一下。你不用打电话等她回答，那样会增大压力。你写好信，带到这里来。寄出之前，我们一起看看它。这样可以吗？"

"很好，真的很好。我喜欢这个主意，我很愿意把信带过来。太好了！"

"告诉我，你现在感觉如何？我是说此刻。"

"我感觉很好，好多了。"

"你为什么感觉好多了？"

"因为我有事可做了，不再感到无助。也许这么做会有用的，也许。"

托德回家后认真地写了封信，这封信写得非常好。如果他还在妻子的优质世界中，他们和好的可能性是有的，但她把东西收拾得干干净净，形势不太妙。他的妻子读过这封信后给他打了电话。她没有说很多，他也没有给她压力，这很明智。她说，她会和他一起来见我，托德约好了时间。

她来时没有说太多。托德对她说很多深情的话，希望重新开始。

她很仔细地听了，但是摇头说："不。听着，我们结婚四年了，我欠你很多。你不坏，但你不适合我。如果你不知道我在烦恼什么，那只能让我更加看清你。我才23岁，我不能在你身上冒险。你现在说得好听，那是因为我给了你压力。这对你是一场博弈，你不想认输；但对我不是，一切都结束了。我不想要任何不属于我的东西。我不要离婚赡养费，什么也不要,只要结婚时我的那部分财产。我能够自己独立生活。"

她谢过我,然后走了。

托德沉默了好久,然后说:"没有她,我活不下去。"

"这真是相当刺激的说法。你打算自杀吗?"

只要有一点担心,我就不会这样说——他不是那种会自杀的人。他这一生中还有很多想要得到的东西。我说的话似乎缓解了这种紧张。

"不,我没有打算自杀,但我会难过很久,我真的很爱她。"

"尽管悲伤吧,我就是靠不快乐的人谋生的。"

"你不把这一切当回事,是吗?"

"是的,因为我知道接下来会发生什么事,会好转的。"

"你知道接下来会发生什么,是什么意思?"

"我的意思是,你很快就会找到另一个人。如果你对她像刚刚对妻子承诺的那样,你们会很幸福的,故事的结局就是这样。"

故事结局确实如此。没过几个月时间,他就将前妻从优质世界中删除了。他已经完全离开她了。他找到了另一个人,甚至还带她来见我。那时,我在他的优质世界中占据重要地位,所以他想让我见见她,希望得到我的支持。没人能预测一桩婚姻将会怎样,所以除了表示支持之外,我没有理由做任何事。他告诉新女友关于我的情况,他还给她讲了自己失败的婚姻,以前他太盛气凌人了。这个女人跟他一样大,对他的看法似乎比较现实。

既然托德对她实言相告,我就问她:"你认为跟他在一起怎么样?他控制你的生活了吗?"

"不,恰恰相反,他非常好。"

"但是,也许他一开始对前妻也很好。你知道发生过那样的事。"

他插话说:"不,不会再有那样的事了。"

确实没有。她很谨慎,但大概一年后,他们结婚了。那一年,我见过他几次,一切都很顺利。有趣的是,大约一年后,他的前妻也打电话给我说她很幸福，已经遇到了自己的意中人。

现实疗法包括向来访者解释选择理论。当托德从妻子离开的痛苦中恢复并开始结识新的女性时，我便可以向他介绍选择理论，以此来解释发生的事。他还告诉我，他把我教给他的内容全部教给了新女友，这似乎有助于他们拥有一个美好的开始。我特别向他解释他的抑郁是自己选择的，并告诉他如果再遇到类似情况应该怎么办。

如我所说，他刚来时，我知道他卷入了（或刚失去）一段不幸的关系，因为那几乎是人们来找心理医生的唯一原因。正如我解释的，我可以肯定这与他的妻子有关。而让大多数人更吃惊的是，我认为是他选择了自己正在抱怨的痛苦，这彻底违背了大多数人的信念，尤其是来访者因痛苦症状而寻求心理咨询时抱持的信念，他们认为自己得了抑郁症。抑郁的时候，我们通常认为自己是无法控制个人感受的，自己是受害者。长期且强烈的抑郁通常被称作抑郁症，并被认为是一种精神疾病。

一种广为流行的信念认为，精神疾病是大脑化学成分失衡所致。为了纠正这种失衡并让自己感觉更好，患者需要服用针对大脑的药物；而对抑郁症来说，大多数心理医生都会立即想到一种药物——百忧解。我没有想过要对托德使用任何药物，我不认为他患上了精神疾病。我相信是他选择了用抑郁应对现实，而我不用药物就可以帮助他做出更好的选择。

向他讲解选择理论时，我首先告诉他：在一生当中任何人都能做出行为。检视你自己的人生，你找不到任何一个自己不在行动的时刻。你所有重要的、有意识的行为，也就是说所有与满足基本需求有直接关系的行为，都是你自己选择的。

我们不仅总是在行动，而且总是在对自己的生活寻求最有效的控制。就选择理论来说，最有效的控制意味着我们能够合理地实现优质世界中的画面。当托德来见我时，他的优质世界里仍然有一幅与妻子共同生活的画面。他对于痛苦是自己选择的或者优质世界一无所知，只知道自己感觉很糟糕，并希望情况变好。

在托德写了那封信而不只是沉浸在痛苦中之后，他感觉好了一些，因为他做了一些可能有用的事情。换句话说，因为他相信自己做了一些为了恢复对生活有效控制的事，所以他感觉好了一些。比起无所事事地选择痛苦，给一个已经离开的女人写一封饱含爱意的信是一个更有效的行为，而且他确实感觉更好了。后来，当他改变了自己的愿望——把优质世界中妻子的画面改为新女友的画面时，他几乎完全恢复了。再次提醒，如果不想选择一个痛苦的行为（比如抑郁）时，我们应该做到：（1）改变我们的愿望；（2）改变我们的行为；（3）两个都改变。

很明显，托德在治疗过程中有能力做出更好的选择，即使在他坚决选择抑郁时也可以。如果他能做出更好的选择并停止抑郁，那么可以说他没有患上任何形式的所谓精神疾病。他的大脑没有出现任何阻止他去做出这些选择的问题。他选择的抑郁，无论多么强烈或长久，都不是一种精神疾病。像我们所有的行为一样，它只是一个选择。虽然它不像走路或说话的选择那样直接，但是当你理解了整体行为（total behavior）这个概念时，你会明白我们所有的感受，不论是快乐的还是痛苦的，都是间接的选择。间接的选择仍然是一种选择。

为了证实这个观点，我必须做出解释：我们通常使用的行为（behavior）这个词太过狭隘了。词典里将行为定义为"表现自我的方式"，我接受这个定义，但我想扩展一下"方式"这个词。从选择理论的立场来看，这个词非常重要。我们表现自己的"方式"有四种不同的成分，它们密不可分。第一个成分是行动（activity），想到行为时，大多数人想到的就是行动，比如走路、说话或吃东西。第二个成分是思维（thinking），我们总是在思考一些事情。第三个成分是感受（feeling），只要行动，我们总是会感受到一些东西。第四个成分是生理表现（physiology），总有一些生理活动与我们的行动相连，比如心脏泵血、肺部呼吸以及与脑功能相关的神经化学活动。

因为这四种成分是同时工作的，所以选择理论把"行为"一词扩展成了"整体行为"。"整体"指的是它总由四种成分组成：行动、思维、感受以及与前三者相关的生理表现。在本书中，我有时只说"行为"，但实际上指的是"整体行为"。在阅读这一章时，你选择坐下、翻书、移动头和眼睛，这就是你的行动。同时你还在思考所阅读的内容，否则你无法理解写的是什么。事实上，当你在行动时，你也总是在思考，反之亦然。因为它们如影随形，所以经常被结合成一个词——做（doing）。当我说我在做某事时，总是指行动和思维的一种特定结合。

你还会有一些感受。你总会意识到痛苦或快乐。也许你现在的感受还不深，但你至少会赞同、反对或是考虑我的观点：你选择了自己的痛苦，思维总是与某种感受相伴。事实上你总是在感受某些东西，即使很多时候你没有注意到。同样，你的心脏在跳动，你在呼吸，大脑在工作，也就是说，总有某种生理活动与你选择的行动、思维和感受相关。这就是你的整体行为。

既然介绍过整体行为，现在可以解释我为什么说是你选择了自己的感受了，不论是快乐的还是痛苦的。你稍加注意，就能意识到阅读本书时你会有一些感受。然而，这种意识并不意味着你在选择自己的感受。你可能会说："我意识到了自己的感受，但它们只是发生了。我并没有意识到是我在选择它们。而且我确定，我没有意识到是自己选择了不开心。如果像你所说，我有选择权，我当然不会选择让自己痛苦。"

如果这个说法是正确的，找心理医生就没有意义了。如果你选择不能对自己的感受做点什么，空谈你的生活和问题又有什么用呢？正是托德感受到的巨大痛苦让他选择来找我。如果他讨厌妻子并希望她离开，他会感觉棒极了，永远也不会来找我。那么，为什么你认为不能控制自己的感受呢？我的解释是，因为你不能像控制行动和思维一样直接控制它。

当托德告诉我他感到抑郁时，我对他说"振作起来"是毫无意义的，因为没人能直接选择感受，这不像选择行动层面或思维层面的行为，比如打网球或下象棋。但是，如果你接受了整体行为的概念，即四个成分是不可分割的，你会发现：尽管你不能直接控制自己的感受，但你对它存在大量间接控制的机会，甚至还可以间接控制许多生理活动。

当你选择一个整体行为时，这四个成分是同时运行的，但你只能直接控制自己的行动和思维。你可能会提出异议："有时我似乎并不能控制自己在想什么，我无法把重复的想法赶出大脑。"我认为是你选择去思考那些重复想法的，尽管这么做让你感到很痛苦，但比起那时能选择的其他想法，它可以让你更好地控制自己的生活。你总是尝试做出当时最合适的选择，这个观点是理解整体行为的关键。

最合适的选择不一定是好选择，但在你选择它的时候看起来不错，下面的故事说明了这个观点。一个年轻人在走过凤凰城里的一大片仙人掌园时，突然脱掉所有的衣服，跳进巨大的仙人掌丛并开始不停地翻滚。最后旁观者把浑身是血的他拉了出来，问他："你为什么这么做？"他说："在当时它看起来像是个好主意。"我们在生活中都干过滚仙人掌这样的事，但不是为了伤害自己，而是因为在那个时刻，跳进去似乎是一个好主意。离婚律师就是靠那些不止一次跳进仙人掌丛的人发财的，因为每一次它似乎都是最合适的选择。

举个例子，托德说他一想到妻子离去就很痛苦，而且这个念头在脑海里挥之不去。对于这种重复的、几乎是强迫性的选择，选择理论有一个很好的解释。我提过，在处理与优质世界中重要画面有关的知觉时——在托德的案例里是他的妻子——我们会努力控制优质世界中的画面，使其满足现实世界。托德重复的想法表明他正在努力这样做。他的逻辑是：只要我一直想着她，也许就能有办法让她回来，我无法接受她一去不返这个念头。

现在我们来看看对感受和生理表现的间接选择。我们对行动和思维几乎有完全的控制，而感受和生理表现与它们是密不可分的。如果我选择"用头撞墙"这个整体行为，我的头会受到伤害。难道不可以说，我选择了承受这种与行动和思维相关的痛苦吗？如果感到痛苦，我会选择喝酒这一整体行为来让自己感觉好点。根据以前的经验，喝酒会让我感觉好些，为什么不再试试呢？但是，我必须选择思维和行动，让酒精到我的血液里来。酒精不能自己进来，我相信没有它我就好不起来。

在托德的例子中，他说自己陷入了抑郁，而我说是他选择了这种痛苦，但我并没有说他直接选择了痛苦。他直接选择的是抑郁这一整体行为中的行动和思维。只要他还在抑郁中，他的头脑里就在运转着不快乐的念头。他反复地想："我希望她从未离开，我希望她回来，我希望从没那样对待过她，没有她我该怎么办呢？"

因为这些痛苦的想法，他的行动变得迟缓，几近瘫痪。每一件事都变得费力，他甚至无法起床，上不了班。随着他的行动变慢，他的生理表现也更明显。他体验到一种持续的精疲力竭、懒散无力，这是一种整体的精神不振，好像他的能量已经耗尽。但是，因为这是一个整体行为，他的感受和生理也属于这个整体，所以无论他有什么感受和生理状况，它们都与思维和身体活动密切相关。在经历过的许多次抑郁中，我们感觉好像我们动作变慢是非自愿的，其实不是这样。如果托德想要付出更多努力，他是可以做到的，他已经选择到我的咨询室来了。

选择理论还指出，他选择抑郁，与我们选择任何一种整体行为的原因一样：因为比起他在这种情境下能想到的其他办法，抑郁让他的生活得到了更好的控制。这是他跳进仙人掌丛的方式。尽管没有意识到这一点，但他像所有人一样，从小就学会了抑郁，并从那时起就经常陷入抑郁。而这一次他的抑郁如此强烈，所以来到我这里寻求帮助。尽管抑郁令人痛苦，但在这种情境下不抑郁将会更痛苦，或者以他的经验来看将导致更多的痛苦。

我很快就会解释为什么在这种常见情境中，也几乎是在所有情境中，抑郁都是最好的选择。但是，如果我先解释为什么把抑郁称作整体行为，你就能更好地理解这个观点。

根据选择理论，我会根据一套整体行为中最明显的成分来称呼它，因为通过四种成分来描述整体行为会显得很笨拙且容易造成误导。我看见你在街上散步，会说你在散步，当然你也在思考和感受，并且我确定你的心脏在跳动，但最明显的是你的行动——散步。如果我看见你在下象棋，思考下一步怎么走，我会说你在思考；我不会提及那些不太显眼的活动，比如你的感受如何或者生理状况怎样。如果我看见你把晚饭吐出来了，我会描述你的生理活动——呕吐，并把你带进急诊室并告诉医生你在呕吐，医生会询问你关于其他成分的情况（比如你吃了什么、在哪里吃的），但引出这些问题的是呕吐，它是最明显的成分。

当托德跟我说他抑郁（depressed）时，他已经正确聚焦于整体行为中最明显的成分了。虽然他没有说自己正在抑郁（depressing），但是，当我教给他选择理论向他解释他为何做出这一选择时，他很容易学会这样做。事实上，从本书此处开始，只要提到通常被认为是精神疾病的整体行为（比如焦虑症或恐惧症），我都会根据这一整体行为特征来称呼它。我把焦虑症称作"焦虑发作"或"选择表现焦虑"，把恐惧症称作"恐惧发作"或"选择表现恐惧"。

这些新名称乍一听很笨拙，但当你习惯后，它们就会变得非常自然。这些带有主动意味的名称比传统名称更精确，因为它们是选择的结果，所以更显得有被破解的希望。如果你能做出一个选择，就能做出另一个更好的选择。你的选择可能令人非常痛苦，但它不是不可逆的。因为没有人喜欢痛苦，所以治疗师和来访者都会很快着手研究如何做出更好的选择。患上抑郁症或神经症的说法是被动的：疾病发生在我们身上，我们是受害者，没办法控制它。这些名词和形容词的运用，让疾病变得合乎逻辑，让我们相信自己无能为力。

动词，再加上动词的某种时态——去选择（to choose），会让你立即接触到选择理论的本质：你选择了自己正在做的事情，但你本能做出更好的选择。如果一个行为是你选择的，你便对它负有责任。使用动词，表明了你不是精神疾病的受害者，你要么是自己有利选择的受益人，要么是自己不利选择的受害者。你的疾病并不是通常意义上的流感或者食物中毒。选择理论的世界是一个讲究原则和责任的世界，你不能通过语法逃避自己的责任。

使用名词和形容词来描述"抑郁"和其他"精神疾病"，让许多人除了受苦之外不再思考自己还能做些什么。当你得知自己总能做出更好的选择时，"是你选择了自己的痛苦"这一观念会让你变得乐观。这种新的意识是对你个人自由的一种重新定义。而"在某种情境中看不到希望，你对它无能为力"这一观念会让人感到很不舒服。许多人对选择理论或精神疾病没有任何了解，也从来没有见过心理咨询师，但他们能在自己的生活中做出比抑郁更好的选择，所以你也可以！

我们试试看。设想你正在期待工资大涨，但结果只得到了一点补贴。一开始你会很生气，但你又想保住工作，所以你会立即变得"抑郁"。现在，不要像往常那样抑郁了，对自己说几句这样的话吧："因为得不到期望中的加薪，所以我选择了抑郁。这个选择会有助于我改变这个处境吗？如果没有帮助，我能做出更好的选择吗？"

如果你的大脑这样想，你会发现想要抑郁是很难的，你会设法寻找一种更好的整体行为。尽管你认为这个处境是老板造成的，但你可以看看自己还能做点什么来改善它。你可以下定决心不再抱怨，然后去找一份新工作。你也可以告诉伴侣："我已经尽力了，所以给我一点支持吧，我们会渡过这个难关的。我这样痛苦没有任何意义，我们都不需要它。只要你陪着我，承认我已经尽力，我就没事了。"做一些这样积极的事情，比现在许多人选择消极地接受痛苦会好很多。

如果我们了解整体行为，就不会问明显处在痛苦中的人"你现在感觉如何"，当有人受伤或生病时，我们经常会问这个问题，而此时病人还没有任何机会感觉好一些。我在洛杉矶的整形医院担任心理医生时，曾尝试说服外科医生和其他看护者在照料那些还没有恢复的病人时不要问这个问题。提出这个问题时，提问者是在寻找"我感觉很好"或"我感觉好多了"的答案。病人和医生都知道大家想要这样的答案。

所以病人通常会撒谎，说："我感觉很好。"而这个谎言损害了医生和病人的关系。这个问题也暗示了医生的治疗就能使病人感觉更好，事实上这是不可能的。更好的问题是这样的："你今天打算做什么？"无论病人多么不舒服，除了躺在那里之外，他都能做一点事，即使是在医院里。我暗示他能为自己做一些积极的事，给了他一种控制感，这可以帮助他感觉更好一些，即使是在这种困境当中。

当我问四肢瘫痪的病人这个问题时，他们看着我，好像我疯了一样，而我总是建议他们做一些活动——比如像看电视、与室友谈话那么简单。如果我每个星期都来看他们，他们就开始期待我问这个问题，并准备好了答案要告诉我，他们还经常会说，有点事情可做真是感觉好多了，这证明我们对常规做法的改变是有效的。在选择理论的世界里，我们会抛弃虚假的问候"你好吗"，而是问"你今天打算做点什么"或者是"有什么重要的事情发生吗"。这里以积极的行动问题取代了被动的感受问题，后者经常会让病人做出虚假的回答。

我已经阐述了整体行为的含义，现在解释一下为什么这么多人选择了抑郁，原因不外乎三个：抑制愤怒、求救和逃避。这三种原因解释了所有所谓的精神疾病（比如抑郁、焦虑或恐惧），甚至像成人风湿性关节炎也解释得通。许多医生认为，很多疾病中存在心理因素，可以称这些疾病为心身疾病。心身疾病的"心"意味着我们的思考方式可能与身体有很大关系。可以说，当不能有效地控制自己的生活时，比如处在不满意的人际关系中，我们很可能因此陷入生理痛苦。我们心情沮丧时可能不会患病，但是生理活动不会像感觉良好时那样正常。

抑制愤怒

一旦不能有效控制自己的生活，许多人就会表现出一种与生俱来的整体行为：愤怒。愤怒存在于我们的基因里，帮助我们生存下来。我们从婴儿期开始就会使用它。每当不能满足优质世界中的某个重要画面时，我们也会想到它。基于人生中的挫折体验，托德像大多数人一样，看到妻子离开时留下的便条时，第一反应便是愤怒。当优质世界中的某个人做了与我们想象不符的事情，大多数人想到的第一个整体行为就是愤怒。

等再长大几岁，我们会认识到愤怒通常是一种无效的选择。它很少能使我们得到自己想要的，特别是用它来控制也感到愤怒的成人。当我们发脾气而父母置之不理时，我们会发现发脾气根本没用。它不会使我们得到自己想要的，最终会让我们浪费大量精力并遭受许多痛苦。如果继续下去，我们知道这个选择会使事情变得更糟——我们可能受到惩罚或者遭受拒绝，尽管这两个结果我们都不想要。

托德知道这些。在之后的面谈中，他告诉我，他知道如果一读到便条就去追赶妻子并强迫她回来（这个念头在他的脑海里一闪而过），可能会使事情变得更糟。我们没有意识到的是，抑郁是人类发现的抑制愤怒的最有效的方式之一，而且人们都在大量使用它。但就其自身来说，抑郁也是一种控制性很强的行为。

当你非常抑郁时，你意识到的只有痛苦，这种感觉占据了你的思维、行动甚至是生理表现，并倾向于让你行动迟缓。完全阻碍愤怒需要大量的精力，这就是你会那么累的原因。只要你感到抑郁，就几乎没有精力做任何其他事。但如果出现抑郁不能及时出现，我们就无法在婚姻、家庭和社会中生存，抑郁阻止了婚姻和家庭中的大量暴力行为。如果受挫后不抑郁一段时间，我们的家庭和街道就可能会硝烟弥漫。

我们几乎每天都能在电视上看到谋杀和故意伤害事件，这些实例很好地说明了成年人选择愤怒并爆发时会发生什么。如果他们当中有一小部分人抑郁，我们和他们的生活都会好很多。大多数人都知道如何抑郁并能做得很好。有些人甚至将生活都奉献给了这种行为，而自己必须被人照顾。这些人如此依赖这个选择，连正常的生活功能受到了阻碍，但它仍然是一个选择。如果能找到另一个更有效地控制生活的选择，他们就可以停止这个选择。

抑郁阻止了托德去追赶他的妻子，伤害甚至杀害她，而伤害他人在一个武器如此易得的国家里属于常见行为。抑郁也阻止了他自杀。当人们认为自己的生活再也不能恢复控制时，自杀是他们选择的另一种整体行为。如果一个严重抑郁的人突然停止抑郁，但在旁人看来似乎又没有停止的理由，因为他的生活并没有得到更多的控制，那么这个人很可能已经决定自杀。这个决定给了他的痛苦一条出路，在某种意义上，它让人感觉自己最终有办法来永远结束这种痛苦了。

心理医生总会在那些抑郁已久的人身上寻找感觉变好的信号。看到它时，我们会猜测他们可能想到了自杀。抑制愤怒带来的痛苦是如此巨大，许多人都不想再活下去了，并把愤怒转向了自己。这不是托德的问题所在，但如果他不愿意选择去寻找另一个女人来取代妻子在他优质世界中的画面，他也会这样做的。一个喜欢社交的人通常不会选择自杀，但在特定情况下，什么都可能发生。

求救

抑郁是一种没有具体表达乞求之意的求助方式。它大概是我们能向另一个人发出的最有力的求救信息。它是如此有力的一种控制，以至于许多人不顾痛苦，选择用它来控制别人。痛苦的作用是让我们的求助合理化。如果只是强烈地要求帮助而没有显示出痛苦，他人可能认为我们无能、照顾不好自己，而我们不想被那样看待。对大多数人来说，被看作无能太痛苦了,是对权力需求的极大挫折,而且它太像在乞求,有违我们的自尊。但在许多情况下,我们非常愿意选择以抑郁的方式获取本来得不到的帮助。

在我教给托德一些选择理论之后,他承认自己希望妻子在离开后能打电话过来,然后他会利用她的同情心,告诉她自己非常抑郁,都不能去上班了。因为他很少待在家里不去上班,这么说可能会让她深受震撼。但是,她没有打电话。他还以为,我也应该对他的痛苦感到震撼。如果我这样表示,他会表现得更加抑郁,试图让我来解决他的问题。但因为我了解选择理论,我的患者或任何人都很难用痛苦来控制我。能提供同情,但不允许任何人用抑郁来控制自己的心理治疗师会帮助患者明白,还有许多比抑郁更好的选择。

逃避

我们经常使用抑郁作为借口来逃避某些我们不想做或害怕做的事。当有人建议我们勇敢向前时,我们通常会同意并表示:"我想你是对的,但我现在很心烦,做不到这点。"举个例子,你的公司正在裁员,尽管你并没有失职,但他们把你炒了。你告诉我发生了什么,你有多么抑郁,但我不会对你的抑郁做过多关注。相反,我会说:"我知道这很艰难,但是不要干坐着,拿出你的简历吧!"

然而,你有一个抑郁的好理由。你刚刚被解雇了,感到被人拒绝,即使那不是你的过错。你担心下一次拒绝,担心鉴于自己的年龄和经验,可能找不到好工作了。抑郁的痛苦比此时找工作和一再被拒绝的痛苦要小得多。托德在工作上没有问题,他对于发展新恋情也没有恐惧,但他第一次来见我时,前两个原因(抑制愤怒和求救)是非常明显的。

读到这里,特别是如果你最近非常抑郁,你可能会说:"也许你是对的，但我仍然没觉得是我选择了痛苦。"为了验证"抑郁是一个选择"这个言论，你可以强迫自己在短时间（至少一小时）内采取一个不同的选择。在一个不同的环境中，做一些你很容易做到并且会很享受的锻炼，也许是一次轻快的散步或短跑。如果你能与一个同情心不泛滥的好朋友一起去做，那就更好了。在散步或跑步，特别是与好朋友一起时，你会注意到你不再抑郁。有那么一会儿，你忘掉了自己不快乐的人际关系，而且感觉好多了。

不过一旦停下来，你又会去想那些糟糕的人际关系，然后那种感觉又回来了。要抑郁，你就要继续保持不快乐的想法，让抑郁的三个原因继续存在。要停止这些想法，你就应该按照本书中的建议做：改变你的想法或者行为。托德确实尝试改变对妻子的行为，但那已经太晚了，她已经将他从自己的优质世界中删除了。不过在我的帮助下，他可以改变自己的想法——他也将妻子从自己的优质世界中删除，把另一个女人放进来，而且只要继续心理咨询，他就能停止抑郁。

到目前为止，选择理论中最令人难以接受的观念是：我们选择的行动和思维可能与自身健康有莫大关系，这些行动和思维可能对我们的生理情况有不利影响。比如，有人会问，对思维的选择真能导致所谓的心身疾病吗？我在此做一个简单的论述。（第七章里会详细讲述选择理论如何解释这些普遍甚至致命的疾病，以及我们如何运用这种解释来帮助自己，包括如何与医生合作以及超越医生所能做或愿意做的。）先让我们来看一下男性中最常见的疾病：冠状动脉疾病或动脉硬化心脏病。越来越多的女性也患有此病。

假如你是一位47岁的电影制片人，正疯狂地为一部片子筹集资金，你确信它会成为一部卖座大片。你想尽各种办法筹款，但仍然收获甚微。你感觉糟糕极了，那些人本来可以很轻松地给你钱。你暴食、抽烟，尝试从一再被拒绝的痛苦中得到解脱。一开始你只是感到胸闷，但后来越来越厉害，变成胸痛、气短。

你去看医生，得知你的冠状动脉严重阻塞。你要求他尽力治疗，而他告诉你，这主要依赖于你选择的生活方式。他跟你谈论饮食、锻炼、吸烟、压力，所有与心脏疾病有重大关系的生活方式。你的医生可能不懂选择理论，但说到压力时他是指你对生活失去了有效控制，它对你的健康有害。也就是说，它对你的生理有害。

因为所有的行为都是整体行为，所以你的生活失去有效控制时，你是不能把感受或生理与行动和思维分开的。在这种情况下，从医生的立场来看，你生理状况变化最明显的结果就是冠状动脉病变，它是你选择拍电影这个无效行为的一部分。根据我的解释，你的心脏疾病的病因可以很好地描述为：你选择去吃高脂肪含量的食物、吸烟以及不运动。

医生使用的药物甚至是手术会对你有所帮助，然而，是否停止不健康的饮食、吸烟和久坐不动的生活方式在于你的选择。我愿意比许多医生多说一点，建议你去做心理咨询来帮助自己学会更有效地控制生活。生活中的烦恼对心脏病的影响与你所吃食物的作用相当。

如我所说，当我们的生活失去了有效控制，使其回到正轨上便涉及整体行为的四种成分。我们可以假装幸福，不会有什么纰漏；但我们不能假装健康，人类还没有控制生理表现的能力。当我们选择抑郁时，大脑中的化学成分并不是产生感受的原因，而是正常的大脑生理活动与行动、思维和感受一起组成了所谓的抑郁这一整体行为。因此，我认为现在人们普遍接受的解释是错误的，抑郁并不是大脑化学物质失衡导致的。

可以肯定，当托德发现冰箱上的便条时，他大脑中的化学物质瞬间改变了，他的感受、行动以及思维都与以前不一样了。他也许想做更多的事，如果他知道选择理论就能去做。但事实上，发现便条时，他通过选择抑郁抑制了自己的行动，而没有去做一些积极的事让她回来。这个行动，如果包括对抗甚至是暴力，会使他的处境变得更糟。

他选择抑郁，与全世界成千上万人选择抑郁的原因相同：一段重要的关系没能如自己所愿。这些选择抑郁的人不是精神疾病患者，他们大脑内的化学物质也没有异常。虽然与幸福时有所不同，但对于他们选择的整体行为——抑郁来说，这种不同是完全正常的。正如我所说，我们在很小的时候就学会了抑郁，需要之时，我们就会在生活中使用它。只有当这种选择带来的痛苦变得严重且持久时，我们才意识到出大问题了。

不过，只有少数人能意识到是生活方式出了严重问题。将我们的不适归咎于精神疾病或大脑化学物质异常似乎令人更加舒适。对阅读本书的人来说，当生活失去有效控制时，你应该也会感到抑郁吧。但此时我们大脑中的化学物质是正常的，为了弄明白这一点，请看下面的例子。

一个炎热的夏日，我坐在凉爽的门廊上。我的邻居，一个每天坚持跑 8 千米的运动爱好者，正从这条街上向我家跑过来。我请他坐到阴凉处的台阶上。他并没有要求，但我给他倒了一大杯水，我们聊了起来。我决定告诉他一点选择理论。他知道我是做什么的，所以我确信他会配合我。

我问："你为什么出了这么多汗？"他看着我，好像不明白，我接着说道，"我是认真的，请告诉我。"他说："因为我在跑步啊。没有人每天这样跑步不出汗的，跑步就会出汗。"我说："我同意跑步就会出汗的道理，但你为什么说跑步导致出汗，而为什么不说出汗导致跑步呢？"他并不了解整体行为，因此看着我，好像我疯了，说："我不知道你想干什么！"

他确实不知道。我们都习惯了外部控制心理学，当几件事一起发生时，比如跑步和出汗，我们经常说一个导致了另一个。但运用相同的逻辑，也可以说是出汗导致了跑步。事实上，尽管它们是一起发生的，但谁也没有导致谁。导致跑步（行动成分）和出汗（生理成分）的是他所选择的跑步这一整体行为。如果他没有选择跑步，他就不会出汗。

当托德选择抑郁时，根据我解释的三个原因，在他选择的整体行为中，抑郁是正常的感受成分。无论与这种感受相关的是大脑中的什么化学活动，它都是正常的。大脑化学活动没有导致他的抑郁，就像出汗没有导致跑步，而是选择抑郁和选择跑步导致了它们一样。这就是我为什么把自己的理论称作选择理论。神经生理学家证明抑郁者大脑活动与幸福者有所不同，同一个人抑郁时与幸福时也有所不同，这并不令人惊讶。我们选择抑郁时，不仅是生理上不同，而且思维、行动和感受都会有所不同。对于那个选择跑步（一个比抑郁正常很多的行为）的男人来说，可以确定的是，他的行动和生理都会因这一选择而改变。他当时的思维和感受可能与跑步没有太大的关系，但也有许多跑步者报告，他们在跑步之后思维更加清晰，也感到更快乐了。

研究表明药物（如百忧解）能够减少大脑内的抑郁水平，这也不足为奇。抑郁降低了大脑中的化学成分5-羟色胺，而百忧解会助其释放。当我们选择抑郁时，低水平的5-羟色胺是正常生理反应，而提升这一水平会帮助许多人感觉更好。酒精、尼古丁和其他成瘾药物也会帮助大多数人感觉更好，因为它们以各自的化学方式直接向大脑中注入快乐。百忧解也是如此，如果它给一个对人际关系长期不满的人带来大量快乐，便可以使人上瘾。

一些服用百忧解的人说，他们的生活中不能没有它。对他们来说，这玩意儿非常像酒精。他们期待着每天的百忧解，就像饮酒者期待每天来点小酒。他们对百忧解的依赖类似于饮酒者对酒精的依赖。像饮酒者一样，如果没有了百忧解，他们就会非常想它。一些为应酬而饮酒的人会逐渐发展为酗酒者。他们越感到孤独，就越容易成为酗酒者。对百忧解上瘾可能更危险，因为它是为那些生活失控者所开的处方。

百忧解不能为托德的生活带来一份新的人际关系。它可能会帮助他感觉更好，让他能够去寻找别的女人，但它与酒精或大麻一样，无助于缓解他的孤独。与其寻找化学物质带来的快感而不想办法缓解孤独，不如抛弃这种导致许多痛苦的心理学，后一种做法要明智得多。如果托德没有将妻子从优质世界中删除，而且他获得的全是百忧解，那么他可能在整个余生里都需要它，即便如此也不一定有效。药物能提供快乐，但它们不能提供幸福。如果想得到幸福，你需要的是他人。

药物（比如百忧解）经常与心理治疗结合使用，理由是如果能通过药物的化学推动力让人们感觉好些，他们就能从心理治疗中获益更多。但许多使用现实疗法聚焦于失败的人际关系的心理咨询师发现并非一定要使用百忧解，在我多年的咨询实践中，我也从来没有使用过针对大脑的药物。一种值得信赖的心理治疗方式会阻止人们对这些药物的需求。如果更多的人可以了解并使用选择理论，这些药物的使用就会大大减少。所有日常的精神病学诊断，除了客观的大脑损伤之外，都是根据人们选择抑郁的三种原因出发的。

在外部控制心理学根深蒂固的文化土壤中，选择理论很难生根发芽，但根据我接触的许多人（包括我妻子和我自己）来看，情况还是乐观的，这些人已经习得了足够多的选择理论，并开始在自己的生活中使用它。选择理论的使用改善了婚姻、家庭、学校和职场中的人际关系，这一事实便是其优势所在。而且，事实上所有人都证明了它的效果，因为我们在与好友相处时都使用了它。

第五章 相容性、个性和需求强度

四岁的时候，我意识到我的父母几乎完全不能相容。家中不时有暴力发生，比如我的父亲会摔东西，有一次我还看到他打我母亲。每当父母开始争吵，我就害怕极了。到我六岁的时候，暴力停止了，他们似乎相处得更融洽一些了。无论父母相处得多么艰难，他们总是很爱我。很久以后，我意识到母亲凭借很简单的手段赢了父亲，她告诉我父亲：如果他不想让她来统治婚姻，就应该杀了她。我父亲是一位绅士，尽管我那时很年幼，但我意识到母亲刺激父亲的方式是多么残忍，而我仅见过他在忍无可忍时才会爆发。

如果奥运会上有一项控制比赛，我母亲可以夺冠。我父亲的行为完全遵循选择理论。在我认识他的60多年里，除了被我母亲煽动的时候，我从来没有看见他在任何时候试图控制另一个人。即使在那时，他也不是有意为之。我父亲去世时，他们的婚姻维持了将近70年。在那个年代，大多数人都维持着他们的婚姻。为了体现我父亲是被迫与母亲抗衡的，我来举一个例子。

那年我24岁，已经结婚，正要进入医学院，父亲打电话给我，说他想来我家与我单独聊聊。他以前从来没有这样做过，他的语调似乎清楚地表明这是一件私事，而且他已经没有别的办法了。母亲表现出了一贯的风格，但她这次有些过分，以至于父亲无法独自应付。他来问我应该怎么办。

一直以来，母亲都在催促父亲卖掉他的公司，然后退休，这样他们就能搬到佛罗里达州去，多年来，每年冬天他们都会到那里度假，她讨厌克利夫兰市的寒冷和潮湿。我的父亲才56岁，但他从13岁开始工作，所以已经可以退休了。虽然父亲根本不确定自己是否想放弃商业为其提供的自由以及母亲允许他在此结交的几位好友，但他告诉我他已经卖掉了公司，并准备卖掉房子搬到佛罗里达去。既然我打算读医学院，不会进入他的公司，他感到没有必要继续工作。综合考虑下来，他认为母亲是对的，他正等着搬家。

母亲似乎对他所做的准备以及顺利进展很高兴，但父亲告诉我，在卖掉公司并将房子挂牌出售的那天，她对他说："你为什么做这些事？是谁告诉你我想从克利夫兰搬到佛罗里达去的？我不想离开这所房子还有我的所有朋友。"事实上，她在克利夫兰根本没有朋友，她说得好像这些全是父亲的主意并且没有跟她商量一样，而她根本不想离开。父亲问我他应该怎么办。我想了很久，然后告诉他："爸爸，你才56岁。你可以再健康地活30年（他做到了）。跟她离婚吧，她不会打算改变的。"

父亲接受不了这个建议，但如果让我再说一遍，我还是会说同样的话。当母亲得知公司已被卖掉而且没有回头路时，她也只能去佛罗里达了。她多年来催促父亲的事情已经实现，她一定明白再也没有什么好吵的了，父亲的无条件投降已经卸去了她的武装。但在那次爆发之后，她依然像以前一样。她闭上了嘴，好像从来没说过任何话。如果父亲问她那时为什么否认自己想搬家，她会否认自己说过那样的话，并回答他说："我不知道你听谁说我不想搬到佛罗里达去。"

当然，父亲没有再计较。我姐姐在几年后也举家搬到了佛罗里达，父亲后30年的生活比我们（包括他自己）预期的都要好。这个故事还有很长一段，但我要说明的就是这一点：我的父母从一开始就互不相容，要么按母亲的方式过，要么就没法过。世上有一种东西叫个性，而我母亲的个性与我父亲迥然不同。

我认为，我们平常与人打交道的方式的最佳称法便是"个性"，它有一部分刻在我们的基因里。我不是说任何特点都是遗传的，比如我母亲喜欢温暖的气候或者看书从不挑剔，而是指她对身边的每个人都有一种强烈的控制欲。每个人的五大基本需求的强度不同,我们的个性也因此有所不同。有些人非常渴望爱和归属感,有些人则对权力或自由有强烈需求。

每种需求的强度在出生时就确定了,不会轻易改变。自闭症儿童几乎没有爱和归属的需求。这意味着他们几乎没有任何社交的愿望,也没有大多数人想获得的亲密互动。即使有足够的人类互动,有些人也许能学会与他人交往,但绝不会达到正常儿童或成人需要的程度。这种对归属的需求(更不用说对爱)的缺乏,在达斯汀·霍夫曼主演的电影《雨人》中描述得很清楚。在爱和归属这一需求顶端的是那些友善、无私的人,他们给予残障人士大量的关心和爱护,而残障人士相对自己获得的关爱,几乎不能做出任何回报。

人们——甚至兄弟姐妹之间——的个性差异非常突出。我的母亲和父亲并不是唯一的例子,许多对夫妻都有非常不同的个性。有些人友好、合群、乐观、开明、爱玩,有些人严肃、安静、保守、悲观、控制欲强、阴郁,他们的差异非常大。我们的个性是由每个人独特的基因需求强度创造的。有些人的个性高度不相容,比如我的父母;而有些人的个性高度相容,比如我和我的妻子。

有些夫妻的个性迥异却能互补,也就是说,这种差异促进了他们的关系。但在我看来,最好的婚姻应是丈夫和妻子有相似的个性。如果我的父亲能和一个与他相配(即对爱有高度需求而对权力有较低需求)的女性结婚,他会成为一个更幸福的人。我的母亲有一种过度的权力需求,她能够亲密地爱某个人,但前提是她拥有那个人。她无法将爱与权力分开。这也说明了我们的需求强度根据个体而存在差异。

本章要解释的是,找到一个相容的伴侣并不需要运气,与一个不那么相容的伴侣相处也没有那么难。你只要描绘出自己和对方的需求强度特征,即使不是非常精确,也可以帮助你更好地理解自己和对方是如何与人打交道的。你不该与一个个性明显不同的人结婚,也不该在一个很难相处的人身上浪费精力。

　　本书的大多数读者可能是已婚者，一些人很想知道，现在才明白与配偶不相容是否太迟？答案取决于你们不相容的程度。在许多情况下，你和伴侣的需求强度相差太远，问题似乎无法解决。但如果愿意放弃控制对方并开始在关系中使用选择理论，你们通常可以对这些差异进行协商。为了精确地协商，你需要意识到这些差异是什么，换言之，是哪种或哪些需求存在冲突。

　　一旦有了这些信息，你们就可以关注双方的差异在哪里，并在婚姻中实际上相容的区域内停止批评和抱怨。如果我想要的自由超出了你所能给予的，我们可以协商如何解决这个差异，不要上升到责备我不够爱你。爱的那部分并不存在问题，把爱与对自由产生的分歧联系起来是很愚蠢的。只要需求强度的差异不是太大，它们就不会对婚姻造成严重伤害，这主要依赖于你如何处理那些差异。在选择理论的帮助下，你总有机会成功。但如果你使用控制和强迫的方法，这种差异就会继续存在，你越想改变对方，差异就越大。你会发现自己为琐碎的问题争论不休，但如果使用了选择理论，你甚至都不会去理睬它。

　　在第一次漫长的婚姻中，我的妻子和我在一种需求强度上产生了矛盾，它给我们造成了一些困难。但是，当我们都学会了选择理论并将其应用于婚姻后，这种差异得到了解决。对我来说，自由是一种非常强烈的需求；而对她来说，自由只是一般需求。发现这处不相容并进行协商后，我们便相处得更和谐了。在我第一任妻子去世后，我与我的机构里的一位教授选择理论的教师卡琳结婚了。结婚之前，我检视了我们的需求强度，发现双方高度相容。我们也同意从一开始相处时就使用选择理论。到目前为止，我们拥有一种愉快的关系，而且随着时光流逝，这种关系越来越融洽了。

　　因为我们遇到的情况呈正态分布，所以与一个需求强度与自己极不相容的人结婚、最终婚姻濒临破碎的可能性是很小的，但完全相容的婚姻的可能性也很小。一对夫妻或者伴侣可以通过需求强度找出任何初见端倪的困难，然后运用选择理论来处理它。

为了阐明我的理论，让我们来看看在一个其他方面都很好的婚姻中，生存需求强度的差异是如何引发问题的。这种刚性需求即使强度略有差异，都可能带来很大麻烦。我们经常遇到这样的问题：由于生存需求强度的差异，伴侣中一方的生活方式比另一方更保守。比如，一方节俭，另一方铺张浪费。只有当夫妻双方能认识到这种差异并及时制订协商计划时，这种组合的婚姻才能顺利。

假设一种常见的情况：家里的钱够花但也没有盈余，不保守的一方想花钱，而另一方则说没有必要。如果双方各持己见，他们就会争论不休并很快上升到个人层面："你不再爱我了。"他们经常这样因为大大小小的差异责备对方。只要他们争吵，问题就无法解决。如果他们的权力需求相当，谁也不愿让步，他们早晚会巩固各自的立场。由于不知道自己在做什么，他们在尝试不可能成功的事情：改变对方的基因。他们能协商办到的只是达成和解而已。选择理论就是达成和解的一种方式，而争吵、打斗和控制则只会增加冲突。

调解圈

使用选择理论来调解婚姻问题时有一个好方法，就是同意在一个大圈子——我称之为调解圈——里描绘你的婚姻（或其他人际关系）。我们假想在地上画一个圆圈，然后你和配偶搬着椅子进入这个圆圈。在这个调解圈内有三个实体：妻子、丈夫和婚姻本身。你们有着基于不同需求强度的牢固立场，但这些立场还没有牢固到不能撼动，让你们不愿进入调解圈。你们走进调解圈，就表示同意婚姻比你们各自的需求重要。你们也都了解选择理论，你们知道如果强迫对方，较弱的一方很可能被推出去或者决定退出这个调解圈。只有当双方都在这个圈内时，你们才能进行协商，不至于争论不休。

你们走进这个调解圈，是因为此时婚姻问题在圈外得不到解决。你们的婚姻已经受伤并在流血。这个伤口虽然不是致命的，但只要一方或双方还待在圈外，它就会继续流血。这也是大多数婚姻结束的方式：一方或另一方不愿意回到圈内，慢慢流血致死。如果双方都很不满，导致双双退出，那么会带来更严重的伤害，经常是致命的；这个伤口表明婚姻正在大出血，很快就会死亡。

了解选择理论的夫妻不会让对方去做其不喜欢的事情。踏进调解圈时，他们就同意不去伤害婚姻。无论矛盾有多严重，他们都必须待在这个圈子里并协商解决差异。他们可以从一方表达而另一方表示同意开始："我们对钱的问题争论不休，可能是因为某个人比对方有更强烈的生存需求。但是，这个差异并不意味着我们无法协商。我们都知道争吵和责备没有好处。我们需要待在这个调解圈内，谈论并发现我们有多愿意避免伤害或毁灭婚姻。"

在这个圈子里，他们告诉对方自己同意去做有助于巩固婚姻的事。在那些限制之下，他们必须达成和解，有时候可能是一方完全让步，而实际上通常需要双方妥协。一方可能会说："我同意你花这么多钱，它超出了我的限度，但我尝试与你达成妥协。"另一方可能会说："我会削减不必要的开支，尽力把它降到最低。"如果双方都可以接受，那么协商就会成功，婚姻就会比个体需求占据更高的地位。

如果第一次协商没有达成和解，一方或双方必须说："我现在想要的东西比这桩婚姻更重要。我打算现在走出这个圈子，但我愿意明天再试试。"这是一个测试。如果他们给了自己一个甚至几个晚上来思考这个问题，下次进入调解圈时，双方都应该准备好表示："能待在这个圈子里，比我们花费或节省多少钱更重要。"只要他们都愿意去做，分歧就会浮出水面，然后消失。只要意识到调解圈在那里等待被使用，双方都同意用它来解决问题，那么这个简单的工具就可以给任何婚姻一次机会。如果一方或双方一直待在圈外，外部控制就会占据领地，并会很快毁灭这桩婚姻。

说过生存需求，我们再来看看爱和归属需求强度的差异。这种需求强度是由我们愿意给予而不是接受多少来衡量的，理解这一点非常重要。许多人都想要更多的爱，超出了通常可以得到的。这种需求强度可能有显著差异，而且这种差异比生存需求差异带来的后果更严重。但无论想要多少爱，你都必须知道，你得到的不可能大于伴侣所能给的。我们给出的爱无法超过自己基因里的存储量，但这在大多数婚姻中已经足够了。

如果我打算得到妻子所能给予的全部爱，我最该做的就是尽己所能地给予她爱。在此，即使一点点抑制都会导致很大的不同。在存在矛盾的婚姻里，不给予爱是一种常见的惩罚行为。一位有控制欲的丈夫看到妻子在派对上关心一位男士，便问她："你为什么不那样对我呢？"她心想："如果你不再牢牢控制我，也许我会的。"而另一位男士之所以得到这位妻子的注意，是因为在那个社交环境中谁也不会出现控制他人的行为。丈夫可能不知道妻子能够给予多少爱，但他想要得到的最好在她的能力范围之内。他认为她不给予自己爱，这没错；错误在于指责不可能劝服她给予更多，还有可能导致她给予更少。像他们这样做，双方都不可能进入调解圈。

不要混淆了爱和性。强烈的性欲并不表明有强烈的爱和归属的需求，与性激素相关的是物种的生存需要。在任何婚姻早期，性欲强烈与爱和归属可能没多大关系。早期的性关系并不能检验爱和归属的程度，而要看持续的激情以及取悦对方的努力。当婚姻中的性成分开始衰退，不是因为这对夫妻缺少激素，而是因为一方或双方开始感到没有获得足够的爱。这很少是基因方面的问题，婚姻中通常存在足够的爱，但这种爱被太多的控制改变了方向。

这里可能也有一些基因方面的因素。如果对爱有强烈需求的一方（经常是女性）付出了很多，她可能会对自己得到的回报不满意。也许是对这种需求较弱的一方无法给予她她需要的爱，也许是他选择不给予她那么多。事实上，这都不重要。不管怎样，我们都有足够的理由去协商，而调解圈就是最好的方法。记住，只有在夫妻双方都相信选择理论，理解需求及其强度、优质世界以及整体行为的概念时，这个调解圈才会起作用。

进入这个圈后，你要告诉对方你愿意给予什么而不是想得到什么。记住，我们能控制的只有自己的行为，所以你应该只谈论你愿意做什么，而不是想让对方做什么。如果一方认为对方给予的爱和亲密不够而不愿意待在这个圈子里，那么这段婚姻就没有多大希望了。因为在这个圈子里的协商本质上讨论的是爱的给予，我们通常需要提供足够爱才行。一旦讨论集中在给予而不是索取上，爱的问题就会迎刃而解。

就生存和爱而言，你和伴侣的需求强度越接近，这段婚姻就越有希望，但这种情况并不适用于权力，权力是婚姻内外最难满足的需求。在我们的社会里，太多人在高压的职场上受挫，没有机会满足权力需求，以至于他们尝试从婚姻中获取补偿。如果双方都有强烈的权力需求，这种尝试就可能会毁灭他们的婚姻。当无权的丈夫尝试从妻子身上获取在其他地方没有得到满足的东西，妻子经常会成为受害者。

一个好的工作场所是，你在其中拥有一些权力，老板也不会对你颐指气使，这对你的婚姻是有好处的。我唯一一次看见母亲真正高兴的时候是她在本县的大陪审团工作的那六个月。如果晚出生50年，她可能会在工作中充分发挥自己的智力和无限精力。她可能因为对权力的巨大需求而永远无法享受幸福的婚姻，但她可以成为快乐的单身贵族，那些在她手下工作的人有多快乐就不好说了，但她会很快控制住局面。我猜想，如果他们从言行中表现出自己服从管理，她会待他们不错的。我见过许多员工这样做，如果你对权力的需求不大，这应该不是难事。

双方权力需求都较低的伴侣几乎总是相容的。低权力需求导致高协商欲望，而且低权力需求的夫妻通常大多数时间都会待在调解圈内。即使一方比另一方有较高的权力需求，他们的婚姻也可能还算顺利，因为低权力需求的一方不会介意另一方发号施令，只要他或她对对方还有爱。我见过这种相容类型——高权力需求、有爱的男人和低权力需求、有爱的女人——运行得相当好，有几分像我父母婚姻的后半段。

如果双方的权力需求都比较高，一种常见的情况就是：因为双方争夺权力，一方会急切地把另一方推出调解圈。对双方来说，一段婚姻不会大到可以容纳这种不幸的关系，而这种不幸经常是注定的。两个高权力需求的人相处的唯一方法是：如果他们在婚姻内不能满足权力需求，就设法一起工作，通过共同的努力增加双方的收获。我和过世的第一任妻子在婚姻中就是这样做的，而且它很有效。比起第一任妻子，我现在的妻子的权力需求要小得多，我们在一起很融洽。我们都喜欢权力，但权力在这段婚姻里没有在上一段婚姻里那么重要。我见过许多成功的夫妻团队共同创造了一方无法创造的成就。

权力需求不像生存和爱的需求，在调解圈内很少能协商成功。高权力需求的人会在认识到问题之前就把对方推出去。就其本质而言，权力是很难进行协商的，因为协商通常意味着双方都同意放弃一些权力。如果没有人愿意放弃一些权力，他们就无法进行协商。既然协商的是要放弃多少权力，夫妻有必要在结婚前了解双方的权力需求强度，结婚后可能就太迟了。在描述两类人（我认为他们不适合结婚）的需求强度特征时，我会进一步阐述权力问题。

对自由有高度需求的人在任何长期的亲密关系中都会感到痛苦，但他们在婚姻中的挣扎最为激烈。自由的本质正是没有人可以控制他们，当有人尝试控制他们时，他们不会像高权力需求的人一样战斗，而会选择逃走。在一个几乎有半数人离婚的世界中，总是有许多人选择逃离。当双方都有较低的权力需求和自由需求时，婚姻通常最为稳固。如果一方有较高的自由需求，另一方有较低的自由需求，在后者试图限制前者的自由之前，也不会出现问题。

自由需求不像权力，其强度的差异通常可以在调解圈内解决。在调解圈内，有较高自由需求的一方需要说出自己愿意做出什么样的让步。如果他们同意接受一些限制来取悦有较低自由需求的一方，就能保证协商有一个愉快的结局。有较高自由需求的一方如果准备晚点回家，只要愿意打一个电话回家，结果就会大不同。但如果他们对彼此失望，相互排斥，就没有什么机会解决了。

如果双方都有高度的自由需求，这桩婚姻可能成功也可能失败。如果双方都能接受对方想要的自由，结局就会成功。为了维护婚姻，双方必须进入调解圈并告诉对方，他们愿意放弃哪些自由。放纵的自由在任何婚姻中都起不到好作用，除非有大量的爱和归属来补偿夫妻分离的时光，但即使这样做也是非常艰难的。婚姻不是一个能够实现全部自由的地方。这对调解圈来说是一种严峻的考验，双方都有较高的自由需求，会不断挑战任何一段婚姻。

今天，因为许多伴侣婚前就在一起生活，所以在结婚之前，"不相容性"就可以浮出水面，而这时就应该使用调解圈——或许应该称作"婚前调解圈"。如果一对伴侣在婚后才发现双方都有强烈的自由需求，他们有可能会离婚或分居。一对夫妻可能因为双方强烈的权力需求而结合，但不可能因为强烈的自由需求结合。对两个有高度自由需求的人来说，"分享自由"是一个悖论。因为这些原因，调解圈对于有高度自由需求的人来说没什么意义。他们不想与任何人待在这个圈子里，对他们而言任何圈子都像一个监狱。

双方都有较高的乐趣需求，对任何一段关系而言都是极好的，特别是对婚姻来说。如果说乐趣是对学习的一种奖赏，那么在学习中相处的双方是最容易厮守的。乐趣几乎永远不会受到年龄、性别或者经济条件的限制，也几乎不用花费什么，你可以随时随地学习和欢笑。但是，乐趣对一段关系而言并不是决定性的，双方都可以学会独自享乐且不伤害婚姻，人们也经常这样做。如果双方都有较低的乐趣需求，他们不会知道自己错过了什么，事情也可能得到很好的解决。如果其他需求都相容的话，我不认为乐趣需求的强弱与否会促成或毁坏婚姻。

因此，最好的婚姻是分享一般水平的生存需求，高度的爱和归属需求，较低的权力需求、自由需求以及高度的乐趣需求。只要偏离了这个模式，婚姻就需要进行协商，偏差越大就越需要协商。无论你是准备结婚还是在寻找爱人，这些信息给你的是一幅清晰的问题地图。有了这些信息，那些想提高婚姻质量的夫妻就会运用调解圈来进行协商。到目前为止，不幸的婚姻是人类痛苦最常见的原因。一些年前，我与朋友讨论婚姻中协商的价值时我的一个朋友说："想想能怎么改变。"

如果你同意我刚刚的解释，你可能会想知道要如何评估自己和伴侣的需求强度。我对这个问题做了大量思考，我认为像一份问卷那样简单的纸笔自我测验是无法完成评估的。这个问题必须基于每个人对自己和对方的了解来回答。从根本上说，它是一次对你自己和配偶的优质世界的评估。

等你准备结婚或再婚时，你已经发展出了一些人际关系。从青少年时期开始，你就在寻找理想中的白雪公主或白马王子。不把自己拥有的关系与优质世界中存在多年的理想关系进行比较是不可能的。但如果你是一个外部控制者，你的理想关系的核心是他人能够为你做什么。把这种以他人为中心的关系当作理想，会让你失去发现自己真正所需——一种基于双方能够为彼此做什么的关系——的机会。欧·亨利的短篇小说《麦琪的礼物》就描述了这种选择理论爱情的悲伤和欢乐。

为了能在优质世界中创造正确的人物形象，你观察身边的家人、朋友，阅读书籍，观看电影和电视节目。在青春期，如果你是一个女性，你会不停地与朋友谈论某个男孩和女孩是否合适以及为什么。基于所有这些信息，你应该可以看清在你思考或谈论的许多事情中，你与其他人相比处在什么位置。

因为基本需求几乎是所有思维和行动的基础,所以你的许多谈话都会集中在这些需求上。你可能没有直接使用这些词,但你所谈论的话题与爱、权力和自由等因素密切相关。你这样做,是因为你已经看到甚至体验到当这些需求存在差异时,事情会变得很难办。如果你是一个女性,你可能会谈论的情况是:当你想要爱的时候,男人们想要的是性,当中一些人又是多么想占有你(权力),而且这些家伙总想和另一些家伙出去玩(自由)。你对关系的各个方面已经思考了很多。比起女性,男性受到更强烈的权力需求的驱动,大多数男性之间很少谈论这些。

如果你发现自己比大多数人更不愿冒险,那么你有较高的生存需求;如果你与其他人的风险承受能力差不多,那么你的生存需求水平中等;如果你愿意多冒一点险,你比大多数朋友的生存需求要低。爱和归属也是这样。评估爱和归属需求强度的关键在于,与你的家人和朋友相比,你愿意给予而不是索取多少。注意这种需求,在陷入不幸的婚姻之前要三思而后行。别混淆了性和爱,还要注意归属感。正如我在第二章所说,如果没有性的话,你不愿意与他(她)做朋友,那么就不要贸然结婚。

为了评估权力需求的强度,问问你自己:你是否总想按自己的方式做事,强辩到底,支配他人,认为自己所说或所做的几乎都是对的。如果你这样做,那么你的权力需求很高;如果你不在乎是否要用自己的方式做事,不想支配任何人,也不与人强辩到底,那么你对权力的需求不高;如果你对上述情况有一定关注,那么你权力需求处于一般水平。

如果你无法忍受遵循规则、顺从以及长时间待在一个地方或参与一个小组,那么你有较高的自由需求;如果你这种表现不多,你的自由需求水平一般;如果你觉得顺从对你来说没什么,那么你有较低的自由需求。乐趣也是一样。如果你喜欢学习,这样做时非常开心,那么你有很高的乐趣需求;如果你喜欢给学生上课,并对你所做的工作以及与别人相处感到开心,你便有更高的乐趣需求;但如果你真的不想努力学习,而指望别人给你带来欢乐,那么你有较低的乐趣需求;如果当别人大笑时你几乎从来不感到开心，也没有太多兴趣探索未知世界，那么你有非常低的乐趣需求。

评估基本需求的另一种方式是检查优质世界。如果你和伴侣相互间足够信任，可以分享彼此的优质世界，那么你们很可能关系完美。你在评估优质世界时，请遵循下面的方法：如果你的优质世界中充满了相处融洽的人，那么你有较高的爱和归属需求，而且因为你能满足这种需求而感到开心。如果你的优质世界中没有几个人，但你与他们非常亲密，那么你也许有较高的爱的需求，但归属需求较低。

如果你的优质世界中有许多人，但与他们不那么亲密，你可能有较高的归属需求，但爱的需求较低；如果你的优质世界中只有几个人，而且与他们也不亲密，那么你的爱和归属需求都较低。这并不意味着你没有需求，而只是说你的需求比伴侣要低一些。如果你在归属方面的需求较高，而在个人亲密方面的需求较低，那么这对你们来说可能是一个问题。

我已经解释过，可以运用这个信息来进行协商，而调解圈可以作为协商的工具。只要能够待在调解圈内，并接受你只能控制自己的行为这一事实，你们就几乎能协商任何事情。如果你能理解选择理论的原理，便能明白责备对对方是没有意义的，因为他或她就是那样的，这种责备就像责备对方不够高或者对海鲜过敏一样。一起努力确定你们的需求强度，便可以得到对双方都有用的信息。如果你们愿意为了关系的利益而使用它，那么你们在刚开始评估时就会变得更加亲密。大多数夫妻不是那么互不相容，只要愿意尝试并且付诸行动，就会有解决的办法。一个小小的承诺会释放出这样的信息："比起我的个人事务，我更在意我们的关系。"这是一个强有力的信息。

我在上面描述了一些简单而明显的需求强度情况。在一些具体情况中，你可以随机应变，我无法穷尽所有可能的情况。这是留给你的任务，花时间与你的朋友一起讨论它，尽力保持开放的心态，你应该可以做得很好。记住你的感受——当你的需求得到满足时感觉多么美妙。你的感觉越好，这种需求就越强烈。而微弱的需求是很好满足的。基于感觉良好的整体行为来做评估，你的结论应该相当精确。

如果你正开始一段关系，而且它看起来可能很重要，可以考虑在对方强势入驻你的优质世界之前做一个相容性评估，因为到那时你就没机会如实看待对方了。而即使这个人已经进入你的优质世界，做评估也比不做仍要好。尝试以你评估自己的方式来评估对方。如果你发现了问题，在你们相互强烈吸引的阶段就讨论如何解决。你的评估会被你的爱带偏，但爱会让你比任何时候都更愿意做出承诺；而且这时你还没有使用许多控制性行为，不至于断绝协商的可能性。

做出这种初步评估时，尽量不要让满意的性生活或对性的渴望作为主导因素；然而，如果没有满意的性生活或者性欲望不强，你可以确定这种情况不可能变好。在一段关系开始时，你们还没有了解对方的缺点，这时你们坚定地站在调解圈中，性生活一般感觉都很美好。在一段良好的关系中，性生活的频率可能有所减少，但仍然令人满意。如果性生活质量开始很好而后来变差，那么不是性本身，而是这段关系在走下坡路。

如果你的人际关系不如己愿，而你又认为评估需求强度太麻烦、不准确甚至是浪费时间，那么你是在抛弃了解自己的一个重要机会。结婚之后，你开始对伴侣产生不满，那时还没有多少双方都愿意尝试的机会来帮助你们维持婚姻，现在就是使用它的一个黄金机会。如果你相信普遍的情人错觉——有了我的爱对方就会改变，那么你就没有机会帮助自己了。这种错觉是外部控制的极端表现。如果情况在一开始时就不好，改变很可能发生——但不是变好。

下面我要说到前面提及的两种个性，它们在婚姻中面对怎样的个性都完全无法相容。与有其中任何一种个性的人结婚，除了痛苦还是痛苦。在这两片乌云之下没有一线光亮。如果你还没有结婚，但怀疑恋爱对象有其中一种性格，能跑多远就跑多远吧。你读到这里时，就开始打包行李吧，等读完就来不及了。

如果你已经结婚，却发现你的伴侣有其中一种个性，你要认识到无论现在的关系已经多糟，它注定会变得更坏。现在就想想你能做什么让自己解脱吧。与这种人（不论男女）在一起，无论你现在有什么感受，比起以后的感受，现在你算过得不错了。但我不必告诉你这种关系有多糟，你已经知道了。我要解释的是它为什么这么糟。

反社会者

反社会者似乎只关心权力和个人自由，不会真正考虑其他人的需求。大多数反社会者都是男性，因为男性从基因上看爱和归属需求较女性低，权力需求较女性高。

反社会者的生存需求低于平均水平，但足够让他在短期内专注于自己的事情。他们的特点是当自由需求较高时，对爱和归属的需求几乎不会存在。他们总是为满足自己的权力需求而四处奔波，可以为此欺骗、欺诈或偷窃任何人。他们对乐趣的需求起伏不定，但当乐趣需求较高时，他们会乐于学习所有能对他人造成伤害的方式。他们还喜欢贬低他人，无论对方多么有能力。他们认为唯一有能力的人就是自己。一开始，反社会者可能是令人激动的，因为他们非常积极、充满魅力，能让事情进展顺利。但因为他们的生存需求较低，大多数事情都难以坚持。在他们身边生活可能很痛苦，但不会乏味。

反社会者很擅长愚弄别人，因为他认为自己比任何人都聪明。他可能很有趣，甚至看起来很善良。当你注意到他有一些缺陷时，他可能会爽快地承认，并恭维你多么有洞察力。他会对你说，他多么感激你的爱，有了爱，他就会改变。他一生都在寻找你这样的女人，确实如此。但是，你不应该找像他这样的男人。对这种毫无道德原则的掠食者来说，生活就是一场狩猎，而你就是猎物。他会使用任何手段来得到你，在他的游戏中没有规则可言。

这种男人天生对任何人都没有爱或归属的感受。他可能性感迷人，但只会剥削，因为他从不会真正关心他人。一旦他从女人那里得到所有自己想要的，如果她尝试依赖他，他就会因为自由需求而逃走。如果她过于依赖，他可能会虐待她，要她为他做每一件事，而除了更多的殴打之外，她别想从他这里得到任何东西。他可能会因为她不去猜测他想要什么而打她——他不会告诉她——但在打她之后他会说："你应该知道的啊！"

如果你怀疑自己碰到了一个反社会者，请看看他有没有朋友。你会发现他几乎没有朋友，他们总是离他很远，或者说要造访却从不露面。你永远不要对他有所指望，永远不要。如果他听从了你的要求，一定有什么问题，或者这是他将来利用你的计划的一部分。如果你们刚开始交往时他带你去了一个高消费场所，然后告诉你他忘带信用卡并要借你的一用，那么再也不要见他了，同时确保拿回你的卡。如果他说不记得放哪里了，立刻挂失。他根本没有信用卡，早打算拿你的卡去挥霍了。

无业者

无业者是我们遇到的最令人迷惑的人。他们很容易与别人建立联系，一开始你可以与他们轻松相处。但是，如果你再靠近他们，与这样的人结婚，就会越来越沮丧。无业者中有许多是女性，但她们不那么显眼，因为在我们的社会中，女性不工作和被供养是可以被接受的。

不像反社会者会很快露出真面目，无业者则做得不显山不露水。你可能还没认识到自己交往对象的真面目，就已经深陷其中。尽管他们不会直接利用你，但他们的不作为比作为对你的伤害还要大。最终，你与他们的长时间相处可能会占据你人生中的许多年，比起你与反社会者相处的一年或不到一年（如果你最终逃离魔掌），这种伤害有过之而无不及。我称这种人为无业者，是因为他们选择不工作。尽管他们通常并不酗酒或吸毒，但因为需要依靠供给者（比如妻子、家人和朋友）来生存，所以他们很像酗酒者。而且像酗酒者一样，他们经常会寻找这些供给者。

无业者似乎有工作能力，特别是年轻时能工作一段时间，但从来不会超过几年。大多数时候他们是被人解雇的，但有时是自己放弃的。到40多岁时，他们不可能再工作了，就会依靠别人来照顾自己。

我相信无业者有非常低的生存需求，比反社会者低得多，但他们有非常高的权力需求，这一点很像反社会者。不过因为他们完全没有ganas（我在第二章里谈到的努力工作的欲望），所以他们从来不能满足自己的权力需求。

低生存需求让他们没有充足的欲望为自己做任何事，更不用说为别人了，即使是付他们薪水的老板；而高权力需求让他们膨胀到几乎对任何被要求做的事都不屑一顾。正是两种需求之间的关系——权力需求很高，但实现的驱动力为零——代表了他们需求面貌的重要特征。他们说大话，做美梦，但少有行动。

无业者的自由需求可能为平均或略高于平均的水平。他们走来走去，但我不认为是在寻求自由，而是另有企图。他们喜欢四处转悠，接触一些陌生人，然后谈论自己的事。这才是他们的特征。他们跟你谈自己或者他认识的人，但对你想说的并不感兴趣。他们对自己似乎也没有任何觉察，特别是不工作这件事。

无业者有接受爱的能力，这一点与反社会者不同。他们喜欢被爱，更喜欢接受友情。他们不像反社会者，只要没什么困难（比如要求保住一份工作），他们在建立和保持人际关系方面就没什么问题。当被要求去做在亲密关系（比如婚姻）中常见的事时，他们不会做自己的那部分。如果你与这样的男人结婚，就是嫁给了一个永远长不大的孩子。当你付出爱和友谊时，他们是如此高兴和感激，这种感激之情让你及其父母误认为会得到回报，但他们一无所有，什么也给不了。

然而，他们跟孩子一样，有非常高的乐趣需求。他们非常喜欢学校，那些常年待在学校里的人中有很多是这样的。有时他们能完成学业，但大多数时候不会，最典型的情况是拖到最后，然后放弃。他们最怕的就是毕业后用所学技能去工作。如果去工作，他们什么都不会做。他们表现得好像不知道自己该做什么，也不知道别人对他们的期望一样。

无业者与现实世界几乎没什么接触，他们的现实都是自己创造的。只要对他们没有期望，他们就像正常人一样，但实际上并不是。如果与这样的男人结婚，只要你支持他，你干所有的活儿并且不提任何要求，你也许会有一个好伴侣。但当你要他承担一点义务时，他都不会去做；如果你坚持，他会变得更吝啬。有时他们会做一些事情，但更多是为了自己而不是别人。

一般来说，如果无业者通过家庭关系获得高职，他们只会干坐着无所事事，无精打采，或者下达一堆无人理会的无意义命令。无业者经常生活在幻想中的过去里：我非常能干而且一帆风顺。他们喜欢谈论并不存在的成就，比如曾经风光无限的校园生活。

如果无业者工作了几天，他们会说得好像自己干了几个月。在他们的回忆中，过去总是那么美好。他们也看好未来，好像满世界的机会都在前方等待。但他们就是不生活在当下，不去工作、承担义务、把事情做好。对他们来说，生活总是在过去或未来，从来不在现在。

无业者通常会结婚生子，如果这种人格存在于基因中，它可能被传递下去。他们说自己很爱孩子，但为孩子做的事远没有为自己做的多。当孩子还小的时候，他们喜欢与孩子一起玩游戏。到了青春期，这些孩子可能会比任何人都清楚父亲的本性。这个时候，许多孩子都会对无业的父亲失去兴趣，而父亲似乎也会对孩子失去兴趣。对无业者的孩子来说，他们对父亲失去兴趣是一件好事，否则他们会感到失望。

我们都认识一些无业者，而且想要帮助他们。他们经常被送到心理医生处——我见过他们当中的许多人——但配合心理治疗的人寥寥无几，因为治疗目标是帮助人们建立更好的人际关系，让人们借此过上更有效的生活。当这些无业者开始治疗时，他们经常会迷惑咨询师，因为这些人通常很迷人、容易建立关系，让人感觉只要一点帮助他们就能自行好转。但关键在于：他们只是看起来想要获得帮助。

无业者喜欢心理治疗。但他们表现得不像患者，也不尝试得到帮助，他们会迅速成为一名咨询师，总是谈个不停、提出建议并帮忙解决问题。在某种意义上，他们尝试做的是进入咨询师的角色。如果他们的咨询师认识到这点并加以反对，无业者就会生起气来、责备咨询师并破坏咨询关系。在治疗中，他们表现得像在其他地方一样。只要对他们没什么要求，他们就表现得很好；但只是对自己来说很好，对他人来说并非如此。

在与自身基因做斗争的过程中，他们可能会选择起伏不定的行为，看似符合双相情感障碍或躁郁症的诊断。但无论是躁狂还是抑郁，或是处于这两者之间，无业者向来无法胜任工作。这也是他们与双相情感障碍患者的区别所在，后者在过于躁狂或抑郁的状况以外是可以胜任工作的。双相情感障碍患者有时可以使用碳酸锂缓解病情，但我不认为碳酸锂或其他药物可以帮助无业者。（这并不意味着不应该尝试。）

无业者选择双相行为，这种起伏的行为方式反映了他们与现实的斗争。受到权力需求的强烈驱使，当处在双相循环的躁狂状态时，他们在优质世界中把自己设想成非常强大、几乎全能的人，而且将这种设想当真，四处行动。他们不想看到自己真实的样子。在躁狂时期，尽管释放了所有的能量，但他们做不出任何有价值的事。他们就像汽车燃烧大量油来保持运动一样，但他们似乎挂不上挡。对他们来说，唯一的挡就是空挡。

最终，现实——别人的而不是他们的——开始影响他们的行为。他们花光了钱，没地方住。妻子、家庭和朋友不再帮助他们，他们像烧完了油的机器开始熄火。现在他们开始严重抑郁。让他们感到抑郁的是，自己生活在一个残酷的世界里，没人赏识他们的才能、愿意与他们共处。他们从未想过自己付出的是多么少，并且不认为自己是一个索取者。

他们抑郁并不是因为自己弄糟了生活，他们从不那样认为。他们的抑郁是一个休眠和忘却的阶段。不久后，他们又发动自己的马达，重复一遍整个过程——起起伏伏，但永远原地踏步。处于低潮时，他们可能会自杀，但与那些认清现实的胜任者的自杀并不一样。

如果他们花光了钱并需要照顾，家人或者其他照顾者应该为他们提供住所，但如果他们想吃东西，需要自己准备食物。在这个住所里，如果他们不想工作，应该有个地方可以待着。他们不应该被锁在屋子里，应该自由出入，但应该只给他们够买食物的钱。他们不应该有来自外界的娱乐，比如收音机或电视，只给他们一个可以工作的专用房间。如果他们能找到人一起玩，可以有些积极的娱乐（比如打篮球）。活动对他们有益，因为他们通常不够活跃。所有人不要与他们交谈，除非他们对这个家做了什么值得一谈的事情。

我已经介绍过反社会者和无业者，听起来他们的情况好像都很单纯。反社会者的情况确实比较单纯；他们很少有变化，除了有人会变成杀人犯而有人不会以外。为什么有些人会成为杀人犯而有些人没有，原因我也不清楚。我猜测，杀人犯的人际关系可能糟糕至极或者没有人际关系，但这只是一个猜测。如果我与他们当中某个人有联系，我总是会想到最糟糕的情况。

无业者的情况复杂多了。有些高级别的无业者可以做特殊的工作，这份工作对他们没什么要求，他们甚至不用天天出勤。有些人会为自己找点零活儿，但他们从来不会稳定下来，而且永远不会去做任何艰难的工作。如果工作时恰逢情绪高涨的时期，他们会把工作抛开，因为无论要求他们做什么，他们都会不屑一顾。

我认为任何类型的无业者都不适合结婚。如果你与一个高级别的无业者结婚，他对你很好，或许你可以留在他身边。这是高级别无业者和普通无业者之间的真实区别。高级别无业者对照顾他们的妻子的态度很好，你就像嫁给了一个成年的孩子。他们不会变好，但可能也不会更糟。如果我与这样的人结婚，我会说清楚：只有他好好待我，我才会与他一起度过人生。

我对这两种类型的人做了大致描述，所以你知道需求强度会导致一些不正常的人格出现，你需要对这样的人格外小心。反社会者的数量很少，这种需求特征不常见，无业者相对更常见一些。我们大多数人基因内的需求强度不会造成三个以上基因突变，这在统计学上看是一个广泛但正常的范围。

大多数人创造的优质世界都能经受现实世界的检验，这些人也都能拥有良好的人际关系，过上一种有效率的生活。当然，我们受到一些事物的限制，比如年龄、性别、身材、相貌、健康和才能，但即使存在这些现实世界的限制，我们拥有的选择仍然超过了大多数人的想象。比起自身基因的限制，我们受到的来自外部控制心理学的限制要多得多。

第六章 冲突与现实疗法

当优质世界中同时存在两幅对立的画面时，你就面临着一个冲突。你向一幅画面靠得越近，就离另一幅画面越远。如果两幅画面都想要，你就注定无路可逃。举几个例子：我想瘦身，但我不想节食也不想运动；我好不容易弄到一张年度大赛的入场券，但约了几个星期的女孩却告诉我她那天晚上有空；我的工作会议已经超时了，如果我现在离开老板会生气，但如果我不离开就赶不上女儿主演的校园剧；虽然忍得很辛苦，但我已经有一年没沾酒了，好朋友请我吃饭时拿出一瓶酒说："这是一瓶好酒，来一小杯，尝尝味道，没关系的。"

这样的例子不胜枚举，冲突的严重性与两幅画面的强度成正比。当两幅画面都很强烈时，这种冲突令人非常痛苦。最激烈的冲突是爱与忠诚之间的，从古希腊时起，戏剧和小说就开始描绘这种冲突了。你说，安娜·卡列尼娜应该与渥伦斯基①待在一起，还是应该回到丈夫和儿子身边呢？

这种冲突如此激烈，是因为没有直接的解决方案，但即使不能解决这个冲突，你仍然可以做一些事。我伟大的导师——哈林顿博士说："如果有可能的话，当你不知道做什么时，就什么也不要做。"这样你至少不会使事情变得更糟。最终时间会让冲突朝某个方向发展，那时再做决定就没那么痛苦了。但很多时候你不能等待，如果你不做出决定，其中一幅画面就可能永远消失。

---

① 《安娜·卡列尼娜》是俄国作家托尔斯泰的代表作。女主人公与亚历山大·卡列宁结婚后又遇到了年轻帅气的渥伦斯基，在后者的热烈追求下陷入了爱与忠诚的冲突之中。——译者注

另一个解决方案便是寻找值得信赖的心理咨询。虽然咨询师不能告诉你去做什么，但是他或她可以列举出几种选择，这样或许能帮你看清楚，那些看似同等的选择实际上并不一样；而且当你与咨询师谈话时，时间在流逝，这个谈话可以在一段时间里让你好过一些。但很多时候你得决定怎么做，勉强接受一方，放弃另一方。现在你感到很痛苦，因为另一方仍然在你的优质世界中。将一方或双方都移出你的优质世界之前，你的痛苦不会停止。处于冲突之中时，你很容易变得抑郁，而这既会促使你去见咨询师，又可以让你暂时歇息。看到你情绪那么低落，身边的人可能会鼓励你去寻求帮助，为你提供所需的支持。

咨询师可以引导处于冲突中的人走向第三个选择——一个不会产生冲突但可以满足相同需求的选择，我已经用此法成功帮助过许多人。本章将向你展示第四章介绍过的现实疗法，我用它为一位 45 岁的女性提供了治疗，她因一个无法解决的严重冲突而备受折磨。我将手把手地带你走过第一次面谈，一边做一边向你讲解。通过这样做，我向你打开了进入心理咨询世界的大门。到目前为止，你应该对选择理论有了足够了解，可以理解我在努力做什么。

选择理论为现实疗法提供了一个框架，这一疗法是我在 20 世纪 60 年代发展出来的，但它仅仅是一个参考框架，并不会告诉我要说什么话。每一位来访者都是独特的，我必须调整自己该说的话，以使它最好地服务于我面前的来访者。正如我所说的，选择理论对人类的行为做出了解释，我通过它可以更好地了解每位来访者。与托德来咨询时的情况一样，甚至在看到这位来访者之前，我就知道她有严重的人际关系问题。我还知道是她选择了抑郁，为了帮助她，我必须劝说她做出更好的选择。你将看到，她需要设法寻找不会产生冲突的替代品。只要身处冲突之中，她选择做任何事都解决不了问题。

大多数需要帮助的人都与这位来访者情况类似。他们负担不起一个月又一个月的咨询费用。如果能够负担，很多人就能从咨询中获益，所以缩减咨询时间是非常重要的。在选择理论和我教学及实践多年的现实疗法的帮助下，大多数咨询都可以在10次甚至更少的次数内完成。

我淘汰了传统心理治疗中那些花费大量时间的方法，特别是以下几点：

● 没有必要事无巨细地询问来访者，问题应该一直与当前不如人意的人际关系相关。虽然问题显而易见，但来访者有时仍会加以否认。如果接受这种否认，我就要花费大量时间探究其他事情，或者来访者过去生活中的某个人。我应该甄别这种否认，并且在第一次面谈中就讨论对方当前的人际关系。

● 因为问题总是现在时，没必要对来访者的过去死缠烂打。举个例子，如果一个来访者因为儿时被虐待，从来没有学会信任他人，那么他不可能拥有满意的人际关系，然而如果在过去问题上花太多时间，他就可能会被误导并认为必须先理解在过去发生了什么，才能解决现在的人际关系问题。长期探究过去还可能会让他误认为过去发生的那么多事导致他现在绝对不会幸福。而在我看来，更重要的是告诉他这个真理：过去结束了，他无法改变自己或其他任何人所做的事；他现在所能做的是在我的帮助下构建更有效的当下生活。

● 在传统的心理咨询中，咨询师将大量时间花在问询和倾听来访者的抱怨上，听他们抱怨自己的症状、他人的行为、居住的世界等。他们越被鼓励或允许这样做，抱怨就会变得越严重，而就越难接近真正的问题——是来访者选择了现在的行为。选择理论并不否认来访者有权抱怨，但它指出，我们唯一能控制的人就是自己。我们不能用这些抱怨来控制任何人，包括我们的咨询师。现实疗法强调来访者有能力自助，并能改善当前出现问题的人际关系。这样做不仅节省了大量时间，而且使咨询变得有针对性且更加有效。

探索当前的人际关系，避免过多谈论过去和抱怨现在，专注于来访者能做的事情，这些做法不仅可以缩短治疗进程，还可以帮助来访者理解他们可以拥有更有效的生活。虽然不能在当前人际关系中拥有想要的自由，但他们可以忘记过去并停止责备他人，将这些时间用在如今的生活中，做出更有用的选择。为了这样做，我开始向来访者传授选择理论，他们可以借此做出更好的选择，并处理很多可能会让治疗延长的问题。这是一种事半功倍的治疗。

想象一下，1965年我在得梅因市郊有一间办公室，有一位名叫弗朗西斯卡[①]的女士前来做心理咨询。一开始，我说了几句话帮助她安定下来。我能看出她很紧张，我想我说的话会有所帮助。

"我有你的名字和地址，开始时我只需要这些。你在电话里告诉我，你从没有看过心理医生，你有一点紧张。对你来说，处理紧张的最好方式就是立即开始告诉我你的故事。不用担心我会评判你，我不会的。每一位来访者都有一个故事，告诉我你的故事吧。"

人们经常（特别是在20世纪五六十年代）对看心理医生感到羞耻，好像他们应该在没人帮助的情况下自己搞定一切。他们担心受到不适当的评判，所以我努力打消这种顾虑。

于是，弗朗西斯卡开始讲她的故事：

"大概六个星期前，我死了。你现在看到的是一个已经死掉的女人。我想过杀死自己，但我认识到不必了，我已经死了。"

对我来说，这是一个新奇的开头。这位女士有严重的抑郁症并试图给我一种印象——她现在情绪多么低落。她做到了，我印象深刻。通常，当人们表现出低落时，我都会尝试注入一点小幽默，但这次我没有这么做，我怕她可能会对此存在误解。但她选择抑郁的部分原因是想做个测

[①] 你可能已经猜到，我冒昧地使用了罗伯特·詹姆斯·沃勒（Robert James Waller）的小说《廊桥遗梦》（*The Bridges of Madison County*）中女主人公的名字。

试，想看看我会如何处理它。我会变得紧张并表现出不耐烦吗？或者我有足够的能力来处理她的痛苦吗？从一开始，我就必须跟她说我理解她的痛苦，而且有能力帮助她处理痛苦。

"弗朗西斯卡，你驱车50英里来到这儿，一定有很充足的理由。我非常希望听到你的故事。"

"我不知道从哪里开始。"

"从哪里开始都可以。"

"我结婚了，有两个十几岁的孩子，一男一女。我们住在麦迪逊城的一个农场上。直到六个星期前我都很好，不幸福但还算不错。我是意大利人，我猜你能够听出我的口音。我嫁给了理查德，第二次世界大战后不久他在意大利服兵役。他安排好一切之后，我们就来到了这里。他是一个好人，也是一位好父亲。我们结婚之后就一直住在那个农场里，农场经营得还不错。虽然我们不是很亲密，但也算相处融洽。后来，上帝，这听起来太乏味了，大概六个星期前，我遇到了罗伯特。他从附近开车过来向我问路，他在找一座桥。他说自己是一名摄影师，要在我们居住的附近拍摄一些旧廊桥。我那时一个人，理查德和孩子们都去伊利诺伊州的集市了。他们有四天的假期，要带着牲口去参加所有的集市。……看看我，我只是一个农妇，穿着一件旧棉布家居服。我今年45岁，看看我的手，我的脸，一副什么样子。"

"我认为你对罗伯特来说看起来不错。"

弗朗西斯卡突然哭起来，止不住地啜泣。对罗伯特来说，她看起来当然不错，她是一个漂亮的女人，即使不精心打扮，一位摄影师也会一眼看出她的美丽。可以看出，她努力在我面前表现得体。无论她想过什么样的生活，美貌都是她的一种优势。等她哭泣了几分钟后，我打断了她。她很痛苦，但哭太久对她没有好处。她的眼泪会占据太多的时间。如果哭泣有任何用处，她就不会在这里了。我要对她做的也是我经常做的，尝试在她哭泣的时候继续咨询。她是来寻求帮助的，我有义务让她开始。

一旦开始说话，她就会好起来。

"再多说一点你的故事，你可以边哭边说，你是来这儿寻求帮助的。"

"我感到很羞愧。"

"跟我说说吧。"

"这是一个很短的故事。我爱上他了。我们一起度过了四天，然后他离开了，而现在我死了。"

"你让他走的？"

"我不能跟他走。我考虑过，我想走，但我不能就这样离开我的丈夫，还有我的孩子。我怎么能那么做呢？我不明白怎么有人能那么做。"

现在，我们看到了这个世界上最古老的冲突——忠诚与爱之间的冲突。她被折磨得心痛欲裂。我无法立刻帮她解决问题，只有时间能。但我可以帮助她仔细检视，在她面对冲突而束手无策时，我或许能帮她选择做点什么来满足需求。

"这的确很艰难，但你选择了留下来，而且你还选择到这里来。我敢说这也是一个艰难的选择。"

她做出艰难的选择后才来到这里，说明她是一个独立的人，习惯自己解决问题而不是伸手求助，但她决定来这儿也许是一个好选择。

"是的。我给你拨过六次电话又挂掉了。教会里的一些女人提过你。出于某种原因，你的名字在我脑海中挥之不去。但现在我到了这儿，我在想是为了什么。你能做什么呢？在这里再说一遍又能如何？事情发生了，结束了。他走了，我不会问你如何让他回来。"

我的名字之所以在她的脑海中印象深刻，是因为在罗伯特出现很久之前，她就过得不幸福。我现在没有提及这一点，但我将它记在心中。开始说话后，她停止了哭泣，这很好。她问了一个重要的问题："你能做什么呢？"我必须回答这个问题。

"我设法帮助你解决你想咨询的问题。我帮助过许多不快乐的人，我应该也能帮到你。你需要做的是与我谈话，思考我们说的话，放开一点，这对你来说可能有点难。如果我犯了错误，请告诉我。据我所知，他已经离开六个星期了，你不能跟任何人谈论此事，你感到痛苦万分，需要找人倾诉。只要你保持诉说、倾听和思考，我就能帮助你。"

这是事实。罗伯特不在过去，他就在现在。如果她诉说、倾听和思考，我就能帮助她。我认为，向来访者说明这一点非常重要。

"但我感到很绝望，我感觉像死了一样。"

"想象一下：假如我可以挥舞魔杖，让你和罗伯特之间什么也没发生过，你还是在同一个农场、同一桩婚姻中的同一个女人，就像在他走进你家门之前一样。你希望我挥舞这支魔杖，让一切恢复如初吗？"

她感觉非常糟糕，我必须在已发生的事情中找出好的一面。如果她"死了"，至少她不会白白死掉。如果她能告诉我对发生的事情并不后悔，而且我不因此贬低或批评她，那么她会明白我是支持她的。如果这件事还有好的一面，我很快就可以退居二线了。

"不，不，我永远不会放弃那四天的生活，那是我人生中最美好的四天。求求你，千万不要将它们拿走。"

"我希望你说它们很美好。虽然发生了一些事情，但其中经常有美好的一面。如果没有美好的回忆，你不会如此难过。有的女性在分手后伤心过头，会认为没有什么值得怀念。而有时候是另外一种情况，她们憎恨自己。我觉得你对发生的事有这样的感受是非常好的。你说自己已经死了，但你在想念他的时候，似乎又活过来了。"

"如果我不想念他，我就真的死了。我无时无刻不在想念他。我一直在幻想他、感受他。这就是为什么这件事伤我如此之深，为什么谈起他时我会这么难过，为什么来到这儿我会如此紧张。我知道我必须谈论他，实际上我非常想谈谈他。"

在这里，你可以清楚地看到抑郁这一整体行为的思维成分，她如何使用正常的大脑化学成分来思考和感受。

"弗朗西斯卡，你不应该独自承受痛苦，跟我谈谈他会对你有帮助。"

我这样说之后，她似乎放松了一点。她发现自己可以和我谈论他，并且感觉很安全，因为我没有评判她的意思。也许我能使局面更轻松一些，这值得一试。局面变得越沉重，我就越难帮助她。如果可以轻松一点，她就能更清晰地思考。如果一直很沉重，她只会意识到自己的痛苦。

"这就像小说里发生的事，不是吗？就像他把你从青蛙变成公主，而现在你觉得自己又要变回成青蛙了。"

"确实是那样！我讨厌做一只青蛙。我做了太长时间的青蛙，都不敢想象成为一位公主的感觉了。罗伯特进屋讨杯水喝并开始和我聊天的时候，我突然变成了一位公主。我们家人很少谈话。我们都是青蛙，呱呱呱。在家里，我们呱呱呱地说着农场、孩子、父母、比赛、高中、玉米价格和破拖拉机，整天都在呱呱呱。罗伯特对我说，他喜欢我，他一再向我示爱。我从来没有感受过这种爱，我不知道还有这种爱存在。他过着一种自由的生活，带着他的相机四处旅行。我陪着他去那座桥上，他在拍照时询问我的意见。我喜欢艺术氛围浓厚一点的生活。我无法告诉你那四天的生活感觉有多好。当他离开时，我是如此难过。我可以继续生活下去，但那又有什么用呢？他走了，我也死了。"

我理解她的痛苦，但如果这次面谈主要聚焦于痛苦，那么我的作用可能弊大于利。而且是她在说话，"呱呱呱"的描述显示出了些许创造力，这总是令人感到振奋的。但是，我必须找到一种方法让她能看到一些希望。我必须实现我的诺言——努力让她看到即使在这种痛苦的情况下，她仍然拥有一些能让人满意的选择。她不能改变自己或罗伯特所做的事，但她能控制自己现在的选择。我必须设法找到一些她现在想做而且能做的事情，一些只靠她就能实现而且别人无法干涉的事情。这就是解决冲突的方法：不要死盯着这个冲突，而要去关注一些可能实现且不会引起冲突的事情。那会给她一些时间和一线希望。这大概是成功解决冲突的唯一的方法了。世事变迁，大多数冲突早晚会被消解、遗忘。但现在，我要让她看到生活比这个冲突丰富得多。

"弗朗西斯卡，想一想，你为什么选择来找我？你知道我不能改变所发生的一切。"

她沉默了很久，但我已经以积极的方式介绍了"选择"一词。我暗示说，当她最终打通我的电话时，她做出了一个好选择。现在我的工作是引导谈话方向，好让她在这一个小时内能看到确实有好事情发生。我也不知道会发生什么，但我会一直思考，好事会来到我面前，或者她面前。

"我来找你，是因为我必须找人倾诉。你知道，你说过我必须讲出来。在麦迪逊城，没人理解我为什么那么做，我不确定你是否理解我有多么压抑。我家像是被激情燃烧了四天，然后我丈夫回来了，它再次变得冰冷。我曾试着假装没事，但我做不到，我就像一具僵尸。他知道出了一点问题，孩子们也感觉到了，我不能这样继续下去。我不是到这儿来寻找奇迹的，也不是来找你要一个幸福结局的。我现在的感觉是，就算你让我做回青蛙，我也会很满意。"

"我同意你必须讲出来这一点，但要谈的不只是与罗伯特之间发生的事。假设你一年前来到这里，会谈些什么呢？"

"我一年前没有来。青蛙不会去看心理医生。"

青蛙不会去见心理医生。很好，另一个创意火花。我认为我们能够脱离这个痛苦的轨道了。

"这一点你说错了。有许多青蛙来找我，但我帮不了他们。我认为咨询师帮不了一只青蛙。但正如你刚才所说，如果你来找我，意味着你仍然想成为公主。这世上有专门为公主准备的地方，即使是悲惨的公主也一样，我帮助过不少这样的人。"

"这世上没有我的容身之地。我的世界已经和罗伯特一起消失了。"

"你的世界消失了？我不这样认为。如果有人告诉你，你女儿被车撞了，现在正躺在医院，或者你儿子告诉你他女朋友怀孕了，你准备叹息一声并告诉他们'世界已经消失了'吗？弗朗西斯卡，这个世界很丰富，消失的可能是你的婚姻。信使已经来到你身边，这则信息是什么呢？"

"你是在告诉我，我应该离开我丈夫吗？"

"我要告诉你的是，我们必须检视一下你的婚姻。正是因为和罗伯特在一起的四天，你感到自己的婚姻异常沉重。但在他走进门的时候，你又觉得无比兴奋。你是来这儿谈论婚姻的，所以我们最好开始谈它。"

如果我能说服她去检视一下自己的婚姻，我想我们就可以取得一些进展。她无法改变任何与罗伯特有关的事，但能为自己的婚姻做一些努力。如果她打算继续跟理查德过下去，这段婚姻就必须得到改变。她知道，改变并不一定意味着结束这段婚姻，重要的是她要给他发送信息：正如现在所示，婚姻出了问题，而是否结束应该由他们俩共同决定。

"孩子们需要父亲。"

很好。她接受了我的邀请，开始谈论自己与丈夫的关系。那是她能在某种程度上加以控制的事情，而浪费时间谈论她不能控制的事情毫无意义。我应该像再也不会看到她一样尽快展开咨询。时间是宝贵的，我们必须取得一些进展。

"所有的孩子都需要父母。但他们并不需要父母在一起，如果在一起很痛苦的话，你可以考虑一下。你应该想过，如果你和罗伯特一起离开，如果你从他们的生活中退出，他们可能会过得更好。"

"我是想过，但我知道那是一个幻想。我告诉过你，我永远不会跟他走。我不可以离开我的丈夫，我的孩子。我做不到，我告诉过你。"

"我没说过你可以，我是说你考虑过这个问题。你的心有那么一会儿想到了那种可能性。但是罗伯特已经走了，你生命中所有的可能性都跟他走了吗？你过了六个星期，你知道自己的感受。你真的认为自己可以回到原来的生活中吗？"

"我能做点什么呢？我有什么理由离开我丈夫？罗伯特走进我家也并不是他的错。"

"我们不要谈离开的理由了，谈谈你留下来的原因吧。你与理查德在一起时拥有什么呢？"

"我有一个家庭，我有我的孩子们。"

"而以你现在的样子，他们拥有你什么呢？"

"没什么了，一个木讷呆板、已经死掉的女人。"

"对不起，我刚才忘记你已经死了。我现在希望你考虑一下去寻找一种新生活，弗朗西斯卡，这才是我要做的。人们来到这里告诉我，他们原来的生活出问题了，于是我帮助他们找到一种新生活。如果你原来的生活没问题，你就不会与罗伯特上床，他并不是那种花花公子。你们发生关系，是因为他能看到你的生活有问题。你把它们都写在自己脸上了，当他走进门的时候，他不可能看不出来。但问题不仅在于你爱上的罗伯特，更在于一种对新生活的想法。罗伯特已经走了，你也准备放弃对新生活的想法了吗？"

"你真残酷。"

"为什么这么说？"

"用新生活来诱惑我，我现在感觉做一个死人比考虑过新生活更好。你说得好像我能剥去所有痛苦，就像剥一根玉米穗一样。我现在每天勉强度日，甚至无法思考晚饭吃什么。此刻对我来说，新生活好像悬挂在遥远的月亮上。"

你可以看到抑郁的力量，它是如此顽固不化。当我谈论新生活时，她在对抗的是选择抑郁的第三种原因，即逃避。继续抑郁比计划过一种不同的生活要容易得多，更不用说一种全新的生活了。她准备让自己的余生在抑郁中度过，如果我不帮助她，她很可能会这样做。她来到这儿的部分原因是向自己证明心理咨询不能帮助她。我现在说它能，她称之为残酷，这是因为抑郁在起作用，痛苦毁灭了希望。当我知道她可能终生都选择抑郁时，我什么也不说会显得更残酷。如果我能对此做点什么，我就会去做。她说我残酷，是想把我吓跑，但我不会轻易被吓到。她会发现我有多坚持，我想她会喜欢的。

"如果你死了，就不必每天受煎熬了，死亡是不作为的完美借口。

罗伯特让你重获新生，如果他在这儿，他会告诉你：'我走了，弗朗西斯卡，但请你好好生活。'我知道他会这么说的。"

"但你看看都发生了什么，看看我。我今天早晨照镜子，看到了一张死气沉沉的脸。如果这是几天激情生活带来的结果，我不想再有这样的经历了。我知道你在做什么，'事情还没有那么糟，抓住另一次机会吧'，除此之外你还能说什么呢？我不会责备你，你不得不说点什么。你建议我过一种新生活，但那对我来说只是几个词而已。你告诉我，你指的是什么，对我来说新生活是什么样的？"

我已经让她问出了真正的问题，她开始怀疑自己所选择的抑郁。她想要具体的、实在的东西，她在寻求我的帮助。我是仅仅与她谈话，还是可以为她提供点别的什么呢？她想从我这里得到一些东西。她现在表现出了一些兴趣，不那么抑郁了。

"好，我可以告诉你，它应该是一种你有些控制权的生活。对你来说，那才是一种新生活。当你与理查德结婚并从意大利来到这儿时，你放弃了自己仅有的一点控制权，而他控制了局面。站在他的立场上看，他做了所有他该做的事，但它们对你来说也是合适的吗？他想当然地认为，他想要的就是你想要的，这真不是他的错，你什么时候向他表示过异议吗？你对罗伯特也犯了同样的错误：他来到这儿，他爱上你，你爱上他，然后他离开了。我不知道是否还有别人像你那样爱过他，但他也控制了局面。他知道，一旦你与他做爱，你就会把心交给他，他接受了它，然后又丢下它走了。在你们做爱之后，他是否说过：'我的天啊，弗朗西斯卡，你是如此爱我，告诉我你想要什么。我不知道我能不能满足你的愿望，但请告诉我，也许我能做点什么。'"

"从来没人问过我我想要什么，从来没有。我的天啊，你为什么告诉我这些？我感觉糟透了。你怎么能这样对我？怎么能？"

她突然又大哭起来，比之前哭得更厉害了。我没有说任何话，但我准备在她停止哭泣后告诉她一些事。大约五分钟之后，她慢慢地停止了哭泣。

"现在你明白了，你是在为自己有能力改变的事哭泣。你不能改变罗伯特或理查德所做的事或是你们之间发生的事，但你现在可以为自己的生活做一些事。"

"我能做点什么呢？你的意思是什么？我不明白。"

"我是说就像来这儿找我，你就做到了。你没有央求任何人，也没有依赖任何人，而且你没有伤害任何人。世界上没有任何人会因为我们的谈话而受到伤害。这件事是为你自己做的。"

"但如果我决定离婚呢，理查德不会受到伤害吗？"

现在我们处在一个关键点上。此刻，数百万男女都处在同样的关键点上——如果我离开，会不会伤害我的丈夫或妻子？弗朗西斯卡的丈夫当然会受到伤害。但我们也必须回答另一个问题：弗朗西斯卡对自己此刻的感受以及做法不也同样负有责任吗？理查德都是对的，弗朗西斯卡都是错的吗？答案是没有谁全对，也没有谁全错。在我们进化到完美无缺以前，答案都是这样的。弗朗西斯卡的问题不在于她会不会伤害理查德，或者理查德有没有伤害她。这个问题的答案，如果要回答的话，应该是弗朗西斯卡现在能做点什么来帮助自己，也可能是帮助她的婚姻。她选择留下来，她太忠于家庭而不能离开。但是，忠诚不也意味着她接受了一种了无生气的生活吗？而正是这种生活使她走向罗伯特。当她爱上罗伯特时，她改变了自己的生活。现在，如果她做出选择，她能与理查德过上更好的生活，不再像以前一样。要与理查德过上更好的生活，她必须获得他的帮助。他不仅要帮助弗朗西斯卡过上更好的生活，还要帮助他们自己改善婚姻状况，这对理查德而言也意味着更好的生活。这是我为本次咨询设想的方向，也是所有夫妻咨询的方向。我可能未必会成功，但很清楚的一点是：如果没有值得信赖的心理咨询，她可能会一直抑郁下去。

"我们现在不谈做什么会伤害人，我们来看看你能如何帮助自己。

如果你能帮助自己，或许也能帮助理查德。"

"你说帮助自己是什么意思？你是说我要离开农场吗？我在这个农场做了很多事，失去我为他做的一切，他会垮掉的。"

"他会失去从你那里得到的东西，他会失去20多年来你给他的东西。你说得没错，他会变得沮丧。但我说的不是工作，而是他会失去你。如果你像现在这样痛苦，一言不发，对你和他都不公平。告诉他真相吧，告诉他你不开心，跟他在一起时不开心，对农场上的生活不开心，那确实有些残酷。你愿意告诉他这些吗？"

"他不会懂的。他会说：'你在说什么？你以前从不诉苦的，我搞不明白。'"

"那么就告诉他怎么回事。他不在这儿，所以告诉我吧。你会向他抱怨你在农场上的生活吗？这里很安全，你可以说任何想说的话。"

"我会告诉他我不能忍受孤独、吃苦、每天做同样的事，还总要担心天气、害虫和钱。我想与那些不用经营农场或担心农活的人们聊天。我想重新拥有一双柔软的手，时而穿上漂亮的衣服。我不想盯着自己花的每一分钱。看看这件粉红色的连衣裙，这是为我自己买的，也是为罗伯特买的。"

弗朗西斯卡坐在椅子的前半部分上，看着我。她意识到了，事态与她刚走进来时迥然不同了。她刚刚描绘了一种新生活，我必须说点什么，让她考虑采取行动，让她就此忘记罗伯特。

"你想回意大利吗？"

她一定还有亲戚在意大利，她也一定与某些人还有联系。当你需要某人时，当你需要舒适时，家庭就是温暖的港湾。这个问题不会伤害她，而且确实没有。这个问题使她吃惊，但是她喜欢它。她沉默了很长时间，她在思考，但这是有益的思考，可以让她远离罗伯特。

"我已经不考虑这件事了。我提起过几次，但他总说我们负担不起。这个农场似乎吞噬了一切。我已经不再问了。"

"但你没有停止考虑这件事,你想带着孩子们回去看一看。"

现在,我能看到新的局面已经打开。我会继续跟进,或许可以借此让她离开农场。我们都知道她必须离开农场。

"他还会说我们负担不起。"

"告诉他,你会支付一半的钱,而且孩子们也可以做你做的事,他们都长大了,可以劳动了。"

"但我怎么才能挣到一半的钱呢?"

"我不知道,去找份工作,得梅因市有大量的工作机会。到市里也没有那么远,你或许会享受这一段路程的。你可以去职业介绍所,告诉他们你工作很努力。我想你很快就会找到一份工作。也许可以做销售,但这份工作要求你与人打交道,而且要穿漂亮的衣服。你既然来这儿了,今天就出去四处转转吧,不要停滞不前。如果找的工作不适合你,就再找一份,不要勉强接受你不想要的。我希望你下周再来见我,你会来吗?"

"我会来的,我愿意考虑这件事,我感觉好多了。"

"下周的这个时间我有空。在这周内打电话告诉我事情进展如何。请在午后打给我,我通常会在那个时间接电话,我不想让你联系不上我。别怕麻烦我,你需要这样做。你打多久都行,我会陪你聊的。"

我这样处理她的冲突:把她转移到她有一些控制权的领域,即离开农场并开始新的生活。我敢打赌,不在农场工作的农妇和在农场工作的一样多。即使她必须投身其中,要在农场做一些工作,她也能控制自己的大部分生活。一旦她摆脱了冲突,安定下来,就能正确看待这段经历,并可以轻松地谈论它。我想到,她可以找一家旅行社,带旅游团去意大利,但我没有提,因为她还没有准备好。农民一般都会在冬天旅行,而且在那种环境中,她甚至会喜欢与他们在一起。她会是一位不错的向导,她会控制得很好。如果她爱好旅游并喜欢这样做,我会向她提议的。如果我对来访者有建设性意见,我就会毫不犹豫地提出来,由他们决定是接受还是拒绝我的建议。

让我来回顾一下与弗朗西斯卡的面谈。首先，我完全聚焦于当前的问题。我没把她带回与理查德在一起的不幸生活中，也没有让她回到与罗伯特一起生活的幻想中，更没有仔细检视她的童年生活，她为什么离开意大利或者她与父母的关系，这些都没有意义。但现在她需要家人，去了解他们就有意义。我的咨询手段是主攻现在。我不认为回顾过去、找到一些与现在问题对应的因素会有什么用。我也不赞同认为你可以从过去的痛苦中有所收获的传统精神病学方法。当你聚焦于过去时，你所做的就是回顾痛苦。对大多数人来说，有一次穿越痛苦的经历就足够了。你越沉溺于过去，就越倾向于回避当前不愉快的人际关系，而它们才是问题所在。如果我真的要去检视过去，我会探索她有效控制自己生活的那段时间。我们可以从过去的成功而不是痛苦中获取经验。

其次，理查德才是值得谈论的人，他仍然在这里；罗伯特是不值得谈论的，他已经走了，如果他重新露面或者她决定去追随他，那么就有谈论他的必要了。谈论与她生活无关或者与她所做选择无关的人毫无意义。因为她没想过让理查德改变他多年来的生活方式，所以我要做的是让她自己的生活方式有所改变。理查德一定已经注意到她变得郁郁寡欢，而且他可能会表示关心，至少是好奇。

如果她能够坚持到底并告诉他，她已经厌倦了被困在这个"神圣的"农场里，特别是如果她看起来快乐了一点，可能会引起他的注意。我不知道理查德会做什么，但如果他表示支持的话，她就可以与他一起解决问题了，特别是能过上一种农场之外的生活。老狗也能学会新把戏，但是必须接受训练。另外，如果她感到快乐，她将比悲伤时处于更有利的位置。虽然我没有看到她有任何离婚的冲动，但根据我做的事情，你可以看到我认为应该尽早让她开始一种新生活。

在第二次面谈中，她告诉我她曾经是一名教师，不知道现在能否回去任教。我们讨论了这件事以及她放弃这一职业的原因。她告诉我，这是她非常不喜欢的过去的一部分。我们认定，既然她接受过大学教育，又有学区的鼎力推荐，她可以轻松地找到一份好工作。如果她希望，她也能回到学校任教。

在遇到罗伯特之前，她一直强迫自己接受与理查德一起生活的痛苦煎熬。她这样做必然会抑郁。我从来没有暗示或希望在来访者没有改变自己的行为的情况下，他或她生活中的其他人（比如理查德）会做出改变。我在第一次面谈中就确认：我们唯一能够改变的人就是自己，而且人是可以改变的。大多数自己来到心理咨询室的人都是有能力改变自己的，他们在寻找幸福，而不仅仅是快乐。心理咨询师的工作就是看好他们，相信他们能对自己的生活发挥更多主动性。

前来咨询的来访者总认为自己非常无助，咨询师的任务并不是延续他们这一想法。疼痛和痛苦是他们习得的处理自己的无助并让别人知道他们是多么沮丧、难过的方法。没有谁应该眼睁睁看着来访者以选择受苦的方式来控制自己，咨询师就更不应该了。尽管这一论调有悖我们的常识，但痛苦确实是他们的选择，而我们的工作是教他们做出更好的选择。弗朗西斯卡离开我办公室的时候，会考虑做出一个比坐在家里抑郁更好的选择。她所有的能量都在被抑郁消耗着。她不需要药物，也不应该被灌输自己有精神疾病并要依赖于咨询师这一观念。她需要了解的是，她能够自助并开始实施行动。接下来6个月里的10次面谈应该可以让她恢复健康。我们会决定多长时间见一次面，也会把这几次面谈分散开来，以便帮助她处理可能在工作中或与男性相处时产生的问题。

在几次面谈之后，我会开始教给她一些选择理论——没有人能让她痛苦，只有她自己能这样做。当她做出改变时，理查德可能会开始感到抑郁并设法让她留在农场，而她可以向他解释在治疗中学到的选择理论。她可以好好对待他，但要告诉他，她对他或其他人的痛苦不负有责任。她可以要求他来见我，也可以带他一起来，这对他而言是一个学习选择理论的好机会，然后他们就可以一起使用它了。

因为前来咨询的人都至少有一段让自己不满意的人际关系，所以咨询师有义务与所有来访者建立良好的关系，让他们知道有人关心他们，只要他们愿意诉说、倾听和思考所发生的事，咨询师就能够帮助他们。所有的来访者在走进咨询室时都是孤独的，都需要有一个朋友，需要与他们的咨询师结盟。随着咨询的进展，咨询师要教给来访者，就像我开始教弗朗西斯卡一样：他们要对自己的生活负责，虽然他人可能会做出改变，但他们不能依赖他人。

在真实的世界中，有些人在人际关系中就是比别人付出得更多，让来访者知道生活是不公平的也很重要。如果心理咨询获得成功，来访者会努力改善原来的人际关系或者创造更好的新人际关系。为了幸福的生活，我们都需要一些优质、亲密的人际关系，我们的基因要求自己终生致力于此。

第七章 创造力

我身穿白色太空服，戴着头盔，准备乘坐即将发射的飞船去往太空。但我人还在辛辛那提，必须赶到代顿市的赖特·帕特森空军基地，而飞船几小时后就要起飞了。我一点也不奇怪飞船现在要从代顿市起飞，但我不明白国家航空航天局为什么没有安排人把我送到代顿市。不过，他们通知我，最好的办法是乘坐公共交通，于是我上了一辆城市巴士。因为穿着太空服，人们都盯着我看，但没人品头论足。我不停地换乘巴士，但似乎没有一辆要去往代顿市。我变得越来越急躁，我注定赶不上飞船了。我不停地请求人们帮忙，但他们只是耸耸肩，似乎对我的问题没有半点兴趣。

那是一场梦，我几年前在辛辛那提做过的梦。它是如此栩栩如生，如此令人沮丧，以至于我至今难忘。我们都做过梦，而且许多梦都有这样的主题：拼命地做某件似乎永远不会成功的事。做梦的时候，它们看起来如此真实，即使梦境与现实可能没什么关系。梦像所有的行为一样，也是整体行为。它们应该被称为"做梦"，而且，既然它们发生在我们头脑里，其主要部分是整体行为中的思维成分。在梦中，我大部分时间在行动，但我也在思考如何到代顿市去，我还感受到了受挫的痛苦，我的生理情况对我所做的事来说当然是正常的。

我提到那场梦，不是因为它在我的生活中有多重要，而是因为它生动地说明了我们多么富有创造力。梦没有边界，缺乏逻辑，也不需要任何所谓的现实基础。在梦里任何事都可能发生，但它在发生时似乎又是有意义的。在那个梦里，我确信只要我能准时到达代顿市，就能踏上征途，去往外太空。尽管研究者认为，梦能保护我们在睡眠时得到最大限度的休息，但本章要讲的是梦所代表的内在创造力。

没有创造力的生活几乎是没有意义的。只有服用某些治疗精神病的药物或者患上帕金森综合征会使我们失去进行创造性活动的能力，在其他情况下丧失创造力这件事永远不可能发生——因为人类大脑里有一个创造力系统，能为我们所有的整体行为增添创造性。在我们睡觉做梦时，这个创造力系统可能在运转；但在我们清醒时，它的作用会重要得多。它可以为整体行为中的任一成分增添创造性。

在伟大的运动员、舞蹈家、外科医生以及特技演员的动作中，我们可以清楚地看见这个创造力系统。我想迈克尔·乔丹应该是在世的最具创造力的运动员之一。而正是创造性思维使伟大的思想家、艺术家、音乐家和科学家与我们平常人有所不同，他们的名字可以写满一整本书，爱因斯坦、莎士比亚、莫扎特和梵·高是这一群人的典范。那些伟大的演员创造和表达情感（感受）的能力令观众着迷不已。我们也有一些近期的关于创造力的生理学案例——有些已被放弃治疗的患者充满创造性地从危重疾病中恢复过来，而医学对此无法做出解释。

这些都是创造力系统作用的非凡榜样，但我在本章要解释的是，当这个系统通过创造痛苦和自我毁灭的整体行为而运行时，它也可以使我们遭受巨大的伤害。当我们想要满意的人际关系却求之不得时，这种具有破坏性的创造力往往就会表现出来。

举个例子，当我们感到孤独时，就像弗朗西斯卡在罗伯特离开时的表现一样，我们无法做出任何有效的努力来修复这个创伤。但是，我们做不出什么有效的事，并不意味着我们什么也不会做。我们的创造性系统正是为这种情形而进化的。它从不关闭，也从不放弃，总是不断尝试帮助我们处理孤独或者其他情况——要么为我们已有的行为增添创造性，要么在既定情境中创造一种更有效的新行为。

在许多情况下，创造性系统提供了新的行动和思维，不过如果我们认为它们会使事情变得更糟，我们也可以拒绝。拒绝它所提供的新方法并不容易，我们经常使用心理咨询来自助。但实际上，我们对自己的行动和思维通常有足够的自主控制，特别是在我们知道自己有选择时。在此，我要谈论的主要是创造力在以下情形中提供的行动和思维方式：当我们产生前所未有的暴力或自杀的思维和采取此类行动时；当我们产生精神错乱或疯癫的思维，或者患上所谓的精神分裂症或双相情感障碍时；当我们沉迷于一个孤独者的常见行为时；当我们重新经历创伤情境时，就像在创伤后应激障碍中那样。这些时候，我们是在痛苦却具有创造性地处理它们。在大多数情况下，通过改善我们的人际关系，我们或许可以拒绝这些思维方式和行动的诱惑。许多人都是这样做的。在本章后的章节中，我会更详细地讨论这些情况。

当我们感到孤独或沮丧时，创造力系统也可以给我们提供新的感受。抑郁是最常见的，除此之外还有焦虑、头痛、背痛以及其他痛苦的感受。虽然我们无法拒绝这些感受——我们对自己的感受没有直接的控制——但我们可以尝试改善当前的人际关系或寻找更令人满意的新关系，是否进行心理咨询不是关键。这正是第四章中我的来访者所做的，也是在上一章中弗朗西斯卡开始思考的。

当创造力系统提供了新的但具有破坏性的生理状况时，我们很难拒绝这种提供物。如果我们不知道改善人际关系可以减缓或停止这一破坏过程，可能就要遭受巨大的痛苦。这种遭受破坏的生理状况中最常见的例子就是自身免疫性疾病，比如风湿性关节炎。尽管这个过程破坏性极强，而且让人迷惑，但我仍然相信，我们可以做出有益的选择。我将用心身疾病这个概括性的标题来描述这一过程。

心身疾病：创造力的黑暗面

我们无法预测这类疾病何时会发生，或者当生活失控到什么程度时会发生。举个例子,只有当风湿性关节炎出现时,我们才发现自己患上了它。但如果我在这里的解释是对的,我们就可以靠自己或者借助心理咨询来做些有用的事了——第一时间指认正在发挥破坏性的创造力。我想要强调的是,我建议的任何事情都是无害的,而且我劝告所有这类疾病的患者接受医治并遵从医嘱。

大多数医生相信,成人风湿性关节炎是患者的免疫系统袭击自身的关节引起的,好像这些关节是外来物一样。换句话说,他们的创造力系统发现了一种外来攻击,于是正在设法保护这些人免受伤害。如果我们能设法终止这种误导性的创造力,成千上万遭受这种疾病以及许多其他残酷疾病(所谓自身免疫性疾病)之苦的人就可以得到帮助。只要及早阻止这些侵袭,这种疾病是可以被治愈的。

诺曼·卡森斯(Norman Cousins)就成功地击退了这种袭击。他在《笑是治病的良药》(*Anatomy of an Illness*)一书中详细描述,当背部开始感到僵硬和疼痛时,他被诊断为患有严重的强直性脊柱炎,或者叫脊椎风湿性关节炎。医生告诉他,如果病情发展下去,他可能会因为脊椎严重弯曲和疼痛而瘫痪。疼痛和炎症可能最终会消失,此类疾病的许多病程都有这种表现,但残疾可能是终生的。

医生告诉他,医学手段对他已经无能为力了。他没有必要待在医院,即使在疾病的严重时期。因此,他离开医院并选择了一种"养生法",它似乎让他在医学意义上获得了根治。他所做的事与免疫系统似乎没有直接关系,但它与更有效地控制生活有很大关系。

卡森斯对自己病情的解释表明他对生活中的某些重大事件失去了控制。卡森斯是一位政界要人,习惯人们聆听他的发言并表示赞赏,不过一些外国官员却忽视他,而这些人对他的某一项世界援助计划非常重要。在他的优质世界中,自己作为一名权威人士的画面受到了严重打击,他很快对生活失去了有效控制。他的创造力系统也参与了运作,我们每次受挫时都会发生这样的事。但这种参与没有针对整体行为中的思维或行动，而是针对他的免疫系统（生理表现）中的一个重要部分。免疫系统开始侵袭和损害他的脊椎，好像它是一个外来物。

我对此的解释是，免疫系统的主要目的是保护人们免受外界（比如细菌、病毒和毒物）的侵略，而他的免疫系统误解了他的失控，并认为他正遭受细菌或病毒的侵袭。当我们因细菌或病毒侵袭带来严重感染而生病时，这种想法确实是正确的。我经常听到人们说："我正在与重感冒做斗争或者全力对付流行感冒。"但人们也会说："我正在为挽救婚姻、工作、名声、信仰和生活方式而斗争。"

这是一种很常见的思维方式，由此可以合理地推断卡森斯有这样的想法：我必须关注自己的思维，将它看作对我努力完成的重要工作的损害。因为免疫系统只能读取思维的生理部分，所以它不知道任何一种思维背后的心理活动。它可能将这种被侵袭的思维的生理表现与真实细菌袭击时的生理表现混为一谈。当然，免疫系统因为这种思维而变得警觉并开始搜寻不存在的微生物，这个过程完全是可能的。

虽然没有找到微生物，但免疫系统不想逃避职责，它莫名其妙地盯上了某个器官或身体的某一部分并侵袭它，就好像它真的受到了微生物或细菌的侵害一样。实验结果可以证实我的解释：一个对草莓过敏的人走进贴着草莓图案壁纸的房间，可能会突然出现荨麻疹。这种荨麻疹就是过于活跃的免疫系统导致的。风湿性关节炎的病理学几乎与此一模一样，好像这些关节真的被细菌感染了。在医学上，这种不可思议的现象被称作"无菌感染"。

不知出于什么原因，成人的关节似乎总是自身免疫系统的首要目标；而且无论它侵袭的是什么关节，风湿性关节炎可能都是最常见的自身免疫性疾病。其他目标器官及其相应的自身免疫性疾病有：皮肤—硬皮病，肾脏—血管球性肾炎，血管—动脉外膜炎和红斑狼疮，肺部—成人哮喘，神经脱髓鞘—多发性硬化症，以及许多其他常见疾病。

1997年4月4日《洛杉矶时报》的一则新闻报道说，医学研究者似乎发现了一种新的广泛传播的自身免疫性疾病，会令免疫系统侵袭冠状动脉。这篇文章开头写道："人体自身的免疫系统对冠状动脉一次微小但意外的袭击可能是一半心脏病和冠状动脉病例的起因。这也解释了为什么阿司匹林预防心脏病发作如此有效。"在这篇文章的结尾，纽约西奈山医疗中心的瓦伦特·弗斯特医生提供了他的看法："这种炎症可能是对在血管壁上积累的少量胆固醇的一种反应。"我从这项研究和瓦伦特·弗斯特的观点得出结论：免疫系统可能将这种冠状动脉内壁上常见的甚至是正常的、在人体中随年龄而累积的胆固醇误认为是一种体外物。

这个结论为少数几位医生（包括我）猜测多年的问题提供了有力证据。在以前一本关于创造力的书——《有效控制你的人生》（*Take Effective Control of Your Life*）中，我写过如下的话：

> 心血管系统连续紧张多年后，急速通过动脉的血液开始侵蚀动脉壁并产生粗糙点。已经开始循环的过量的凝血元素被这些粗糙点围困，并开始在这些位置形成小血块。免疫系统"看见"一个不该在那儿的血块，于是莫名其妙（没人知道为什么）地变得具有疯狂的创造力并袭击血块，就好像它是一个外来物。这样很快使血块变得发炎并肿大，而发炎又扩大了血块，就像皮肤上的伤疤总比一开始的血块要大一样。久而久之，血块通过这种反复的过程继续扩大，直至阻碍血液流过动脉。

弗斯特描述的"少量胆固醇"可能是我上文提到的"粗糙点"的一部分。上文其余部分说的是众所周知的发炎过程，包括血液中凝血元素的增殖。心脏病患者往往会服用抗凝血药物（比如华法林钠）减少血液中的凝血元素。近些年来，阿司匹林这种消炎药经常被用作治疗。你可以在上述描写中看出，关于这种自我毁灭（我称之为"疯狂的创造力"）在冠状动脉疾病中扮演的角色，我已经思考了很长时间。

当医生告诉你，你患有一种自身免疫性疾病，他或她是说，这种病是由你的免疫系统侵袭某个身体部位导致的。卡森斯无法直接干预自己免疫系统的作为，那时他甚至不知道发生了什么。他只知道自己感到痛苦，并认为自己可以对它做点什么来改变现状。

他决定离开医院，住进舒适的纽约广场酒店。他聘请了一些快乐而负责的护士，享用丰盛的美食，邀请他的朋友艾伦·冯特前来并给他带来一些有点俗、不会在电视上播出的录像带。卡森斯观看这些录像带并大笑不止。丰盛的美食、负责的护士、好友的陪伴以及大量的欢笑让他发现自己没必要因为被几个几乎不认识的外国人拒绝后就感觉像到了世界末日一样。他不再对发生的事感到烦躁了，并恢复了对生活的有效控制，他的创造力系统也停止刺激免疫系统，他很快恢复了正常，疾病也没有复发。

卡森斯在书中写道，他服用了大量的维生素C并坚持去见他的医生。但是，他服用维生素C是听从了莱纳斯·鲍林——一位著名物理学家而不是医生的建议。没有迹象表明这是一种对风湿性关节炎的有效治疗。不过卡森斯相信维生素C，并说他不只是通过大笑恢复健康的。

任何患有风湿性关节炎或者遭受其他破坏性创造力之苦的人，都可以尝试对自己的生活采取更有效的控制。即使卡森斯的做法似乎对他很有效（当然，他的"养生法"从来没有得到科学证明），但这不是唯一的方法。我还建议，当你意识到自己的免疫系统损害了正常的生理活动时，尽力去改善那些令人沮丧的人际关系吧，它们可能是这些情况的诱因。

尽管看起来很简单，但大多数心身疾病患者还不曾考虑卡森斯的做法，也没有想到要找一位了解选择理论的心理咨询师帮忙，后者可能更简单，而且同样有效。生病后，人们经常会犯逻辑错误，将全部精力放在自己无能为力的疾病症状上。相反，我建议他们把同样的时间花在生活中可能没有得到有效控制的人际关系上。

让我们所有的人际关系都处于有效控制下是很难的，通常只要某些人际关系令人满意，差别并不会太大。但当你生病时，回顾一下你所有的人际关系是一个好主意。有些关系可能痛苦到你不愿去承认。你可以自己回顾这些人际关系，也可以让你信任的朋友或家人来帮忙，如果你的医生有空，可以和他或她一起做，最好是请一位值得信赖的心理咨询师来帮忙。

为了阐明心理咨询师可以做什么，我想与你分享我曾经遇到的最具戏剧性的一件事，它发生在1956年，当时我在西洛杉矶的沃兹沃思退伍军人管理局医院担任住院医生。一个40岁的男性过去十年来一直患有难以治愈的哮喘，试过所有叫得上名字的药物却没什么效果。他的肺部伤痕累累且受到阻塞，就好像他的免疫系统一直在侵袭毛细支气管。他呼吸困难，说话也很困难。在频繁发作期间，为了活下去，他每周要使用呼吸器一至两次。打电话给我的住院医生告诉我，他的病情没什么希望，但如果我想帮助他，可以来见见他。

这个男人根本没有人际关系而言。他和哥哥开了一家干洗店，但他只能干很少的活儿，所以他们关系很差。他入院已有六个星期，医务人员怀疑他能否康复出院。这个男人很少说话，但我很有耐心，并告诉他尽管很难，我还是决定对他进行心理咨询。

几个星期来，我几乎每天都见他，我们逐渐变得熟悉。他一直告诉我这样没有用，他需要好的医疗服务而不是一个心理医生，但我仍然坚持。在面谈期间，他有好几次轻微发作，无法呼吸，以手势央求我让他回到病房。但我告诉他，即使他不能说话，这是我们俩的时间，在结束之前我不希望他回病房。

他似乎好了一点，我受到了鼓励。但后来他有一次严重发作，以至于我不得不叫来工作人员，给他戴上呼吸器并推他回到病房。我想是他选择了这次发作，他想离开我，避而不谈当前的生活。我决定当他下次发作时，我会继续咨询，即使他戴上呼吸器，还可以用手势或点头对我的观点进行回应。下一次发作是最严重的一次。呼吸小组人员不停地泵压，但似乎还不能输送足够的氧气，他脸色开始变紫。呼吸小组人员、住院医生，当然还有病人都认为我疯了。我没有理会他们，继续咨询，可以看出，他的表情越来越绝望。

这样大约持续了20分钟，他突然把呼吸器从脸上扯掉，对我大叫道："看在上帝的分上，我快死了！你他妈不能让我自己待一会儿吗？"

我说："不，我不会留下你一个人。你需要心理咨询，而且我不准备放弃。你现在似乎还不错，让我们继续吧。"

他没事了。他那由于缺氧而变得黑紫的脸有了一点血色，而且在脾气爆发之后，他的呼吸似乎更轻松了，比我看到的任何一次都要好。我们继续咨询，他的呼吸状况有了极大好转。

这个男人在医院又住了两个星期以恢复体力，后来他出院了。他的肺部受到严重损害，必须缓慢行走，但他可以顺畅地呼吸，足以照顾自己。他作为门诊病人回来见过我三四次，并说他可以自己处理问题了。

这次治疗的关键在于，他试图把我推开而我不予理会。当我坚持不懈时，好像发生了一些让他出乎意料的事。他尽了最大努力，但还是没能让我拒绝他。我帮他夺回了一点控制权，这就足够了。虽然他的肺部损坏了，但他能够呼吸并照顾自己。优秀的心理咨询蕴含着巨大的力量，住院医生们见到那戏剧性的一幕都惊呆了，说实话我也是。我学会了永不言弃，而且我做到了。

现在我将进入更细节的部分，好让你看清选择理论如何应用于我在努力阐释的案例。我再次声明：即使我的建议没有帮助，它也不会有害处，了解这一点很重要。它是免费的，或者花不了多少钱——这取决于你是自己运用它还是寻求几个月的心理咨询。几个月的时间足够了，特别是当咨询中应用了选择理论时。选择理论会解释问题可能出在哪里，以及来访者能做什么，好在未来更好地应对此类情况。

当面对人际关系中的巨大挫折时，正如诺曼·卡森斯、患哮喘的老兵和弗朗西斯卡的情况，我们不知道能做什么来减少这种挫折。我们搜寻自己的记忆，寻找在过去让我们有所缓解的旧行为。我们几乎总能很快找到抑郁——一个在儿时习得的熟悉的行为。我确定卡森斯、哮喘老兵和弗朗西斯卡在生活失控时都是严重抑郁的。但抑郁并不是一种有效的行为，它会带来伤害和停滞。然而，相比其他我们所知的东西，它还是给了我们更多安慰。原因有以下三点：

第一，抑郁以及所有其他有症状表现的行为，包括关节炎，都抑制了大量愤怒，这些愤怒释放出来会使事情变得更糟。第二，这些行为中包含强烈的求助信息，而很多时候靠谱的心理咨询是有效的。如果我们患有自身免疫性疾病，医生可能会建议或推荐心理咨询，这么做会对我们有所帮助。第三，这些行为使我们避免做一些自己担心可能失败的事情。表现抑郁或生病比寻找一段新关系或一份新工作要容易得多，特别是在我们有过被拒绝的经历的前提下，我们大多数人都有过这样的经历。

尽管抑郁给了我们一些控制，但这样做要付出巨大的代价：痛苦。每次抑郁的时候，痛苦和持续的沮丧会迫使我们去寻找更好的行为。即使我们看上去对于发生的事顺其自然，但事实上并没有。人类的基因不会在没有创造力系统参与的情况下接受重大的挫折，比如不满意的人际关系。我们的创造力系统可能想不出什么有效的做法，相反，它可能想出一些在心理或身体上比抑郁更有害的事情。但无论它做什么，其目的都是试图找到一个新的、能解决一些问题的整体行为。

然而，许多人找不到对生活恢复有效控制的方法，或者有各种理由维持一段不满意的关系，从而选择在今后的生活中抑郁。他们可能有一些其他症状，这很常见；但像关节炎这样的新症状足以让他们控制自己的生活，以至于他们不再选择抑郁。

在咨询中，我曾经接待过两位这样的女士。关节炎给了她们一些有形的东西去对抗，让她们可以尝试去做一些事。不多，但有事可做。她们不愿意与自己不满意的婚姻做斗争。她们不打算离开，不想改变与其丈夫相处的方式。

但除了生理行为之外,更常见的是创造力系统提供一种甚至是一组心理上的行动、思维和感受。精神科医生把这些整体行为和抑郁一起统称为精神疾病。这些整体行为当中有许多被划入神经症、精神病或者没有生理原因的身体疼痛(比如头痛或背痛)中。

如果它们只是个人心理上的,即使在心理咨询的帮助下,我们也可能永远都不会发现自己选择它们的原因,但它们几乎总是与人际关系问题有很大关系。问题不一定总是跟爱情有关,也可能是我们想要更多的关心或者更少的束缚,但无论是什么,一定有一段重要的关系出问题了。如果你从寻找不满意的人际关系入手,那么你就做对了。这正是我们疯狂行为的常用伎俩。

但是,我们有这些所谓的精神疾病行为的选项,并不意味着我们必须接受它们。在精神病的情况下,我们的创造力系统提供了幻觉和妄想,甚至身体上的创造性(比如紧张症),而且它们太强烈了,我们很难不去接受。如果我们的生活早已失去控制,拒绝它们几乎是不可能的。我们需要抑制愤怒。我们总想获得帮助,而且可以借助这些症状来避免照顾自己,避免寻找或维持一段新的、必需的人际关系。优质的心理咨询经常能够劝服我们不再接受这种心理创造力的选项。但即使没有心理咨询的帮助,也不是每个选择接受疯狂的人都会停留在这个状态。

如今,有许多正常人会在生活中偶尔疯狂。还有许多人曾经选择了抑郁、恐惧、强迫、焦虑、惊恐以及没有生理基础的疼痛,但现在他们不再这样做了。有些人开始靠自己拒绝这些创造性的选项,也有许多人开始去见心理咨询师。在心理咨询的帮助下,他们可以对自己的生活获得足够有效的控制,这样就不会再选择那些行为了。最后,创造力系统可能会提供自杀的想法:一劳永逸地摆脱问题和痛苦。选择自杀的人们做出了最后的创造性举动。但如果有心理咨询这一选项,他们当中许多人会很欢迎它并避免走到最后一步。

下面这个案例是我做精神病学住院医生的第一个月里接待的,它阐明了我的观点：疯狂是一种被人接受的选项，如果一个人认为它在某种情形下不起作用，也可以拒绝接受这个选项。1954年，我在西洛杉矶的布伦特伍德退伍军人医院巡视病房。这些病人都被诊断为患有精神分裂症，其中一名男性的妄想行为非常可怕。每天早晨，当我巡视病房时，他都会咒骂我。当我靠近他时，他就向地板上吐唾沫。他攻击性很强，一直朝我大叫，目的是让臆想中的猴子离开他的后背，那只猴子正在把他的肉从骨头上撕下来。他的举动就好像那只猴子真实存在一样，他痛苦地大声哭喊，骂我是如此不称职的一位医生，对这只小动物束手无策，让它把他的人生变成活生生的地狱。

我对这种问题没有任何经验，而且我对他有点害怕。他参加过第二次世界大战，这些症状在他离开部队后不久就开始了。我害怕靠近他，而且无论多么努力，我都没能与他说上话。三个月过去了，有一天他没有吓唬我，甚至没有提到猴子，而是礼貌地问我巡视结束后能否在办公室里见他。我有些惴惴不安，但护工说可以，他会站在一边。我被这种彻底的转变迷惑了，但也很好奇。巡视结束后，我招呼他来我的办公室，就在病房旁边，离他通常待的地方12米远。

他以完全正常的口吻告诉我，他觉得自己生病了，并要求我检查他的身体。他说，他感觉有点发热，呼吸困难。我摸了下他的额头，确实很烫。然后我试着听他的肺部，就好像在听一堵砖墙一样。他患上了大叶性肺炎，我告诉他必须到医疗病房去，我们无法在精神病病房里治疗他。因为抗生素的使用，这种疾病现在很少见，而且我以前从没遇到过。

我和他一起走到附近一栋楼的医疗病房，途中他没有表现出任何精神病的迹象。他一直感谢我对他这么好。我将他介绍给内科医生，他证实了我的诊断并感谢我对病人的照料。他们当中有些人也从没见到这种疾病。接下来的两周里，他一直待在医疗病房里，我遵守承诺，每天都去看他，而他一直没表现出任何疯癫的迹象。医疗部的住院医生都不相信他患有精神病，事实上他是我见过的疯狂程度最高的病人，而且他确实需要回精神病病房。但我没能说服他们,而且还因为把一个正常人留在医院而受到了许多嘲笑。

如果我那时知道的和现在一样多,看到这个病人有能力选择停止疯癫时,我想我可以帮助他。但我那时不知道该做什么,其他人也不知道。渐渐地,那只猴子又出现了,他所有的症状又回来了,但每当我巡视时,他总是对我彬彬有礼。他一直告诉我,他在医疗病房里得到了很好的治疗。他仍然跟我讲那只猴子,但没有再骂我不称职或者责备我没有缓解他的痛苦。我尝试与他一起工作,但我不知道能做什么。我想他已经把我放进了他的优质世界,如果是今天,我可以利用这个事实进一步帮助他。

我相信他的言行完全出自他的创造力系统,大多数严重精神病患者都是如此,但他能选择在医疗病房的那几个星期里关闭创造力系统。我的猜测是,存活下去比他选择的任何精神病问题都重要。在治愈肺炎之后,他选择了回到疯癫状态而不是尝试解决问题,但与我在一起时,他仍能选择一些理智,没有像以前那样疯癫。这是服用精神病药物之前的日子,后来的一些药物可能帮到了他。在做住院医生期间,我学会了如何处理像他那样的人。一年后,在服务期满的最后四个月里,我借助现实疗法的雏形,成功让我接手的36名病人中的32人出院了。他们当中许多人疯癫了很多年,但除了四个人外,所有人都正常出院了。

我的方法之一就是花时间与病人们在一起,与他们亲近,然后请求他们:"假装正常一点跟我在一起。我对你的疯癫没有兴趣。"我甚至说服了最疯狂的人每天做大量正常的事情。他们吃饭、睡觉、吸烟、看电视、上厕所、打扫房间并接受各种疗法(比如艺术和手工,许多人做得相当好)。当我要求他们与我以及他们喜欢的人正常相处时,我并没有要求他们做出比精神病院里的表现更正常的行为。以我的经验来看,在一家好医院的安全界限内,帮助人们摆脱创造力系统的控制并不是一件难事。真正困难的是,当他们出院时,指导他们走向更好的人际关系,他们需要这种关系来停止疯癫。精神病院的主要目的应该是照顾患者的身体需求，为他们提供所需要的良好人际关系，并让他们在出院时能与人亲密、融洽相处。

让我回到弗朗西斯卡的例子，用她的沮丧来阐明创造力系统还会以什么方式破坏生活以及我们可以对它做点什么。我用弗朗西斯卡这个例子，是因为几乎没有哪位已婚女士不曾这样想过：如果与其他人在一起，我的人生会比现在好得多。这种基于简单想法的行动，在成千上万的书籍、戏剧和电影中得到了悲剧性的描绘。

在弗朗西斯卡的例子中，丈夫理查德多年来没有作为一个爱人出现在她的优质世界中，她在农场上的生活也是如此。但她能够接受这个现状，因为她的优质世界里没有一幅关于更好的生活、让她感到迫切需要的画面。此时支撑她的是这样一幅画面：她的孩子们过得好，他们需要她；如果没有爱的话，她至少可以做一位忠诚的妻子。

她采用长期轻微的抑郁来处理自己对理查德和农场生活的不满。她选择的抑郁满足了抑郁三大原因中的第一条——它抑制了她的愤怒——而这对她而言足够了，她的愤怒一旦爆发，会使现状更糟糕。其他两个原因在此没有得到应用。她不需要帮助，而且除了保持现在的生活之外她没有想过做任何事情。她选择的抑郁水平足够控制她的生活，因此创造力系统没有介入生理方面。她很健康，不会发疯。而且在罗伯特到来之前，她没有选择做任何可能被视为精神疾病或者变态的事情。

跟罗伯特在一起的四天，扰乱了弗朗西斯卡维持多年的脆弱平衡。此后，为了抑制愤怒和保持现状，她不得不陷入更深的抑郁。她感觉很糟糕，在农场里几乎什么都做不了，而且她担心自己不能继续与理查德生活下去了。现在她的优质世界中有了一幅与罗伯特一起生活的愉快画面，这幅画面与她维持多年的贤妻良母的画面相当不协调。

弗朗西斯卡处于冲突之中，这是目前为止我们能够承受的最严重的挫折，因为没有好的解决办法。不管是选择理查德还是罗伯特，都避免不了痛苦。她正在设法变得严重抑郁，从而让自己不去考虑该怎么选择。

她认识到与罗伯特一起生活是一幅不可能实现的画面,她还说在这种情况下自己不可能离开这个家,而且她确实没有。

她所有的精力都花费在抑郁上,而且她无法做其他事。她想就自己的感受和农场日常工作的困难获得一些帮助。在第一次面谈时,她说如果我能够帮助她回到温和的抑郁中,即她已选择多年的作为一只青蛙的生活,她就会感到满意。问题是,我们的优质世界认识不到有些画面是不可能实现的。如果一幅画面在优质世界中,我们就会想方设法在现实世界中尽快实现它。我们要停止对那幅画面念念不忘的唯一的方法就是将其从优质世界中删除。

当弗朗西斯卡来见我时,她还没想过要找一幅画面来代替罗伯特,她甚至不想这样做。她的优质世界中只有罗伯特,没有别人或任何东西,但因为她知道这是不可能的,所以她在创造性地处理这种不可能。她的创造力系统告诉自己:"弗朗西斯卡,抛弃那种没有罗伯特的生活吧。没有他,你只能过行尸走肉的日子,实际上你已经死了。"这听起来可能没什么创造性,但大多数人不愿这么想,更不愿这么说。如果"死"是不能再做任何事,不能再感受任何东西,那么当我看到弗朗西斯卡时,她正在努力实现这件事情。

在咨询的过程中,我设法帮助她去看另一幅画面——不是关于性或爱的,而是一幅可以满足她某些需求的画面——一种在农场之外的社交生活,她在其中会享有一些权力,人们会听她说话并尊重她的话语和行动。我相信,如果她能有这样的生活并享受它,她最终可能会放弃关于罗伯特的画面或者带着它更好地生活。时间会告诉我们那种情况是否会发生,而我和她只进行过有限的几次会面。

在沃勒的小说中,弗朗西斯卡没有寻求心理咨询。她通过选择抑郁来处理自己的生活,抑郁充分地抑制了她的愤怒,让她可以做一位贤妻良母。写日记帮助她去接纳自己拥有的生活。她心中涌现了一种创造性幻想:我的孩子们会在我死后阅读这本日记,会因为我选择留在家里而更好地理解我、尊重我，并了解我放弃罗伯特有多么艰难。它也会提醒他们，罗伯特没有忘记她。罗伯特在去世前把自己的物品寄给她，包括那张她写好并钉在桥上的便笺，正是这张便笺将他们带到了一起。这一切，尤其是痛苦，都是非常浪漫的，那正是沃勒的意图。我喜欢这本书。我被这个女人，被她曾经拥有却又放弃的爱情深深打动。

还有一件事帮助弗朗西斯卡控制了自己的生活：她和邻居德兰尼太太建立了亲密的友谊。德兰尼太太与她有类似的经历，但因为没能保守住秘密而遭到她们所在的保守社区的排斥。这两个女人走到了一起，保持着亲近的关系，直到弗朗西斯卡去世。

小说中的弗朗西斯卡经历或者没有经历什么并不重要。我想讨论的是，那些可能发生在她或其他长期悲伤的人身上的事情，以及创造力系统如何以破坏性的方式介入我们的行为。让我们从谈过的自身免疫性疾病简单地说起吧。

如果在罗伯特离开几个月之后，弗朗西斯卡的免疫系统开始变得疯狂，她可能会注意到自己的手指变得非常疼痛、浮肿、充血并难以动弹。连理查德可能都会注意到并告诉她："你应该去看医生。"她的家庭医生会立即意识到，她处在风湿性关节炎的早期阶段。他会进行各种检查并拍 X 光片，提醒她血沉过高，并确认诊断。

他或许已经为她推荐了得梅因的一位专家。在几次检查之后，这位专家可能会让她开始服用消炎药，但这种治疗只能缓解症状，并不能彻底治愈疾病。专家可能问过她，生活中是否有什么烦心事，但她不大可能告诉他关于罗伯特的事情。为什么要冒险遭受他的谴责呢？而且罗伯特也走了，说他又有什么用呢？

每当遭受挫折时，我们的生理状况不可能置身事外，它不可能对整体行为的行动、思维和感受部分说："你们这些家伙来点创造力吧，搞定它，让我待在一边就行。"所以在弗朗西斯卡的例子中，她的生理表现部分也会参与作用。我治疗过风湿性关节炎患者，我了解他们有非常令人失望的人际关系，经常明显对婚姻不满意，但又试图不惜一切代价保住它。他们不能冒险生气甚至抑郁，因为这样做可能会损害他们维持的人际关系，也许会失去它。

要处理这些挫折并非易事，我不是在暗示如果弗朗西斯卡患上风湿性关节炎并来找我，我就能够帮助她。如果她没有告诉我罗伯特的事，我仍会探究她某一段人际关系的破裂（我相信大多数长期悲伤背后都有此类因素），并设法帮助她处理它。如果她能顺利地解决这个挫折，就像她在咨询中开始做的，那么她的关节炎很可能不会恶化，而且会得到改善甚至消失。如果你能用选择理论去改善或消除不愉快的人际关系，那么你就有机会帮助自己。

弗朗西斯卡不太可能成为精神病患者，因为她既能建立良好的人际关系，又能照顾自己和家庭。那些成为精神病的人经常缺乏欲望，他们的特征与无业者类似。他们想要良好的人际关系，但又不能给别人足够的关心来获取这种关系。我碰到过太多这样的人，他们通过选择精神病来处理不满意的生活。

有些精神病患者想要被人照顾，他们不相信自己可以照顾自己。如果他们能在良好的环境中生活，能在其中逐渐接触真实世界的要求，得到的帮助经常不亚于有效的心理咨询给他们的。他们需要一个感觉安全并且可以与人交谈的地方，这个地方不一定是一家医院。

有趣的是，那些能够控制幻觉和妄想的精神治疗药物总会严重麻痹创造力系统，甚至会伤害肌肉组织。这种情况可以在类帕金森式步态和其他大量服用精神类药物导致的症状中见到。在大剂量精神类药物的影响下，许多人失去了平稳活动的能力，他们的面部表情变得不自然，而且声音也可能改变并缺乏音色。尽管这些药物可以通过麻痹创造力系统而减少疯狂的创造力，但它们没有真正地解决问题。我不是在建议人们不使用这些药物，而是说要理解这种情况几乎总要研究受挫的关系。我的经验是：如果用心理咨询来处理这个问题，那些程度较轻或是得到关心的患者可以不再选择精神病，可以生活得更好，尽管这种生活在某种程度上需要依赖他人。

双相情感障碍或躁郁症（前面描述无业者时讨论过）是疯狂创造力的另一种形式。然而，它不仅局限于无业者，一些成功人士在人际关系极为糟糕时也会选择这种起伏的行为。而且，它通常是不平衡的大起大落，而非平常认为的完整的起伏过程。躁郁症发作经常是因为第三个原因：患者想方设法不去面对自己的一段长期关系出了问题这个现实。

对自己的问题，弗朗西斯卡除了抑郁之外没有做更多，但她至少能够面对问题。双相情感障碍患者似乎做不到这一点。当处于躁狂的一极时，他们彻底生活在创造力系统控制下。他们的大脑飞速转动，就像在五分钟的瞌睡中做一个漫长而复杂的梦。我总是很惊讶，在这么短的梦里怎么能发生那么多的事。

当双相情感障碍患者处于正常状态时，他们经常能够从心理咨询中获得帮助。有时他们在生活中极为成功，以至于不处于起伏状态中时，所有人（包括心理咨询师）都不相信他们有人际关系问题，也许有人没有。但我认为大多数人是有问题的，任何为其提供咨询的人应该先检查他们的人际关系。

还有一组完整的创造性整体行为，通常被称作神经症。选择这些行为的人不像精神病患者一样否认现实，他们只是在处理现实时有些困难。恐惧（phobicking）、焦虑（anxietizing）、惊恐发作（panicking）、强迫观念（obsessing）、强迫行为（compulsing）或创伤后应激障碍（PTSD）都是这些创造性选择的常见例子。拿弗朗西斯卡来说，她可能对罗伯特只字不提，或者提起但对他的离去没有表现出过多的担忧。她抱怨的可能是她害怕独自离开家。如果她的丈夫不带她出去，她就无法离开屋子。丈夫会在候诊室里，等着带她回家。她偶尔可以与孩子或邻居出门，但只有丈夫在身边时才感觉安心。

我猜她真实的担心可能是：如果独自离开这所房子，她就可能会去找罗伯特。她选择患上恐惧症，便可以阻止自己那样做。只要她既想与罗伯特在一起又想对理查德忠诚，她就会继续恐惧下去。这个创造性选择会帮助她这样想：我想要的根本不是罗伯特，我的问题是害怕离开家。在这里，你可以看到我们创造性地选择所谓精神疾病的三个原因：第一，只要她感到恐惧，就能以害怕取代愤怒，这令人更好接受。第二，她会有一个去寻求帮助的借口。第三，因为她只有在家里才能感到安全，去找罗伯特这事就不必再提了。

时光飞逝，罗伯特被渐渐淡忘，她也就不再需要那么大的恐惧了；而且当悲伤渐逝，症状也随之消失。这时心理咨询将大有作用，我会尽力为她提供帮助。但为了帮助她，就像如果她患上关节炎的情况一样，我必然会探究罗伯特以及她与理查德之间不满意的关系。无论如何，理查德就在她身边，这个关系不太难找。如果我帮助她走出家门并摆脱孤独，那么她可能就会接受罗伯特的离去；一旦她接受了，就没有任何理由恐惧了。

弗朗西斯卡也有可能选择惊恐发作，一种与恐惧类似但会使人丧失机能的症状。只要担心惊恐发作，她就不会远离她的家或者她信任的人。如果她想起罗伯特，她甚至可能在家中发作，但家对于这种发作是一个安全的地方。举个例子，如果弗朗西斯卡是惊恐发作患者并一直担心发作，当她来见我时，我知道她生活中有一段痛苦的人际关系。当我探究这段人际关系时，她会抗议但不会很强烈，她还可能感到有些高兴。她急切地想谈论罗伯特，而且如果她信任我，我的咨询室会是一个安全的地方。她与我谈论罗伯特时，会说："一切都结束了。"但我知道它还没有结束，惊恐发作证明它还没有结束。

不过，弗朗西斯卡仍会坚持"都结束了""我不希望再想起他"。在某种意义上，她也是对的。她没有那么想念罗伯特了。相反，她会考虑和担心何时下一次发作，这种想法会让她和其他许多人都惶恐不安。这些引人注目的症状都是孤独者为了吸引注意和（不做出乞求姿态地）

寻求帮助的绝妙方式。

当我开始探究问题时,她可能在我的咨询室里发作,而我很欢迎它。我会告诉她:"真不可思议,我们现在可以真正处理它了。"一旦来访者发现在我的帮助下惊恐可以得到控制,就节省了大量时间。我的工作是让弗朗西斯卡去想罗伯特,不是要她变得更痛苦,而是了解在没有他的情况下她也可以找到一种新生活。我会仔细探究她上一次惊恐发作时发生的事。她看到一对跟她年龄相仿的夫妻手挽手走在大街上时,可能会选择惊恐发作,因为那会勾起她对罗伯特的所有回忆。我会告诉她去想罗伯特,如果可以,请选择在我面前惊恐。她可能会做不到,但这样说会使她以后惊恐发作变得更难了,因为她会理解这里面有选择的成分。

这种去思考患者设法回避的事情的技术被称作"悖论性咨询",它可能非常有效。要做好它需要一些经验,不是谁都可以自行尝试的。选择理论的目的是做出更好的选择,但在能够做出好选择之前,我们必须理解做出坏选择的原因。虽然弗朗西斯卡十分迷恋罗伯特,但我认为情有独钟的人很少,当然对于一个只认识四天的人可能性就更小了。在我的咨询中,我会为她提供一种找到归属的方法:如果没有爱,就通过工作。

弗朗西斯卡可能选择强迫,一遍又一遍地说她生病了、要死了,或者是她丈夫生病了、要死了。她也可以开始一遍又一遍强迫性地洗手,并发展出一种强烈的对污垢和细菌的恐惧。强迫观念或强迫行为都可以阻止罗伯特浮现在她的脑海里。那些选择强迫性洗手的人经常感到内疚,弗朗西斯卡当然有足够的内疚感去选择它。这里心理咨询方法和针对恐惧的是一样的。

创伤后应激障碍是外部控制世界中另一种常见的诊断,人们经常这样思考:"我是一些无法控制的外在事件的受害者。"在一次痛苦的意外伤害或事故后,或者经历过一个恐怖的情境之后,当事人受到非常严重的创伤,他们无法应对,需要接受心理咨询的帮助。这些症状可能是身体上的,比如头部、颈部或背部的疼痛;行动障碍方面的,比如不能行走；或者心理上的，比如严重的恐惧或焦虑，导致丧失工作能力。一次巨大的灾难，比如地震，是这种障碍的一个典型诱因。我担心，认为当事人在没有专家的帮助下就不能应付的这个假设有点武断了。

到目前为止，这个假设广为流传，人们据此建立了一个完整的创伤后医疗体系。这个体系由医生、律师和心理治疗师组成，他们受资助去说服全世界相信受过创伤的人对于发生的事需要帮助，他们的痛苦需要得到补偿。这一切的意图也许是好的，而且受害人确实很痛苦，但它也说服了许多人选择让自己一直痛苦下去。

这个假设和后续的PTSD诊断错误在于，有无数遭受巨大创伤的人们自发集合起来应对创伤。他们这样做，是因为他们有着良好的人际关系，并相信自己在做的事值得付出生命的代价，他们想重新来过。那些创伤后缺乏继续生活的能力的人通常没有牢固的人际关系，也无法做出任何他们认为值得做的事。

那些身体没有受伤的人在创伤后选择中断自己某些身体机能，是因为他们相信"我们都受外界控制"这一信念，它为那些躲避在自己的"无能"中而不去面对现实的人提供了一个绝好的借口。保险理赔的可能性使他们更加相信自己是伤残人士。我担心的是，补偿他们的金钱会使受伤的人雪上加霜。我无法解决这一困境，但我认为这种情况在崇尚选择理论的社会里会更少发生。我们教导越多的人相信自己能处理自己身上发生的事，我们的将来就会更好。

我不希望自己被看作缺乏同情心，这很重要。我从来不会告诉人们，是他们自己选择了任何痛苦或自我破坏的症状。我只是帮助他们做出更好的选择，拥有更好的人际关系，并教给他们一些选择理论。在大多数情况下，他们都对治疗很满意，而且在找到更好的方法控制生活时，他们会愿意放弃一些症状或信念。无论他们身上发生了什么，认为不快乐的人没有用、没希望或者没能力都是苛刻的。好做法是相信真理，相信人们能够把握真理并为了自身利益而利用真理。真正的同情是帮助人们自助。

我的一贯经验是，帮助人们把心理问题看作一种选择，这是一种意识的解放。那些在他们控制之外、突然来袭的痛苦与恐惧可以被就此消除。现在他们了解到自己还有其他选择，而且根据那些新的、更有效的选择行事可以让他们自由地探索充满创造性的生活，而这种创造性对他们是无害的。

第二部分

实 践

第八章 爱情和婚姻

我们往往会在最不经意时坠入爱河。罗伯特和弗朗西斯卡都不想落入情网，但他们太孤独了，孤独让他们备感脆弱。在这种情况下，我们所能做的就是去靠近一个人，这个人接近我们优质世界中某个理想爱人的画面。如果他或她对我们也情投意合，我们很快就会坠入爱河。即使这幅画面是一个幻想，没有人参与互动，我们也会很享受这个幻想。比如，在年轻的时候，我就深深地爱着英格丽·褒曼和奥黛丽·赫本。

幻想中的爱情很少成为问题，反而是现实的爱情经常出现问题。一开始，它让人感觉异常美妙，似乎找到了一个亲密无间的人，我们对此无比激动。这种亲密部分是性，但它又超越了性。我们找到了一个不仅接纳自己过去，而且还接纳自己未来的人。无论是什么，只要我们想要，这个人就希望我们能够拥有。

与这个人在一起感觉如此美好，他或她不像生活中的大多数人，不会评判也不想改变我们。整个世界都蒙上了一层玫瑰色。与这个人在一起可以很放松，我们一起开怀大笑。了解这个似乎对我们无微不至的人是很有趣的。我们对他或她了解越多，感觉就越好。我们找到了可以与之分享优质世界的人，而不用担心遭到拒绝、嘲笑、批评、责备或抱怨。

正是你分享自己心中希望和恐惧的意愿甚至是渴望定义了爱情。只要你能这样做，你就有很大的机会维持这份爱情。如果一开始你就不能自由地做这些，无论感觉多么像共浴爱河，你们的爱情都是脆弱的。一份脆弱的爱情，可能更多基于激素而非自由分享，因而不会太长久。当然，大多数坠入爱河的人对自己的优质世界没有认知，不过无论知道与否，这种体验都是相同的。但如果你和伴侣知道选择理论并了解自己的优质世界，你们就可以运用这个知识彼此长相厮守。从一开始，你们就可以约定尽情分享彼此的优质世界，但绝不批评或抱怨分享的内容。

对他人没有幻想是不可能的，你没有义务分享自己的幻想。非要分享它们，可能是对伴侣的要求太多了。但如果连真实的东西也不能分享，那么你们的爱情便开始褪色。弗朗西斯卡可能幻想过像罗伯特这样的男人，但直到罗伯特出现之前，机会仍然属于理查德。而在允许罗伯特进入她的优质世界之后，理查德就没有多少机会了。但是，并不一定真要有一个人来中断你的爱情。分歧必定在你们认识之前就存在，当它出现时，为了保住爱情，你必须解决它。如果没有成功，你们就会失去这份爱。

如果没有选择理论，当一段关系出现不和时，你们无法理解这源于现实与优质世界间出现的差异，而且你们可能会重拾外部控制心理学方法，尝试让你的伴侣做出改变。对于这些强迫他人改变的早期企图，大家美其名曰"蜜月结束了"，但这种说法表明了一个事实：在外部控制的社会，很少有人期望婚姻关系能够一直亲密如初；大多数人最多期望它不会变得更糟。

在婚姻开始之前，选择理论就可以起作用，甚至可能非常重要。为了阐明这种信念，让我以几个月前与蒂娜的一次面谈为例。在此之前，我跟她谈过一点选择理论，但主要是谈谈而已。蒂娜没有想过要将它用到她和凯文的关系上。蒂娜希望凯文求婚，但他不愿意付诸行动。在一个不需要婚姻就能得到性的世界上，她的经历非常普遍。

蒂娜对我们谈论的内容有一定了解，所以她认识到自己采用的外部控制心理学是无效的。但是，知道它无效并不意味着她可以轻松地转而采用选择理论。要做出这种改变，她必须承认她只能控制自己的行为，而不能控制凯文选择去做什么。如果我们打算在生活中运用选择理论，就必须心甘情愿地做出这个艰难的决策。

蒂娜今年28岁，在生活中的各领域面都非常能干。她是一位高中戏剧教师，晚上不在学校排练时就在社区剧院做事。凯文今年30岁，是附近一所中学里积极进取的副校长，对体育健身很感兴趣，他和蒂娜在一起已经两年了。他们似乎相容性不错，对教育有着共同的兴趣并认为彼此相爱。她不介意等待，但她想有一个家，并需要男友对婚姻做出保证。她希望我告诉她，如何从他们现在的状态走向婚姻。虽然她不指望我告诉她具体怎么做，但她正在变得越来越沮丧。

"你知道我的情况，我跟你谈过凯文。我们在一起快两年了，在生活和性方面都很合得来。上次和你谈话之后，我甚至跟他仔细检查了我们的需求强度，我们是非常相容的。我们一起旅行，但我们平时不住在一起，因为我不想拿婚姻当儿戏。我不想在搬出自己的公寓后得知拥有的一切化为乌有。所以，我们如何才能超越这一点呢？我开始怀疑我们是否应该去努力。我不知道我们之间会有什么结果，一直以来的担心让我产生了负面情绪。简单地说，我甚至不确定自己是否还爱他。"

"蒂娜，如果你不爱他，我认为我们不需要这次谈话。我能告诉你的之前都跟你说过：你唯一能控制的人就是你自己。好，好，我知道我说过很多遍了，但你无法逼迫他来爱你或者跟你结婚，你不能逼迫他做任何事。如果你这样做，会让事情更糟糕。"

"所以我应该一味等待，让他一直敷衍我，难道我想要的生活就没价值吗？"

"绝对有价值。但如果你将他推入婚姻，你将来的痛苦会远远超过现在的不快乐，而且它并不能解决问题。"

"我知道这一点。这也是我不想冒险搬来和他一起住的原因。所以请你告诉我，我该怎么办？"

我停下来思考。这是一个很难回答的问题，我不确定凯文是否知道该怎么办，尝试回答这个问题毫无意义。相反，我决定关注她能够控制什么，这对我来说是唯一明智的做法。

"让我们把那个问题放一会儿。我不知道你能否告诉我：婚姻对你意味着什么，你对婚姻有什么看法？"

"婚姻让我们在一起生活，对彼此做出承诺，喜爱对方，结成一个家庭，分享一个住所，相伴一生。"

"我相信任何人都不会对这幅合情合理的婚姻画面提出异议。现在我有一个看似愚蠢的问题，当然实际上它不是——这幅画面与单身有何不同，我是说，像现在这样单身与你和凯义结婚有何不同？"

"有什么不同？感觉不一样啊！我现在没拥有他，我想要他，但我还没拥有他。他善良、可爱，他告诉我他爱我，我们拥有完美的性。但有一件事，就是他的行为方式。就像很多时候我们相互接触时碰到的只是指尖一样，我对他从来没有把握，我想结婚。我想如果我们结婚了，我就会觉得对他有把握了。"

"他对你有信心吗？"

"我认为他对我的信心比较足。他知道我想跟他结婚，他知道我不想再跟任何其他人在一起。男人和女人不一样，他可以等，他可以等10年甚至更久，但是我不能。你是一位现实取向的治疗师，他的现实与我的现实不同。他可以等下去，仍然能有一个家庭。我认识一个男人60岁了，正开始和一个年轻的女人组建家庭。"

"你说得对，对任何一个人来说，现实都是不一样的。他的现实和你的现实不一样。你只能把握你的现实，无法控制他的现实。而你的现实是，现在你对他非常没把握。如果这一点不改变，未来不会有太大改变。"

"我一直在告诉你这一点。你准备告诉我什么呢？"

"我要告诉你的是，在你确定他想要你成为他的妻子之前，在你可以说'我们对彼此都非常有信心'之前，你甚至不应该考虑与他结婚。你无法预测未来，但如果做到了这一点，你就有机会与他共度未来。"

"但那正是我刚才告诉你的。我看不出它对我有什么帮助。"

"不，这一点不完全是你刚才告诉我的。你告诉我，现在他不愿意结婚，如果他和你结婚，你就会对他更有把握。好像婚姻是对未来的一种保证一样，但没有什么能保证未来，婚姻当然也不能。你知道，许多人选择了离婚，他们没法保障未来。但是蒂娜，听着，你这样与凯文在一起，你们甚至没有一个好的现在，现在你与他在一起并不快乐。我想那才是你的问题——现在，而非未来。"

"但我已经用尽全力了。我爱他，我跟他一起去过很多地方，我跟你说过，我不想搬过来和他一起住，我还能做什么呢？"

"我想你可以停止谈论未来，不再暗示你们要有未来。所有关于未来的谈话会毁灭你们的现在。把精力放在如何与他更好地相处上，也许会比一开始时更好。你不能控制未来。他知道你想和他结婚，你不必时刻提醒他。"

"好，我不再提及婚姻以及未来，我们更好地相处。我要扮演这个角色多久？"

"什么角色？这是一个角色吗？"

"当然是了。我想要结婚或者从他那里得到一个承诺。我不想成为一个不顾未来的痴情女友。那对我来说是不够的。"

"我知道它不够，但现在你只能如此，你无法做什么来改变它。你不能逼迫他做任何事。即使你能，如果他不愿意的话，我认为你也不会想强迫他结婚。如果你想要和他有一个未来，你所能做的就是改善你们的现在。放下所有对未来的不安，逼迫他去做他不想做的事毫无意义。就像我说的，即使你们结婚了，你也无法预测未来。你所能控制的就是你现在所做的事。生活就像在演一出戏剧中的某一幕，你能控制的就是你的环节。你对凯文只能做到这些。如果你喜欢那一幕，就尽你最大的努力吧。你一直强迫他去考虑未来，这样你们俩都会不舒服。愉快的现在可能带来愉快的未来，糟糕的现在则会导致糟糕的未来甚至没有未来。"

"可是我感到非常沮丧。我知道你说的话很有道理，但我还是想让他现在做出承诺。"

"蒂娜，你不知道我说的话道理在哪儿。你陷入了外部控制心理学的圈套，一心想要他改变。如果你明白我讲的道理，你就不会感到沮丧。使用选择理论的人不会如此沮丧，他们努力把手头的事情做到最好，也知道自己唯一能控制的就是自己。你一直在想'我能做点什么来改变他呢'，你给了自己一个不可能完成的任务，这就是你沮丧的原因。"

"你是在告诉我，即使我爱上凯文，而且他也表现得很爱我，我仍然无法影响和改变他的所作所为吗？他可以追求他的快乐，而我必须默默忍受？"

"不，完全不是。你可以做许多事情。你可以选择抑郁、愤怒、咆哮、大骂、威胁、出轨、抛弃他、生病、像奥菲利亚[①]一样发疯。几个月前，在谈论人们如何糟蹋自己的生活时，我就对你解释过这一切。你如果选择这些事情中的任何一件，就会糟蹋自己的生活。你想那样做吗？还是想仔细检视一下，你们作为伴侣现在在你的优质世界中处于什么位置？你了解优质世界的含义，现在就是运用你的知识的好机会。在你的优质世界中，关于你和凯文的画面是什么样的？"

"我告诉过你。我看到我们的婚姻幸福美满，我看到了一个家，一个小家庭，那些我终身期盼的东西。"

"一幅完美的画面，但它是关于未来的。我希望你再去看一下，看看今天，现在你和凯文在你的优质世界中处于什么位置？试着暂时忘记婚姻，告诉我你眼前的画面是什么，那幅告诉你你现在爱着他的画面。"

"我看到我们彼此相爱、生活愉快、相处融洽，一起欢笑、聊天、分享我们对彼此的感受。所有过去常做的事。"

"过去常做的事？"

"不，不是过去常做的，我不知道为什么会那样说。我们现在仍然

[①] 莎士比亚的戏剧《哈姆雷特》中的角色，她在爱情和亲情之间彷徨不已，最终精神恍惚，不幸溺水而死。——译者注

如此，没有改变。"

"很好，这都是些非常棒的画面。你打算什么时候再去见他？"

"我们计划一起过这个周末。"

"坦白地说，你期盼这次见面吗？"

"坦白讲，又期盼，又不期盼。我们相处得很好，不过总有一些压力。不是他说些什么，就是我说些什么。"

"关于未来？"

"差不多。我猜他是不会提这个的。于是我说了一些相关的话，你知道，然后我变得有些不满，而且有点生气，他做出了一些让步。虽然这事没有毁掉整个周末，但我宁愿它没有发生。"

"它不是必须发生的，你也不是必须说那些话。"

"当然，它不是必须发生的，但我应该怎么补救呢？我一直在想：我们现在到底处于什么状态？我压抑所有的情绪，但它还是发生了。我的上帝，我是一个凡人，你希望我没有任何感情吗？"

"我没有想让你去做任何事。我只是想让你意识到自己在选择什么。"

"我知道，我知道你不停地说选择，选择。那么他呢？"

"你知道你只能控制自己的行为。你说过你爱他。"

"我爱他，但我们没有任何进展。"

"好，假设你是一出戏剧中的一位演员。你的角色爱上一个家伙，他说他很爱你，但他不能与你结婚。就在刚才，他对另一个人承诺要娶她，可是他并不爱她。情况很复杂：他的家族生意和她父亲的生意紧密相关。如果他现在退出，她父亲就会让他的家族生意破产。破产不仅会毁掉他的未来，而且还有他父亲、兄弟以及许多人的未来。她父亲是一个冷酷无情的人。你的情人可以与你秘密约会，但他六个月后就要与一个不爱的人结婚了。他说：'让我们继续见面吧，我的生活中不能没有你。如果事情没有任何改变，我们就双双殉情！'剧情的发展让你们双双服药自杀。最终,当幕帘缓缓落下时,观众在她父亲脸上看到一副沮丧的表情。这太悲惨了,观众纷纷落泪并热烈鼓掌。你认为那个角色怎么样?"

"我喜欢这个角色。我愿意去扮演这个女人。"

"你不介意在戏剧中为了爱情放弃未来,为什么在现实生活中如此介意呢?"

"因为那很愚蠢。我不想死,我也不想让他死。如果他爱我,应该跟那个女人道别并冒险一试。他不应该为他的家族搭上自己的幸福和未来。"

"所以,如果在现实生活中凯文告诉你'我不知道自己是否准备好了娶你',你会做什么?"

"我会很痛苦,我会哭,我会崩溃。"

"但是?"

"但是我肯定不会自杀,如果你担心这件事。"

"有什么事情会阻止你现在——这个周末——把他甩了吗?过一个美好而充满爱意的周末,然后,当他把你送回家时,跟他说再见吧。"

"如果我度过了一个美好而充满爱意的周末,我为什么要说再见?"

"因为你害怕的就是事情变成这样。自从我们开始谈话,你就一直这样告诉我。"

"但我不知道,也许这件事解决了呢。"

"是的,非常正确。你不能预测未来。但是,如果你们度过了一个美好而充满爱意的周末,或是一个令人紧张的周末,哪一个会更有利于你们未来在一起呢?"

"但如果六个月后,我得出的结论是我们没有任何未来呢?"

"那么告诉他,告诉他事实,跟他说:'事情一直很好,但现在我想要更多。'那是事实,也是最艰难的一部分。如果他不能给你某种承诺,你要确定自己准备好了放弃他。他无权控制你的生活,你也无权控制他的生活。你能用六个月时间处理好这件事,特别是当你知道自己最多能等六个月的时候。长期发展下去，你会无法自拔的。"

"由我来决定，对吗？"

"一直是。这就是选择理论——一切由你来决定。他知道你的感受，你已经表现得很清楚了。如果他足够爱你，而且你不再用这件事烦他并且更靠近他一些，问题也许会得到解决。你越生气、越强迫他，他就越会怀疑'我是否要与这个控制我的女人结婚'。证明给他看，你能控制你自己。他知道你想要什么。如果他处理不好这个问题，他就不适合你。如果他软弱到能被你强迫结婚，这样一点用也没有。也许某一天你就会独自抚养跟他生的孩子了。"

"我知道你是对的，但我觉得自己做不到。"

"你有更好的办法吗？你在人生中总会遇到这样的情况：尽管你非常想要某件东西，但你可能得不到它，不过你至少知道自己已经尽力了。你没有对他唠叨或是试图强迫他，你给了他时间，我不知道你还能做到什么。你知道他可能永远不会问，你是想一直向他唠叨呢，还是等到他开口问？这个过程很艰难。选择理论就是如此。但除了唠叨和傻等，你有一个更好的机会。如果你等了很久而什么事都没发生，你就会恨自己。如果有任何事情发生，照我的建议去做，它就有最大希望成功。这件事肯定有一个解决办法，而且你得找到它。"

我们的谈话帮助蒂娜看到她有一些控制权，而且她制订了一个计划，计划中蕴藏着大量的安全感，而且有一种控制感——关于你能做什么，而不是他能做什么。她不再发送"承诺与我结婚"的信息。在接下来的三个月中，他们相处得非常好。她全身心地与他在一起度过快乐时光，不强迫他去做任何事，她不再提及未来，而压力也逐渐消散。他因此可以看到与她一起生活的前景。大约三个月后，他们有了下面的一场对话。

"你最近都没说结婚的事。你改主意了吗？"

"我决定不再提它了。你觉得怎么样？"

"你对结婚不感兴趣了吗？"

"凯文，我不打算再谈论这件事了。当然，我也没打算要求你娶我，如果你在等我说这个的话。"

"如果我不问你呢？"

"那么，我猜我们永远不会结婚。"

"你现在的方式好极了，但我不相信你能保持下去。"

"我没有打算保持任何方式，我很享受我们现在的模式。当我不想再看见你时，我会告诉你。"

"那会是什么时候？"

"我不知道，不过一旦我知道了，我就会告诉你。"

这就是蒂娜开始在生活中运用选择理论的情况。凯文很奇怪她为什么不再唠叨了，于是她教给他一些选择理论，他非常感兴趣，特别是对她不打算强迫他去做任何他不想做的事这个观念。在她可控的范围内，她会将唠叨、批评、责备或抱怨减少到最低。这并不容易做到，而且和所有重拾外部控制心理学的人一样，她也会旧病复发。她说她不能控制他的行为，只能控制她自己的行为，如果他们有未来的话，她希望那是一个以选择理论为基础的未来。她提醒他，自从她放弃了外部控制心理学，他们比以前幸福多了。很明显，现在就应该放弃外部控制心理学，不要等到婚姻不幸或者离婚之后。凯文和蒂娜后来结婚了，而且在选择理论的帮助下，他们的关系一直很好。

现在遇到任何可能导致双方疏远的事情，他们都会三思而后行，这也正是以选择理论为基础的婚姻的核心。人们彼此疏远的方式只有两种：抵抗或撤退，也即战斗或逃跑。为了防止战斗或逃跑——那是任何关系结束的征兆，他们只要遇到问题就会问自己："如果我现在这样说或者这样做，会让我们更亲密还是更疏远？"他们不会把精力浪费在唠叨、批评、抱怨或贬低以试图控制对方上。即使终生使用外部控制心理学的人也会意识到，这些常见行为会伤害任何一种关系。如果我们想与他人保持亲密，就不能大肆使用它们。

蒂娜和凯文的做法已经形成了一个调解圈。在这个圈子内，就像第五章描述的，他们不再试图改变对方，而且他们选择做的每一件事的基础都是它将如何影响他们的婚姻。他们会仔细协商每一件事，如果某件事可能会伤害到婚姻，他们就不会去做。作为一对夫妻，他们现在知道一方说的话不只会影响到另一方，还会影响这段婚姻。

这并不意味着蒂娜和凯文之间没有分歧，而是说在分歧上升到令关系破裂之前，他们有了一个解决分歧的工具。他们理解，他们出于婚姻的利益做出的选择，未必与单身时为自己做出的那个选择一致。他们结婚了，这是现实，与单身时不一样了。不过，他们仍然努力去理解对方在婚姻之外的生活需求。那种生活显然有性和社交方面的限制，但在那些限制之内，他们没必要像连体婴儿一样。每个人都会尽量不限制对方拥有婚姻之外的生活，甚至鼓励对方去这样做。

举个例子，凯文是一位跑步迷，风雨无阻。而蒂娜对戏剧非常感兴趣，她需要去社区参加戏剧活动。他们都同意给对方这些时间，而且效果很好。他跑步，她表演，谁也不会担心对方不同意。因为生活中的成功建立在良好的关系上，所以他们学会将选择理论应用于婚姻之外的生活，而且它同样很有效。由于运用了选择理论，凯文作为学校的管理者更加成功了；而蒂娜将它应用于她戏剧课的学生身上，也让教学更有效了。在选择理论和调解圈的帮助下，他们感到可以在任何时间谈论任何事情，因为他们同意婚姻优先于个体的需求。

我敢肯定，你们许多人对我描绘的美好婚姻的画面有一些不同意见。你可能认为它太理想化了，没有冲突，他们很快就会感到厌烦并不再相爱。如果外部控制下的婚姻的许多乐趣来自打架后和好，那么以选择理论为基础的婚姻恰恰缺少这种快乐。选择理论并不能保证你婚姻完美，它保证的是美好婚姻中出现问题后有处理的方法。如果一段美好的婚姻变质了，很多时候是因为伴侣中的一方或双方重拾外部控制心理学，而不是因为和谐相处使人生厌。

我们永远不要忘记创造力，它是迄今为止针对厌烦的最佳药剂。许多人害怕变得有创造力，因为害怕做一些新事情会受到批评，这是外部控制下的关系中经常发生的事：一方总是在挑另一方的错。运用选择理论的夫妻则没有这样的担心。拜这种关系中的自由所赐，他们总是愿意在事情开始或有可能变质之时，就设法向自己的创造力系统求助。他们不害怕谈论如何做一些新事情，无论是一起做还是独自做。调解圈为他们发挥创造力提供了一个安全之所。

为了保持长期满意的性生活，夫妻必须自由且毫无顾忌地交流。如果他们不能好好交流，怎么能解决长久婚姻中常见的性问题呢？问题无非是"下次我们做爱时，稍微做点改变吧"这一类，即使在幸福的婚姻中，像其他重复的行为一样，性生活也很容易变得千篇一律。如果夫妻在疲倦时做爱，不考虑对方的需求，对准备工作也没有达成一致；或者如果他们认为婚后性生活不可能令人兴奋，那么性关系就会慢慢褪色。因为基因向我们提供了最令人享受的活动之一，但许多夫妻不能或者不愿意——实际上是一回事——充分利用这个机会。

他们不愿意的一部分原因是，性一开始是新奇的，不必担心没有创造性。但久而久之，要保持"性趣"，我们就必须为其注入一点创造性。如果不这样做，伴侣中的一方或双方就可能会感到无趣，开始将"与对方做爱"移出自己的优质世界。与此同时，他们常常开始幻想其他人，带着一点创造性，双方都能得到满足。正是这种对新伴侣的性冲动导致了男女之间的调情。他们想要再次体验最初的幻想，而且许多性玩笑都是很有创造性的。

记住，无论你将创造力用于何处，如果它能帮助你与另一个人更亲近，总会让人感觉良好。在幸福的婚姻中，你可以将创造力用于你和伴侣之间的性生活，提升性的乐趣。那些遵循选择理论且具有创造力的夫妻不害怕说或做一些有新意的事情，他们愿意使用一些辅助手段让彼此保持激情。但更大的问题可能在于，性在一些人的头脑中根本就没有占据重要位置，或者被一方看得很重要而另一方却不够重视。他们没有认识到在这个忙碌的世界，双方努力将性关系放在心上并加以充分利用是很有必要的。对于性的许多想法，就算是归于平淡的夫妻也能实现。

使这个问题变得复杂的是：在许多婚姻中，一方或双方认为性的辅助手段没有必要——如果他或她真的爱我，我们就不需要那些辅助手段。他们没有理解，无论是什么辅助手段，重要的不是辅助手段本身，而是使用这些辅助手段或者考虑使用时，性的概念受到了两个参与者的关注。一旦性进入你们的头脑，辅助手段就没那么重要了。只是考虑该怎么做，就完成了许多要做的事情。

美好的性，就像计划去一家美味的餐馆。要享用美味，就要预订座位。如果需要等上一个星期，你的兴趣可能陡增。当你最终坐下来准备就餐时，美食在你的头脑中，你沉浸于享受美食的氛围中。性也是一样。当然，要随心所欲地享用它，就不要犹豫该不该去预订，预留出时间和场所是有必要的。就像享受一顿美食一样，不要匆匆忙忙结束。你会发现和许多人想象的不一样，你可以让性关系更长久地活跃在你的优质世界中。

对于长期使用外部控制心理学且双方都感到不甚满意的婚姻，如果一方或双方愿意去检查自己的需求强度，也是可以得到改进的。任何一段长久的婚姻通常都要求双方足够的相容性。需求强度的差异很少会导致婚姻结束，但检视它们可以发现问题出在哪里。

发现了问题后，如果双方都愿意停止使用外部控制心理学，进入调解圈，谈论各自愿意付出而不是索取什么，他们就可以抵抗已经侵蚀婚姻的冷漠和疏远。性生活开始减少是提醒你们需要交谈和计划的信号。仅仅进入调解圈就能让人感觉良好，这一举动能让你重新启动被推迟许久的事情。一旦你启动了，你就在为以后做准备，但前提是你必须让这个过程开始。也许你的外部控制婚姻无法挽回，但是谁也无法预测结果。无论一对夫妻之间有多大的怨恨，调解圈都可能起作用。我在本书中说过多次，选择理论没有负面影响，不会让你失去什么。

婚姻问题正如所有人际关系问题一样，必须有人先主动停止使用外部控制。这正是蒂娜要解决的问题，而且这对她来说似乎不公平。"他总是让我不开心，如果他不改变，我为什么要改变呢？"在我们谈话之前，几个月来她一直这样想。但是，如果愿意改变的一方设法使对方进入选择理论模式，这样的做法可能是不明智的。即使出于最好的意图，这依然属于完全的外部控制。而且，只要我们试图强迫别人，总是会陷入"你越是强迫我，我越是抵抗"的境地。控制产生控制。在外部控制的世界中，反抗压迫的情况是很常见的，特别是处于弱势的一方。

家庭暴力

在存在虐待的婚姻中，丈夫采用了最具破坏性的外部控制规则：男性认为自己对妻子享有所有权，而且很大程度上，我们所在的外部控制社会的法律体系也支持这种信念。男性可以打骂、虐待、强奸或压榨自己的妻子并能逃避惩罚，这是因为掌管当今社会的大多数男性都很害怕如果妻子受到法律的正当保护，他们就会失去权力。如果男性打骂或虐待妻子或长期伴侣之外的任何人，那么法律会立即介入并保护受虐待的人。这种对婚姻暴力的认可需要得到改变；我们要让所有的人（包括施虐的男性）知道，选择理论或许是一种可行的方法。

妻子不是你的私人财产。任何人都没有权利去伤害他人，受害者需要法律保护。在为数不多的司法管辖区，这种保护正在得到加强。受虐待的女性不再需要证词，身上的伤痕就可以作为呈堂证供。如果我们所做的只是惩罚那些男性，并不会带来多少好处，依然是在用控制来对付控制，而且许多男性借用这个理由——她让我受到惩罚——实施更多的虐待。我们需要的是一个审前的转化程序，为丈夫和妻子提供一个机会，与其他有同样家庭暴力问题的人建立小组，一起学习选择理论和现实疗法。

这个转化程序改变了传统法律程序的惩罚或者更糟的忽视现状，它正在俄亥俄州福斯托里亚的"第一步项目"中顺利实施。在那里，一个应用选择理论和现实疗法的社区向所有想要学习的人开放，不管他们是否支付得起。针对这个项目的研究显示：与丈夫一起参与"第一步项目"通过阶段的妻子中，只有17%的人报告仍遭受到了威胁或暴力；而有一半的男性报告他们增强了自我控制。

有组织的现实疗法婚姻咨询

外部控制心理学的一项"最高成就"就是破坏婚姻。一旦这种心理学控制了婚姻，要战胜它最大的希望就是进行婚姻咨询：为夫妻提供一个机会，将他们的婚姻拉入调解圈。一旦婚姻安全进入这个保护圈，它就对外部控制这种癌症具有了免疫力。但为了行之有效，婚姻咨询必须进行调整，以适应夫妻双方的关系需求，而不仅是某个伴侣的个体需求。

大多数情况下，失败婚姻中的双方并不是个体意义上的失败者。我们身边有很多离婚的亲戚和朋友，他们自身都是很有能力的人。他们当中有很多人在后来的婚姻中表现得很好。这是因为他们无意识地学会了一点选择理论来避免重蹈覆辙。但这是一个偶然的过程，也有很多人会继续进行占有和控制，然后再次失败。如果这些有能力的人接受了有组织的婚姻咨询（我马上会对此进行解释），我相信许多类似的婚姻都是可以挽救的。

在这种以选择理论为基础的婚姻咨询中，咨询师充当积极主动的角色，询问一些具体的问题并要求双方依次做出回答，否则咨询可能会失败。

问题1：你们来这里是真想获得帮助，还是已下定决心离婚，只是想"证明"自己曾经求助过？

问题 2：简单地说，你认为自己的婚姻出了什么问题？

问题 3：你能控制谁的行为？

问题 4：告诉我你当前婚姻中的一件好事。

问题 5：考虑一下然后告诉我，你愿意在接下来的一个星期里做什么对婚姻有益的事。不论是什么事情，它一定得是你自己能做到的，无论如何不能依赖你的伴侣。

问题 6：在接下来的一个星期里，你愿意尝试考虑一件以前没想过的事吗？然后按照与上述问题中同样的条件（我只能控制自己的行为）来完成它。

在回答问题 1 时，如果双方都表示真想获得帮助，那么这次咨询才有可能成功。如果咨询师没有感受到他们的诚意，那么咨询后好转的希望不大。如果这对夫妻不致力于寻求帮助，咨询师就不应设法帮助他们。伴侣中的一方为自己的问题寻求帮助不属于婚姻咨询。

在问题 2 中，伴侣中的一方或双方不免会责备对方，这个问题的目的在于稍后能在咨询中指出，这就是外部控制，而且它总会破坏婚姻。如果只有一方责备另一方——我从来没有遇到过这种情况——咨询会比双方互相责备容易得多。咨询师必须监督每个人的回答，以防打开了潘多拉的盒子——指控、责备、批评和威胁等蜂拥而出，因为那是大多数参加婚姻咨询的夫妇想做的事。根据外部控制心理学，他们都认为自己是对的，都想让咨询师支持自己的立场。他们的回答应该被限制成几句简短的话。如果他们的回答不受限制，就会破坏心理咨询的效果。

问题 3（你能控制谁的行为）目的在于为问题 5 和问题 6（在家里做一些积极的事情）奠定基础。这不是一个很难的问题，在回答问题 2（你们的婚姻出了什么问题？）之后，他们会发现很明显，每个人都只能控制自己的行为。

问题 4（告诉我你当前婚姻中的一件好事）有点难度。如果双方都深陷于外部控制心理学，这个问题会让他们大吃一惊。这时，咨询师应该耐心并不断驳回他们最初的言论：想让婚姻变得更好，对方需要做点什么。最终，大多数夫妻都会说出不少关于婚姻的好事。如果做不到，他们就不会来咨询了。在他们谈到一些好事后，许多愤怒和责备就会烟消云散，而且以后都会一帆风顺了。他们会对自己说的话感到惊讶，但这些都是正面的惊讶。

问题5虽然只是问题4的延续，但它能让双方去思考和建立一些新观点，因此也是非常重要的。咨询师应该再次保持耐心，他们会想起一些积极的事并为此感到高兴。他们回去后可以关注一些特别的事，而不是盯着糟糕的婚姻不放。心理咨询给了他们一点希望，而且因为它与外部控制心理学差别很大，所以它是非常有力的。

问题6要求伴侣双方在一个星期内想出一个额外而有益的任务，这给了他们另一个值得期盼的积极焦点。如果他们完成了这个任务，非常好。如果他们只是完成了问题5，婚姻仍然会在其发展方向上得到很大帮助。问题5和问题6为他们下个星期的面谈提供了大量话题。

如果第一次面谈即将结束时，双方变得更加友善，而且对彼此的兴趣代替了开始时的愤怒，那么这正是咨询师说明调解圈的好时机，同时要指出他们正处在其中。还要进一步指出，无论他们何时谈论婚姻，都应该确定自己在调解圈内，否则双方的谈话可能落入外部控制陷阱并具有破坏性。

现在，我想要演示这种有组织的婚姻咨询是如何运作的。埃德和凯伦找到我，想做婚姻咨询。凯伦打电话告诉我，她对他们的婚姻非常不满，而埃德同意一起来。在见到他们之前，我就知道他们优质世界中关于彼此的画面所剩无几，但只要优质世界中还有对方的画面，这种有组织性的方法就有机会帮到他们。如果一方或双方将对方移出自己的优质世界，那么也许连神仙都无法挽救这桩婚姻了。我假设他们都在使用外部控制心理学，并认为如果要帮助这桩婚姻，对方必须有所改变。

埃德和凯伦两人都40出头,这是他们的第一次婚姻,双方都有工作,而且有两个孩子,一个10岁,一个12岁。只要他们能够合理控制消费,就不会出现严重的财务问题。他们来到我的办公室,在我的对面坐下,但在他们开口之前,我问了问题1。我将它包含在一段准备好的介绍里面,我对所有遇到类似问题的夫妻都会这样做。

"我假设你俩来到这儿是尝试挽救你们的婚姻。我的意思是,你们既没有认定婚姻无可救药,也没有真正决定要离婚。这个假设合理吗?"

他们都同意这个说法,所以我继续问下一个准备好的问题。我用这个问题让他们发现自己在为婚姻中出现的错误责备对方。我尽量把回答限制在几句话之内,我不想听到谩骂。我只要他们自己说出几个简短的例子,好在今后看清他们是如何改变的;或者如果咨询不成功,他们会如何维持原状。

"我需要你们每个人给我一个简短的回答。请不要长篇大论,否则我将不得不打断你,但我不想被看作没礼貌。一两句话就够了。我要你们两个人都告诉我,你认为自己的婚姻出了什么问题。为了避免你们抢答,我会要求你们其中一位先回答,然后另一位回答。凯伦,是你打电话来的,所以请你先说吧。"

"是他,都是他的错。我就好像与埃比尼泽·斯克鲁奇①结婚了一样。他盯着我花的每一分钱。我有自己的工作,但好像钱都是他的。你无法相信我必须忍受他什么。他让我——"

我试图打断她,但在我这么做之前,埃德插话了:"我?都是我的错?如果你不去花我们该死的每一分钱,会这样吗?医生,我们所有的银行卡都快被刷爆了,我们在支付一大笔无法减掉的利息。"

"看到了吧,医生,看看我整天都在忍受些什么。"

"请注意,我们必须遵守规则。只是回答这个问题,不要争吵或指责。

---

① 狄更斯小说《圣诞颂歌》中的主角,是一个吝啬鬼。——译者注

埃德，你认为问题出在哪里？"

"我告诉你，医生，我讨厌这样说，但我觉得她已经不爱我了。她只知道抱怨，叫我吝啬鬼。现在我都不知道做什么才能让她满意——"

又是在我说话之前，凯伦打断他说："哦，这一点他倒是对的，他不知道做什么才能让我满意。跟他谈情说爱简直是本世纪最大的笑话。他对我们家的狗都比对我好，那条狗——"

这次我得以在她继续之前插进话来："如果你们继续吵架并攻击对方，我就没办法帮助你们了。请不要在这里做你们在家里做的事情。它在家里没有用，在这里也不会有用。你们已经很好地回答了我的问题，我了解情况了。现在是你们婚姻中的一个关键时刻，请尽量顺着我的方向走，让我来帮助你们。"

你可以看到外部控制心理学横行天下。正如我所料，他们没有听到我只要一个简短的回答，而是打断、责备对方并试图拉拢我。可我并不担心，我如果不傻乎乎地被他们的相互攻击吸引注意力，就可以控制这个局面。而且，虽然他们的情况看上去很糟糕，事实上之前比这更糟糕。我认为他们确实关爱对方，而且我能帮助他们。下一个问题没那么难，它让他们朝正确的方向启程，开始接受他们只能控制自己的行为这个观点。

"告诉我，你能控制谁的行为？"

我利用这个问题，试图让他们摆脱盯着别人看的习惯，把注意力放在自己身上。过了一会儿，凯伦开口了。他们已经进入角色，所以我不再担心谁先谁后了。为了公平起见，我会把问题4指向埃德，但我也想听听凯伦会说些什么。

"我想很明显，我不能控制他的行为。可上帝知道，他试图控制我的。"

我问："他成功了吗？"

"他成功地让我感到痛苦并毁了我们的婚姻。"

埃德大声说："好了，凯伦。如果我能控制你该死的消费，我们就不在这儿了。"

我开始做总结："好吧，我认为很明显你们都尝试过控制对方，但你们一直都做不到。也许是多此一举，但请告诉我，谁是你们唯一能够控制的人？"

埃德证实了我说的话，而凯伦似乎对此很满意。他说："我想你的用意是让我们说，我们只能控制自己。我知道这一点，我一直这样告诉为我工作的销售人员。"

这似乎让他们安静了一会。他们静静地等待着问题4，它是引导性咨询的一个关键。如果他们能处理好这个出乎意料的问题，可能会改变整个咨询气氛，并帮他们进一步安定下来。

"好了，埃德，现在轮到你了。这是我准备问的最重要的问题。别着急，想想看。我想让你们告诉我，你们目前婚姻中的一些好事。一定有一些好事或者有一丝希望。如果没有，你们就不会在这儿，而是已经去见律师了。"

正如我所料，问题4暂时难住了他们俩。他们对视了一番，然后看着我。正是这个问题让他们从彻底的责备和抱怨中走了出来。如果我让他们一直盯着消极面看，就会帮倒忙，抹杀他们仍有的一些正能量。以我的经验来看，一旦夫妻开始积极地思考，他们就会发现好事比想象中多。尽管我问的是埃德，但凯伦插话了。

"这根本不是我期望的。我来到这儿是要告诉你我们的婚姻究竟出了什么问题，没想到你不让我谈论这个话题。这到底是什么心理咨询？"

"这正是我的咨询方法，试一试吧。不要浪费你的时间和金钱要求我站在哪一边，我对谁对谁错没有兴趣，就算过一百万年你们也不会达成一致。埃德，请不要着急，回答这个问题，你们现在的婚姻中有什么好事？"

"这是一个难题。我想不出任何好事。"

"继续想，试试看，一定有的。"

到这一步总是会略微陷入僵局。他知道的好事不止一件，但要承认这一点就没那么酷了。我决定耐心些并表示支持。他会想起一些事，她也在思考。我看得出她对他要说些什么很感兴趣。

"好，我来说一点吧。她很忠诚。她姐姐告诉她我很幼稚，但她不同意。我很喜欢她这一点。我希望她不仅对她姐姐表态，偶尔也告诉我这一点。"

凯伦喜欢这样说，但仍然插进话来："我当然要在姐姐面前力挺你。跟她嫁的那个傻瓜比，你是相当不错的。但如果你想让我对你这样说，还要表现得更好一些才行。"

"请吧，凯伦，埃德说完了，现在轮到你了。告诉我，你们现在的婚姻中有什么好事。你要说的事情很重要，不要着急。"

她已经想到了一些事，但我可看出她不想说，好像一说出口她就会变得更脆弱，好像不应该说他们的婚姻中存在一些好事一样。但是她又想说，我看得出她在慢慢软化。这个问题正在进入她心里。

"听着，就好像我跟两个男人结婚了。大部分时间他是海德先生，批评我做的事情，抱怨——"

我打断了她："我们知道海德先生。跟我讲讲杰基尔博士[①]？"

"那是在我们度假的时候。他有三个星期的假，我们一起计划怎么过，他真的很棒。一般我们花两周和孩子在一起，剩下一周我们自己过二人世界。但正是这件事让我很恼火。为什么只有那个时候很美好？我不想要一年只有三个星期的婚姻。从夏威夷的那个假期开始到现在已经8个月了。"

埃德插话说："看在上帝的分上，凯伦。夏威夷的时光很美好，是因为你找不到任何东西可买，除了那件你从来不穿的夏威夷长袍。如果

---

① 这里的海德和杰基尔指的是《化身博士》（*Dr. Jekyll and Mr. Hyde*）中的角色，杰基尔是一位善良的化学博士，但在用药后，他会变成邪恶的海德先生。——译者注

你停止强迫性购物,我们会相处得更好的。"

"如果你能像度假时那样关心我,我就不会疯狂购物。"

到目前还不错。虽然听起来不怎么样,但他们都能看到婚姻中一些实质的内容。刚刚的交流是积极的,即使他们仍会责备对方。我接着对他们婚姻中仍有一些好事这一事实做了一次小小的确认。

"凯伦你看,好事是有的。相信我,别说三个星期了,我还为那些一年里也没有一天好日子过的夫妇做过咨询。虽然三星期很短,但它说明你和埃德可以融洽相处。我们需要做的就是想办法延长它。不,不,现在请不要说任何话。让我们进入下一个问题。那是另一个难题,但如果你们能集中精神,我认为你们能想起一些事来。"

我一直采取支持性态度,而且他们的想法也开始转变了,他们能明白我在做什么。虽然这个问题没什么特别,但它强烈吸引了他们,它似乎是他们想要的。我决定对下一个问题要特别有耐心。我表现出一种友善的支持,暗示他们:回答这个问题可能需要时间,但是他们可以做到。

"我希望你们别着急,认真对待,请不要冷嘲热讽。想一想你们这个星期愿意做的对你们婚姻有益的事情。是你们自己去做的,而不是要求对方去做的。"

一个长长的暂停,这当中他们羞怯地看着对方。我可以在他们的眼中看到一丝丝爱意,这是一个非常积极的信号。

埃德说:"我可以一个星期都不提钱的事。我还是不提的好,我怎么都阻止不了她花钱。"

一个好主意被他最后投向她的挖苦破坏了,但她好像没受到什么影响。我猜她已经不那么在意挖苦了。

她回答道:"我喜欢你这么做,埃德,我真的喜欢。但你在逗谁玩儿呢?你一收到账单,一切就都结束了。"

"你就不能别再贬低我了?等等看不行吗?我想听听你打算做什么。"

长长的暂停。我可以看出凯伦有一些很想说但很难开口的话,她心里正在进行激烈的斗争。

最终,她腼腆地说:"我可以对你更温柔一些。"

她一说出这句话,我就能看到埃德非常高兴,她很久没有说过这样的话了。我认为她在等丈夫说出类似"现在就开始吧"之类的俏皮话,但埃德还沉浸在兴奋之中。我没有问他们上次性接触是多久以前的事,更不用说做爱了,但我猜测可能是在 8 个月前的夏威夷。现在我想提最后一个问题,如果他们同意去做,我就可以进一步提出调解圈。

"既然你们都这样想,我不知道能否在一个星期内,你们其中一方或双方找到一件你们可以去做的、能改善你们婚姻的事情——这有些像家庭作业——下个星期你们过来时告诉我。在这一个星期里,你们都要做一些事情,而不只是说'我愿意挽救我们的婚姻'。如果你们能这样做,下个星期将是一个月内我们最后一次见面,除非这中间你们想来见我。但请注意,我们还有一点时间。你们有任何问题或意见吗?"

如果婚姻中的问题需要延长心理咨询,我不认为它还能被挽救。婚姻问题不是个体问题。我辅导过的大多数夫妻都像埃德和凯伦一样,个人非常有能力,但他们不知道如何与对方融洽相处。不过,在这么短的时间内,埃德和凯伦事实上已经进入了调解圈,而且我想在他们离开之前将这个概念解释给他们听。我认为他们能够利用这个信息,到下个星期我们就会知道了。

埃德有话要说:"我感觉更好了。我来时是准备吵架的,但我真的不想再吵架了。你觉得如何,凯伦?"

"有点不可思议。这完全出乎我的意料。我不清楚发生了什么,但我也感觉更好了。"

这里发生的事情是:两个坚信外部控制心理学的伴侣遇到了选择理论,但我没有向他们解释这一点,我可以下个星期再开始说。不过,只要他们保持这种善于接纳的情绪,而且基本上处于调解圈内,这就是向他们解释调解圈的一个好机会。如果在下一周就可以使用它,那么他们的关系肯定能取得进展。

"凯伦,我想等到下周再回答你的问题,但现在有件事实际上已经发生了。请想象我手里有一根大粉笔,看我会用它做什么。我要在地板上画一个圆圈,把你和埃德圈在里面。现在你们就在这个调解圈里,请告诉我,你怎么看待这个调解圈?它与你们俩现在的感觉有关,与你们俩现在不想吵架有关。"

凯伦说:"就是这一点奇怪,就像埃德说的,我不想再吵架了,但我以前一直想跟他吵的。可这一圈想象中的粉笔线又和这一点有什么关系呢?"

埃德猜测道:"我们现在不吵架了。我根本不想吵架——"

凯伦接着说:"我们解决了一些问题,是吗?"

"你只说对了一部分,还有很多。在这个圈子里,婚姻优先于每个个体的需求。现在你们就在这个圈子里,你们刚来时在这个圈子里吗?"

凯伦说:"有点像那个家伙写的《男人来自火星,女人来自金星》,我觉得刚来这儿时,我们根本不在同一个星球上。"

埃德点头表示同意。

我说:"就是这样。只要待在这个圈子里,你们不仅不会吵架,还可以放心地谈论想从婚姻中得到什么,不用担心受到贬低。当然,虽然你们在这个圈子里,但还得你们自己决定如何丰富婚姻,而不能等别人来做。你们在这个圈子里要做的,正是我们此时已经开始做的。这个调解圈里没有'应该'或'必须',没有'你去做',只有'我会做'。如果你们进入这个圈子,无论何时讨论婚姻中的任何事,你们都会感觉很好。我会给你们一支想象的粉笔,使用它吧。现在最后一个问题,你们能控制谁的行为?"

埃德和凯伦一星期后回来了,他们有许多话要说,他们的关系变得更好了。我没有幻想金钱是他们唯一的问题,我也不认为问题只有一个。

在失败的关系中，任何事情都可能成为问题。调解圈的美妙不在于它对某个具体问题有用，而在于它是任何夫妻在任何时间都可以使用的强大工具。不过，出现一个问题时，不要因为你们相处得不错，就想当然地认为自己在调解圈内。每次想使用它时，你们都要拿出粉笔假装画一个圆圈。在你们画出这个圈并待在里面之前，不要说任何话。这是一个有目的、有焦点的活动。

凯伦和埃德刚进来时，他们认为调解圈不过是骗人的把戏，任何简单的东西都不可能有效。但当他们尝试这种方法并产生效果时，他们发现自己用得越来越顺手，并对其效果感到惊讶。他们要求我告诉他们是怎么回事。这一要求给了我一个向他们解释选择理论的机会。我给了他们一本我1995年出版的阐述关系的书——《保持亲密》（*Staying Together*），它阐述了一对夫妻应该如何用选择理论来处理他们之间的关系。

第九章　信任与家庭

如果我在出生之前就知道童年所经历和学习到的事情，如果我有机会挑选父母，那么我会毫不犹豫地选择我的父亲。他是天底下最好的父亲，我现在拥有的美好生活要归功于 50 多年来他选择的与我相处的方式。尽管我父亲已经去世多年，但他的音容笑貌仍然深深留在我的优质世界中，而且我确信我的形象也一定在他的优质世界中陪伴了他一生。每当回首我们之间浓厚的父子之情时，我看到的是我对父亲的信任。在我的记忆中，他从来没有在任何事情上言行不一。我从父亲处收到的礼物是个人自由和没有控制欲的爱。我是一个非常幸运的孩子。

尽管我母亲也有一些出色的品质，但是我不会选择她。不是说她在我童年或青少年时对我不够好，而是因为我不想再体验后来她对待我和家人的方式。我并不是说她的所作所为在我成年后仍然有伤害，也不是说她在我童年期提供的照顾对我事业的成功没有贡献，而是我知道——很多年前我就已经知道——如果我的母亲换成别人，我相信我会过得更好。从我很小的时候开始，我的母亲就是变幻莫测的。我从来没有感受过对她的真正信任。在这个方面，她与我的父亲截然不同。

不像对优质世界中的其他人，我们把父母放进来的举动并不是有意识的选择。等意识到他们的时候，我们已经做出了选择，他们已经在那里了。为了生存，许多动物会在短时间内与它们成长中的幼崽形成紧密联结。人类在基因上没有这种联结，但当我们和父母将彼此放进优质世界时，我们与父母的联结可能比那种短期联结更强大。对大多数人来说，它会持续一生。

对孩子来说，将父母移出优质世界几乎是不可能的，因为大多数情况下没有人能取代他们。同样的道理，如果其他家庭成员甚至是继父母或养父母几乎一开始就在优质世界里，将他们移出也很难。即使从意识到他们存在的那一刻起，他们就非常残酷地对待我们，许多人还是努力将这些人保留在优质世界中，比以后生活中遇到的任何人都要久。父母对孩子的情况也是如此。无论孩子们表现如何，我们发现将他们移出优质世界几乎是不可能的。在这个方面看，亲子关系的性质是独一无二的。

受虐待或遭受严重忽视的儿童对优质世界这一概念一无所知，特别是这些世界如何强大，他们的父母或监护人在优质世界中何等重要的事实。因为没有意识到优质世界的力量，我认为他们不免会产生疑问：为什么似乎不能放弃虐待或忽视自己的父母？他们在拼命取悦自己极度需要的对象的过程中甘受虐待，比起受虐待的痛苦，与这些不可或缺的对象分离的想法更令人难受，那意味着将这些人移出他们的优质世界。

这也是电影《闪亮的风采》（*Shine*）中主人公——年轻的大卫·赫尔夫戈特（David Helfgott）遇到的问题：他和父亲都不能将对方移出自己的优质世界。这部电影着力描绘了他的父亲如何爱他，但赫尔夫戈特感到这种爱是控制性的。为了得到爱，他不得不服从父亲的控制。当他第一次要求父亲让他离开家去实现自己作为一个钢琴家的天赋时，他的父亲残忍地拒绝了这个请求，并一直抗议说是因为深爱他才这么做的。

即使当赫尔夫戈特最终奋力挣脱父亲的控制离家出走时，这种分离也只是身体上的。他仍然不能将父亲移出自己的优质世界。他对父亲的需要和追逐理想之间的冲突，让他承受着巨大的痛苦。

最终，为了逃避这种痛苦的冲突，为了寻求他极度需要的个人自由，他选择将自己的生命交付给创造力系统，对于像赫尔夫戈特这样已经亲密接触了这一系统的天才来说，这个选择并非不可思议。

我相信，赫尔夫戈特通过选择成为精神病患者而放弃弹钢琴，是他对父亲固执己见的终极抵抗。只有当他愿意成为父亲心中理想的音乐家时，他才能得到父爱。但是，十年后——时间处理了一些创伤——他感受到了足够的自由，这让他得以回归钢琴演奏。不久后，他幸运地遇到了他的妻子，在妻子爱的帮助下，他逐渐恢复了昔日的风采。

由于赫尔夫戈特在患病期间接受了损伤大脑的电击治疗，他也许永远都不能恢复最初的创造力了。但是，我们不应该低估创造力系统对脑损伤的修复能力。虽然他仍然快速而含糊不清地说着话，仍然需要创造力系统给他提供保护，但他已经不再是精神病患者了。因为没有表现出某些评论家认为他应有的演奏水平，他受到了不公正的批评。但他已经战胜了许多不幸，观众也喜欢看到他重返舞台。

既然有了幸福的婚姻，他或许即将把父亲移出优质世界，电影结尾描绘的正是这样的场景。在他父亲的坟墓前，妻子问他有什么感受。赫尔夫戈特回答："我没有任何感受。"但这个答案也不意味着他已经将父亲移出了优质世界，它可能意味着有了他妻子的爱，他最终能够应对一直在自己优质世界中的父亲并保持理智。他对爱的需求最终得到了满足，而不用实现其他人提出的条件去换取爱，这种治愈力是相当明显的。

许多受虐待或忽视的儿童都处于类似的情况下。他们无法摆脱虐待或忽视自己的父母，父母的画面一直在他们的优质世界中。由于这种虐待或忽视，他们在年幼时，因为弱小而害怕，只能承受痛苦。而在长大并脱离了与父母的微弱联系后，他们中有许多人不肯信任他人，以至于无法在人际关系中找到幸福。他们的优质世界中没有任何人，哪怕是父母。但他们想获得快感——我们都想——所以许多人会去追求他们能得到的东西，与暴力和毒品相关的快乐。一项又一项研究表明，囚犯中有很多在童年时期遭受过虐待或忽视的人。

对这些孩子来说，除了父母和同伴，唯一与他们有关联的人就是教师了。但是，支配学校的外部控制系统剥夺了贫困年轻人的这种机会。令人悲哀的是，许多尝试照顾这些孩子的教师也受到这种外部控制系统的批评和嘲笑。我们现在的校训——"学习我灌输你的知识，无论它是否有用，否则我将惩罚你"加剧了这个问题，而只有学校才有可能解决这个问题。我将在下一章中详细阐述这种情形。

大多数人都不愿勉强接受不幸福的生活。他们不愿放弃人际关系，不愿浪费自己的生命去追逐没有幸福的快感。

许多不幸的人都非常想找到可以去爱的人，但因为生活环境所限——贫穷、衰老、缺乏教育、没有魅力、失业、无家可归、患病或犯罪等——他们找不到。

对披头士提出的那个令人心酸的问题"所有孤独的人，他们都来自哪里"[①]，我们或许有一个答案：他们来自一个由破坏性的心理学支配的世界，他们与丈夫、妻子、孩子、教师和雇主之间产生了隔阂。

下面我将解释，如何通过将选择理论应用于家庭特别是儿童教养的方法来解决这些关系问题。正如我之前说的，到目前为止，我们能终身拥有良好关系的最好机会就是与家人融洽相处。如果能够消除控制欲，我们的家庭会比现在更稳固。

选择理论、家庭和儿童教养

虽然儿童遭受虐待、拒绝和忽视的情况十分普遍，但它们远不是家庭不幸的主要原因。绝大多数的家庭不幸源于父母出自善意，试图让孩子去做违背其意愿的事情。而且，在寻求自由的过程中，孩子——尤其是成年子女——会拒绝父母的这种努力。多年以后，相同的冲突往往再次出现：成年的孩子试图让年老的父母去做他们不愿做的事情，比如不再开车、搬来和孩子一起或就近居住。

这些斗争远比婚姻或其他冲突更令人痛苦，因为父母和孩子永远嵌在彼此的优质世界中。对于年老的父母该做些什么，我没有好的答案，

---

① 出自披头士的歌曲《Eleanor Rigby》，深刻描绘了人们的孤独处境。——译者注

这个问题也许根本就没有答案。但是，在年老的父母还能照顾自己的时候，他们与子女相处得越好，这些问题就出现得越晚。

学龄儿童的父母可能会说："我们应该放弃作为父母的责任，让孩子去做任何想做的事吗？"当然不是。我们与孩子相处时，必须了解我们能做的事的界线在哪里，然后在这些范围内做我们所能做的，妄想做更多往往事倍功半。让人们，特别是父母烦恼的是：选择理论指出人们只能控制自己的行为，因此，当我们想让孩子或其他人改变时，我们的行为会受到严格的限制。无论是对待吸毒、成绩差或滥交的孩子，还是面对酗酒、东奔西跑或长期失业的父母，这种限制始终存在。

我们需要不断重申这些限制，因为对人们，特别是父母们来说，在对孩子的表现感到不满时自己能做的事有限这一点很难令人接受。他们只能控制自己的行为，他们能给予别人的，包括给孩子、父母和配偶的只有信息。这个信息可能是威胁、贿赂、抨击和监禁，但它仍然只能是信息。除了提供极端的措施，比如把一个无法管束的孩子关起来以外，这种外部控制心理学对解决问题毫无帮助。因为我们只拥有这种心理学，所以许多问题无法解决也不足为奇。

很少有人能接受这一点：我们实施控制的企图毁坏了我们与孩子唯一的联系，而正是这种联系才让我们对他们和我们之间的关系有一点掌控力。选择理论教养儿童的原则是：如果你希望孩子长大后快乐、成功并与你亲近，就不要去做任何你认为会让双方关系疏远的事情。控制型的父母几乎不可能接受这个原理，因为它意味着不评判、不威胁、不抱怨、不贬低、不惩罚也不利诱任何你想与其保持亲密的人，包括你的孩子。

事实上，这个原则不仅适用于儿童教养，它可以被应用于所有的人际关系之中，它是你在生活中启动选择理论的核心：不要对任何人做任何可能会让你们关系疏远的事。听起来可能不太合常理，但少做或许就是最好的做法。再强调一遍，努力维持失败的关系可能比你能做的其他事都有用。随着孩子们渐渐长大，曾经糟糕的关系经常会有所好转。但如果你们的关系中存在太多断层，它可能会变好，但永远不会达到孩子或父母想要的状态。

我将用一个案例来阐明我的意思，来访者是一位 45 岁的离婚女性。你在阅读时，请尝试把自己放到来访者的位置。她叫琳达，我们从她坐在我的办公室里的那一刻开始。

"你在电话里说自己遇到了一些困难，可以更详细地告诉我发生了什么事吗？"

"好的，事实上是我的医生让我来的。我有一些紧张性头痛，你知道，从后颈往上，在前额跳动的那种。我觉得我得了脑瘤。"

"我相信你的医生给你做了彻底的检查，做了全身 CT 扫描。"

"是的，他没有发现任何生理问题，所以他说我大概是因为压力太大了，并建议我来找你。我似乎有点怀疑，因为我不相信压力会导致这种疼痛，无论是什么压力。"

"好，无论我们做什么，都不会让事情变得更糟。所以，如果我们的讨论对你没有帮助，你还可以回去见你的医生或者看另一位医生。"

我总是对那些出于各种原因被医生推荐过来的人这样说。这向他们保证我不认为他们是疯癫的，或者他们的医生就是对的。我尽量作为一个助人者出现，更重要的是，作为一个倾听者出现。现在许多医生苦于管理式医疗的要求，根本没有时间去这样做。

"在我看来，压力很容易理解。当生活中的一些事没有以你想要的方式发生，压力就出现了。以我的经验，它经常与令人不满的人际关系有关。是不是有谁一直惹你不高兴？"

"嗯，很多年前是我的丈夫，但四年前我结束了这段婚姻，所以现在不是他。我和同事们相处得很愉快。五年来我有一个糟糕的、让我发疯的老板，但我的新老板是一个可爱的女性。如果我因为这一点患上神经性头痛，应该早就患上了。我在同一年摆脱了那个老板和我的丈夫。我确信自己在那之后感觉好多了，但这些头痛是新出现的，事实上是在一年前。"

"你家里有孩子吗？十几岁的孩子？"

"有，萨曼莎，16 岁，快 17 岁了，是个难管的孩子。"

"那个年龄的女孩确实如此。你和她大多数时候相处得怎样？"

"老实说，我已经不想再看到她了。她是我人生中遇到的最让人恼火、最口无遮拦的人。她简直让人厌恶至极。"

"我认为她值得我们谈谈，再多讲讲她身上发生的事好吗？"

"好吧，她从来不做我吩咐她做的任何事，而且如果我抱怨，她只是转转眼睛，对我不理不睬。她大部分时间都待在自己的房间里，锁上门打电话或者听那种音乐。感谢上帝，我家的门比较隔音，但整个屋子都被震得摇摇晃晃。"

问题就在萨曼莎，但使问题变得更麻烦的是，尽管琳达有种种不满，可她和萨曼莎仍在彼此的优质世界中。琳达与丈夫或讨厌的老板在一起时没有患头痛，是因为她能将他们移出优质世界。而对萨曼莎就没那么好的运气了，她永远在琳达的优质世界里，而且因为萨曼莎在那里，琳达向我讲述她的时候有些犹豫。她说得还不够多，我还要继续探索下去。

"我相当肯定萨曼莎就是问题所在。你愿意谈谈你和她的关系吗？"

"是的，我得找人谈谈才行。你觉得你能帮我处理她的问题吗？我差不多已经感到绝望了。她还有两年多才会离开家上大学。谢天谢地，她在学校的表现还不错。"

"我认为你现在这样持续不了一年，而且我确定我可以帮助你。但我需要你告诉我一些更具体的事情——不仅仅是她锁上门、打电话，你可以忍受那些事——而是一些别的事情，一些让你跟她有更多接触的事，一些一直在发生、让你感到受不了的事。"

"好吧，我是一个挑剔的人，在一家银行工作，工作中的每一件事都要正确无误。我在工作上非常出色，而且薪水也不少。剩下的我不说你应该也能猜到了。"

"也许我能猜到，但如果你能告诉我会更节省时间。"

"我下班回家，开始做晚饭前我希望厨房是干干净净的。我唯一的要求就是她在我五点半到家前打扫好厨房。就这么简单，用不了多长时间，十几分钟而已，这要求过分吗？我并不介意做晚饭，甚至餐桌都由我来布置，因为我喜欢把杯盘摆得整整齐齐。她在饭后帮我洗碗，但是厨房很脏——早餐用过的盘子，前一天晚上和放学回来后吃的零食。她一回家就吃零食，几乎到处都是她的东西。我一进门就看见了，该死的每一天！请原谅我说脏话，它真是让我快疯了！"

"这些要求听起来也不算过分。我不懂你们为什么连这些小事都无法协调一致？"

"好吧，她以前也经常照做，但是她太粗心了，我不得不自己再打扫一遍。我一直告诉她，'如果你做不好，就不要再做了'。大概两个月前，她就完全不做了。每当我回到家，她都一句话不说，但好像是在说：'这儿是你的家，如果你不喜欢我做的，就自己做吧。'看看，我还不得不忍受她那讨厌的态度，真是太可怕了！"

"告诉我，你下班回家看见脏乱的厨房之后，做了什么或说了什么？"

"我甚至在踏进门之前就开始紧张了。"

"然后你开始头疼了吗？"

"还没有，但我知道一会儿免不了要头疼。当我走进门，看见她懒洋洋地躺在沙发上看她的肥皂剧，我就气不打一处来。她把那些节目全录下来了，她可以做这件事，却不帮我的忙。我开始恨自己的女儿了。"

当她刚到家时，愤怒没有让她头疼。当她认识到愤怒无效时，没一会儿便开始头疼，而头疼阻止她变得狂躁和暴力。头疼还避免她变得抑郁，而抑郁对她的工作和生活会有不利影响。

"在此之前，在她还小的时候，你和她相处得好吗？"

"相当好，除了她父亲离开我们时有一点小麻烦。他从来不管教她，"

无论他心爱的女儿做了什么或在做什么，他都觉得很好；我觉得他喜欢看到我受挫的样子。但是，我得说我女儿很棒，在我们离婚期间，她大力支持我。一旦明白父亲是什么样的人，她就会跟我站在一边，现在也是。

"她经常见他吗？"

"每隔几周他都会来接她，带她去吃饭。我仍然要说她唯一的优点就是不愿去他家，她讨厌跟他住在一起的那个女人。"

"我认为现在发生的事和她父亲没什么关系。我想让你告诉我，当你走进屋子，看到她躺在沙发上看电视时，你做了什么。这是重点，详细地告诉我。"

"她必须学会承担责任。我知道自己在说什么。我很成功，因为我是一个非常负责任的人。我必须教给她一些责任心，这是我作为母亲的职责。上帝知道，她从来都没在她父亲那里学会这一点。"

"所以？"

"所以我对她大叫，威胁她，不让她出门，扣她的零用钱。"

"仅仅是为了几个盘子？"

"不，不只是几个盘子的事。正如我说的，是因为她恶劣的态度。好像全世界都欠她的，全是她的，我一无所有。盘子只不过是一个表现，但它是一种非常讨厌的表现。上个星期发生了最糟糕的事情。我对她的满嘴脏话忍无可忍，打了她一耳光。而你知道她做了什么吗？她也回了我一耳光。好吧，她说了对不起，我们抱在一起痛哭，太可怕了！从那以后，她就没有真正跟我说过话了。她拥抱我，似乎是对我感到抱歉，你认为是吗？那晚，我的头前所未有地疼。"

这个描述证实了我的猜测：琳达已经接近狂怒和暴力了。她需要用头疼来维持控制的假象。现在情况非常严峻，但还有很多希望。萨曼莎想和她的母亲更加亲近，从她母亲的话（"似乎对我感到抱歉"）中可以明显看出，但萨曼莎不知道该怎么做。琳达做错了每一件事，却认为自己是对的。外部控制心理学的第三条信念"我的所作所为是为了履行作为一个母亲的职责"正在驱动着她的行为。但她知道打那个耳光是不对的，我会从这里入手。

"你打了她耳光，听起来你不想再那样做了，是吗？"

"是的，太可怕了，当时我失控了。我想我真的需要帮助，你能帮助我吗？"

"你愿意认真地听我说吗？我会要求你去做一些有点难度的事。"

"什么事？"

"既然你回家做什么都不起效，我倒有一个建议。不要去做了，不做。"

"不做是什么意思？是她有问题，不是我。"

"她不是问题，你也不是问题，问题在于你们的关系。你理解我对你说的话吗？"

"但是，如果她能打扫厨房，我们的关系就会好起来。那就是我所要求的。"

她对人际关系概念的理解有些偏颇，但我会继续就此努力。

"好，很好。如果她在这里，我问她你们的关系有什么问题，你认为她会说什么？她对此也感到不开心。"

"她会让我不要再烦她了，她几乎每天都这样说。但是我不能不烦她，我不是一个陌生人，我是她妈妈。"

"你在工作的时候有没有遇到过让人讨厌的大客户？"

"这跟我和我女儿有什么关系？"

"好吧，萨曼莎是一个令人讨厌的家伙，不是吗？"

咨询的时候，我经常会设法表明：如果你没有控制权，坚持自己正确是不会起作用的。琳达没有控制女儿的权力，但她认为自己有，而她知道自己没有控制客户的权力。她或许可以理解这两者的不同。

"你会对一个让人头疼的客户做什么吗？"

"这位客户很重要。"

"她比你女儿更重要？"

"上帝，我在说什么？女儿就是我的全部……"

琳达开始大哭。认识到自己使用多年的心理学正在毁坏身边重要的关系时，大多数人都会有几分震惊，而与客户的对比又给了她不小的震撼。她的眼泪迟来以久，它们比头疼更有用。哭泣对缓解她的头疼大有帮助。

"你今天回到家，走进房间，假装她不是你的女儿，假装她是一个好朋友，而且厨房是干净的。这时你会做什么？"

"我会给自己倒一杯白葡萄酒，和她坐在一起看电视。正如萨曼莎会说的，放松一下。"

"你今天能对萨曼莎这样做吗？"

"我不能，她……"

"你为什么不能？"

"我当然能，但她会认为我疯了。"

"那又怎样？我确信她期盼你这样'疯'已经很久了，今天就是实现它的好日子。你一直秉持的观念并没有给你带来多少好处。来吧，琳达，你知道我在说什么，你几个月前就心知肚明了。只是安静地坐在她身边——不要大叫，不要批评，不要抱怨——和她一起放松一下。"

"我要这样假装多久？"

"你能这样做三天吗？"

"不管那些盘子了吗？"

"不，不是不管它们，你像往常一样洗盘子，但你不会再经历现在的麻烦。这所房子会很安静，她会很安静，你也会很安静。"

"我要这样假装两年，直到她离开家吗？"

"不，我说过只要三天。"

"然后呢？"

"我不知道。如果你和她安静地坐在一起，你会对她说些什么呢？

可以说些比现在更好听的话吧?"

"好,我想我可以问她过得怎样,尝试态度更友好一点。"

"要是她问你为什么不嚷嚷了,你会对她说什么呢?或者说,你想告诉她什么?"

"我想告诉她,我再也不会冲她大叫了。"

"如果她不问,你愿意告诉她吗?"

"我想告诉她大叫根本没用,我打算再也不那样做了。但我觉得自己忍不住。"

"三天怎么样?"

"好,三天我可以。"

"和她看了半小时电视后,你起来告诉她'我要去做晚饭了',不要求她去帮忙。做晚饭,然后开始吃晚饭。"

"但那不公平。我做了所有的家务,而她什么也不做。我从中得到了什么?"

"如果生活是公平的,就不需要咨询师了。你从中得到了什么?这个问题很好。让我换种方式来问这个问题,扪心自问,你想要你女儿怎么做?"

"我希望我们像几年前一样,成为最好的朋友。"

"看看,你是一位非常聪明的女士,而且工作也非常出色。我不认为那几个盘子是你真正担心的问题,它们只是一个催化剂,你真正担心的是一些比盘子更重要的事。"

"她从来不告诉我任何事。她待在自己的房间里,在电话上跟一个男孩聊天……"

"她有男朋友?你担心她可能和那个男孩做了什么或想做什么?"

"我担心得要命。"

"如果你和她相处得比现在更好,你的担心会少点吗?"

"当然,但我仍然会担心。"

"让我们重新回到那些盘子上。要是明天或后天当你去做饭时,她也会起身帮你的忙会怎样?她可能会这么做的,特别是在你照自己说的那样做三天以后。"

"如果她不做呢?"

"这三天期间,你和她在沙发上一起安静地看电视,你愿意去做我们刚刚说的事,告诉她你不会再大喊大叫吗?我不认为你无法控制自己对她喊叫。"

"如果你认为那么做有用,我会告诉她的。"

"假如是你和你的母亲在一起,你认为她这么做会有用吗?你和你母亲的关系跟你和你女儿的完全不同吗?"

"不,我的母亲会说有这种女儿是我活该。但你是对的,这么做应该有用。"

"如果她没来帮你,不用在意,到第四天再说'萨曼莎,到厨房给我打下手怎么样,我要开始做晚饭了'。如果她不来,你也不要说任何话,一个星期都不要抱怨一句。但如果你说话的态度温和,我认为她会来帮忙的。不要说'你就应该这样做'或者'该干活了'这样的话。你知道我的意思,就用你在银行跟重要客户说话的方式来说——友好,不给对方任何压力。"

"这就是人际关系吧?"

让琳达认识到人际关系如何重要需要一段时间。我会继续想办法提醒她。

"你要做的就是这些,但已经不少了。她非常渴望与你亲近,给她一个机会,给她一些时间。"

"她表现得并不像想与我亲近,看起来恰恰相反。"

"但你们的关系会有所改变的,非常大的改变。她今晚就会注意到,你等着看吧。"

"好吧,我的做法没什么好处,我愿意放弃它。现在我们做点什么呢？"

"现在我想再谈谈她的男朋友。你知道关于他的任何事吗？"

"我只知道他是打篮球的，来自一个和睦的家庭，但她从来没有把他带回家。"

"你担心他们可能会发生性关系？"

"是的，我非常担心这一点。我对她反复说教，说得磨破嘴皮也没用。她以前有什么事都会告诉我，而现在她不愿意跟我说话了。"

"你愿意跟她和那个男孩一起出去，在你认为她需要时悄悄在她耳边提出建议吗？我的意思是假如她男朋友看不见你，只有她能听见你说话，你愿意吗？"

"别说傻话了，这种事不可能发生的。"

"假设就是这样。事实上，你现在就在她的耳朵里，就像她也在你耳边。唯一的问题是，她并没有听你几句话，你知道的。如果你能跟她更亲近一些，她会像过去那样听你话的。"

"我希望现在弥补不会太迟。"

"我认为现在还不迟，与孩子亲近永远都不迟。"

"我是不是一直都没做最该做的事？"

"下周再来，让我们看看发生了什么。我认为你并没有真正伤害到她，她也不是省油的灯。但这个方法也许会奏效，让我们试试看。我希望你在这个星期考虑一下：不仅是萨曼莎，还包括生活中的所有人——你的老板、母亲、前夫，每一个与你有关系的人，跟他们在一起时你能控制谁的行为？我们下周再谈。如果你在一个星期内想见我，请打电话给我，我会回复你的。"

那次面谈使事情开始好转。我在一个星期内没有接到琳达的电话。萨曼莎洗了好几天的盘子，然后停了一天。这是一个考验。琳达没有上钩，她自己洗了这些盘子，没有说任何话。萨曼莎现在又洗了两天盘子，而琳达打算再也不提盘子的事了。琳达与我再次面谈时，我花了一些时间向她介绍选择理论。她说，她可以做任何能让她和萨曼莎变得亲密的事，而且她已经看到一周之内她们变得多么亲密了。

大概一个月后，琳达告诉我进展。萨曼莎想和琳达谈谈她的男朋友。他正在对她施加性方面的压力，而且他们的关系已经非常接近这一步了。琳达没有大惊小怪。她只是平静地问萨曼莎是否想要一些避孕药，但萨曼莎说不。萨曼莎告诉琳达，她的男朋友随身携带安全套并承诺会用它。琳达告诉她，除非她深深地爱着他，否则在她这个年龄发生性关系可能是次不愉快的经历。萨曼莎说她没有那么爱他，只是她的许多朋友都和男朋友做这件事，她有些好奇。

我告诉琳达，她只能做到这里了，我还夸她处理得很好，她说的话让母女二人更加亲密，而且在萨曼莎犹豫要不要与男朋友发生性关系时，这算是一次及时的忠告。青少年间的性关系是当今美国文化的一部分。无论萨曼莎怎么做，她开始和母亲说话了，这对她来说已经好多了；而琳达也停止了说教、批评和控制。

用选择理论教养孩子

以这次面谈为引导，我想解释一下如何使用选择理论来教养孩子。回首往事时，我觉得自己从与孩子相处的经验中学到了许多选择理论的内容。直到三个孩子大学毕业，我的第一任妻子纳奥米和我才接触到选择理论。我们在对待孩子的问题上几乎意见一致，所以从来没有因为孩子做出的选择而相互指责。我们在教养孩子时很少使用惩罚手段，而且从来没有遇到其他父母经常遇到的问题。孩子从来没有出现反抗现象，我们在家里相处得非常愉快。我们的孩子有许多朋友，他们在我们家里很受欢迎，而且几乎所有这些朋友现在都是成功的成年人。如果你想知道该如何运用选择理论教养孩子，可以观察祖父母如何对待孙辈，这一点是很容易做到的。

我知道许多人都会不同意我下面说的话。就像婚姻关系中存在巨大的偶然性,教养孩子或者与家人相处中也没有万无一失的方法。如果你尝试了我的建议却没有效果,那么我可能是错的。但也可能是你在外部控制心理学中陷得太深,超过了自己的想象。

我认为选择理论用来预防问题会比解决问题更有效。你如果认真观察身边有长期人际关系问题的人或者自己的生活,会发现我们很少能想出一个解决问题的好方法。大多数情况下,这些问题被拖延着,从未真正得到解决。最终,我们学会了在不愉快的婚姻中生活,并且对人际关系的期待越来越少。我相信,我们也在对孩子做同样的事情。我们感到失望时,通常不是干脆拒绝他们,而是对他们的期望越来越少;他们对我们也是如此。

大多数父母最关心的是孩子的未来:他们会拥有成功而幸福的生活吗?在我看来,同样重要的是:他们喜欢与我们在一起吗?我们喜欢与他们在一起吗?如果他们感到开心并喜欢和我们在一起,我们作为父母就心满意足了。大多数父母并不奢望孩子出人头地,我们对选择理论的理解似乎足够让我们认识到在超过某个临界点后,父母就无法做任何事帮助孩子更上一层楼了。我们能够提供帮助和支持,但孩子最终的发展在我们的控制之外。

根据外部控制心理学的第三条原则——"我们知道什么对孩子是对的",许多人会使用奖赏或惩罚手段,企图让孩子去做我们认为正确的事情。我们可能一直都是这样做的,直到摧毁了彼此间的关系,而我们并没有达到想要的目的。即使孩子变得成功并做了我们认为正确的事,但我们热切地逼迫他们达到某个目标,与此同时可能也失去了许多人想要的亲密感。有些人说,只要孩子能过上他们设想的生活,亲密感并不重要,我根本无法接受这种观念。如果成功不能分享,对父母和孩子来说都是个遗憾。

我只能解释用选择理论教养儿童的基本观点：无尽的爱，零惩罚。如果你的孩子调皮捣蛋，我无法告诉你每天怎么做，但把一个正在捣乱的孩子送回房间或者让他坐在椅子上冷静，尽量不冲他大喊大叫，这种做法通常是有效的，而且不会伤害你们之间的关系。你可以把他送回房间并警告道："等你冷静下来再出来，我们可以谈谈刚刚发生的事，看能不能让它不再发生；但如果你不想谈它也可以，我只是想让你冷静下来。"当他走出来时，你们可以做一些愉快的事，并告诉他事情结束了，不要生气。

创造力是任何一段友好关系的核心，不妨做一些出人意料的事情。与哭闹的孩子在一起时，我也会假装哭闹。他们特别吃惊，于是大笑起来或者跑过来安慰我，我告诉他们我对此非常感激。他们经常忘了自己想要什么或者正在做什么，而我也不会提醒他们。有时候，他们准备放声大哭时，我就教给他们一点选择理论，并说："你可以现在哭，也可以过一会儿再哭，你愿意选哪个？"他们由此得知抱怨和哭泣是一种选择，而且对他们来说可能不是一个好选择，这让他们开始思考：如果可以的话，还是选择不哭吧。

作为了解选择理论的父母，你教给孩子一点选择理论是很有用的。先向他解释基本需求和优质世界，再解释整体行为。在我们运营的一些争取达到优质水平的学校里，5岁的孩子就会学习选择理论，在家里当然也可以这样做。本书附录部分介绍了一些参考资料①，孩子们可以阅读本书某些章节并轻松从中学习知识。如果你告诉他们，你对待他们的大部分做法来自本书，他们会特别感兴趣。

---

① 许多年前，我创造了一个针对药物滥用的干预计划，称之为"选择计划"，它适用于10岁至15岁的儿童。它包括一盘供儿童观看的动画录像带和一个观看后填写的练习本。这个计划中也有父母参与的部分，孩子要向父母讲解自己正在学习的选择理论。在那时，我称这个理论为"控制理论"，后来因为这个名称具有误导性而放弃了。但这些资料是准确的，你需要做的就是对孩子解释名称改变了。这份资料对学校、教会或青年社团也非常适用，超过10万名学生使用过它，效果良好。

尽力去爱,但不要把爱与任何特定行为联系在一起。向孩子明示:你爱他们,无论他们做什么。但也直言相告:如果他们无法无天,爱就没那么容易得到。如果你爱孩子,最好的方法是永远开诚布公地与他们沟通并保持倾听。有了这种开放性,你就有权利表达你的观点;如果你不同意他们所做或想做的事,也可以尽管告诉他们。但是,不要对他们正在做的事情喋喋不休。如果你不同意,表达两次通常就足够了。不过,当孩子想让你支持你不同意的事情时,情况会变得复杂一些。

举个例子,你的女儿为了追随她深爱的男生想转到另一所大学,而你不同意,该怎么办?这里没有标准答案。如果你与她有牢固的人际关系,这件事大概就不会太难处理。你应该判断做什么或不做什么可能使你与她进一步疏远。你们明显的分歧已经阻止了你与她亲近,其实你并不希望这样。

问问你自己:如果我这样说或这样做了,我们会更亲密还是更疏远?告诉她无论你们谁做了什么,你都不想双方在这件事之后变得更疏远。向她解释原因并请求她的帮助。这就是亲子调解圈,与我们在婚姻中用过的调解圈异曲同工。一旦你认为孩子准备好了,就教他们学习选择理论。在你们相处融洽的时候去教,日后出现问题时就可以使用它了。

不管在不在亲子调解圈内,对想转学的女儿,你最好开诚布公地告诉她你为什么不同意,以及你很难支持她的想法是因为害怕她会受到伤害这一事实。但是也要告诉她,你和她的关系比任何事情都重要,并问她你们可以做点什么来维持良好的关系。你这样做会大大降低她毁掉自己人生的风险。但请记住,当涉及爱情时,没有人能告诉任何人该怎么做。选择理论强调:尽你最大的努力与她保持亲密,把关系放在第一位才是永远"正确的"。

在处理孩子的问题时,提供建议总比严厉说教更好。尽最大努力与他们保持亲密,不要过度介入他们的未来,这样做可能与提供许多建议一样有用。如果你提供建议,请不要反复唠叨。几乎可以肯定,孩子只要听你说过一次,在你给出建议之前,就知道你想让他做什么。如果他之前没成功,请不要旧事重提。过去的就过去了,抓住这种失败不放会破坏你们的关系。

不过,回顾过去的成功却是一个极好的主意。任何人都喜欢听别人盘点自己的丰功伟绩,几乎百听不厌。父母要在孩子很小的时候就尝试帮他们建立这个观念:大多数错误都可被及时纠正或接受,只有很少的错误非常糟糕,是无法被纠正的,因此不能任其发展。你要时刻准备帮助孩子,但不要准备代劳。我对大儿子犯的一个严重错误就是操之过急,替他做了太多事。爱他们,就应该允许他们在年轻时犯点错误,在这时失败还不会像长大后那样受到严厉处罚。

以选择理论为基础的人际关系的关键在于建立信任,父母应该早早鼓励孩子信任他们。建立信任意味着不论孩子说任何话或者做任何事,你都不能拒绝他们。后来,当孩子十几岁时这样做就更难,但你最好永远都不要拒绝他们。这并不是说你要支持自己不同意的事情。不拒绝和不支持之间存在巨大差异,如果你们关系亲密的话,孩子很容易理解这个差异以及你的立场。

我解释过,父母在孩子的优质世界中,意味着孩子信任父母或者希望如此。孩子让自己并不信任的父母待在优质世界中,是因为没人可以取代他们。只要父母在那里,孩子就想要信任他们。当一个孩子不想再信任父母时,父母就好像成了优质社区里不活跃的成员。你还在那里,他可能喜欢你的陪伴,但他不再信任你了。你重获信任的唯一方法就是花时间与他谈话并倾听他的心声,在这个过程中彼此接近。

如果父母在一个不信任你的孩子面前犯了错误,请尽快承认错误。不要期望他变得完美,你也不是完美的,而承认错误可能会建立或重建信任。在孩子看来,第一时间承认错误的父母比那些认为自己总是对的、很难认错的父母更值得信任。孩子需要信任他们的父母,如果无法建立信任,他们的生活就好像缺乏根基一样。

运用选择理论的父母从孩子三岁起就开始教他们要对自己的选择负责了。但负责并不意味着受惩罚，把他们送回自己的房间应该是你管教的极限了。选择理论的教养方式中没有惩罚，惩罚是外部控制心理学的核心，它总会让父母和孩子拉开距离。几乎所有受惩罚的孩子都会花费时间和精力去逃避或抵抗惩罚，而这些时间和精力本该用来学习如何满足需求和丰富生活。受到惩罚的孩子倾向于收紧人生，想方设法逃避而不是承担责任。在其选择导致的自然结果之外，孩子们不应该再承受更多的痛苦。

举个例子，如果你的儿子总是吃饭迟到，他应该仍然有饭吃，只不过饭可能是冷的，菜也会少一些，他甚至可能需要自己弄一些吃的，但是他不应该挨饿，除非是他自己太懒。就算你认为惩罚能解决问题，也要试着不去用它。你会发现通过一些对话和指导，你的孩子也能解决自己的问题。他们接受你的解决方法，不是因为你能够动用惩罚，而是因为他们信任你。这样一来，你就不必冒险去伤害对你们至关重要的关系了。

运用选择理论的父母会抛弃惩罚，他们不断发送这样的信息："我希望你能从自己的错误中有所领悟。如果我们俩都不满意你所做的选择，我的任务是跟你共同找到更好的方法。更好的方法几乎总是有的。然而，当我认为你太过年轻、不清楚自己的处境时，我会介入并阻止你，但我的重点不是阻止你，而是让你在做出让自己后悔的事之前明白道理。"这里信任是最重要的，如果孩子信任你，他就会听你的话。

许多父母会因为上床时间与孩子争论不休，而在孩子四岁之前，你最好别用惩罚手段。但当孩子过了四岁晚上仍然不想上床，你可以把这种情境当作一个机会——给他上一堂有价值的关于个人自由的课。一旦你认为他可以不这么早睡，就告诉他，你相信他清楚自己需要睡多久。这句话透露出了这样的信息：你的做法灵活，你也不会强迫他永远听你的，而是更愿意给他一个机会去做自己想做的事，只要他不伤害自己或者其他人。

过了你认为他应该上床的时间，就告诉他睡觉时间到了，但他不一定非要在这个时间睡。他可以不睡觉，多晚睡都可以，但他不能再打扰你或别人了，他只能自己玩自己的。他可以玩，如果电视没其他人看，他也可以看电视，但要把声音调低。当你们（父母）去睡觉时，关上房门并告诉他，他不能再打扰你们或别人了，如果他打扰了任何人，即使你们大吵一架，你也会把他赶到床上。但因为他想逃避惩罚，你们很少会吵架。告诉他，即使他困得要死，你也会叫他起床上学。如果他在学校睡着了，不用过于担心，他不会只因为这个就考不上大学的。

现在就应该开始教你的孩子学会负责，不要等他长到十几岁，那时他可能会受到一些真实伤害。如果你们为上床时间争执不休，那么你会浪费大量精力，你本来可以用这些精力来教会孩子，无论何时都存在一个对你们来说双赢的选择，而你会给他选择的自由。孩子什么时间上床不会伤害到其他任何人。如果他玩得太疯，第二天没精力玩耍或学习，他会知道早点上床。只有你们之间不存在敌对关系时，你才有可能给他一些建议，他才会听。你要在他的整个童年早期寻找这样的机会。大多数情况下，让他自己选择上床时间这一方式的效果都不错。这给了他一个在安全的环境中照顾自己、不依赖其他任何人的机会。

既然上床时间由他决定，还可以跟他谈谈许多事情如何规划。问他是否还有其他可以独立完成的事情，并告诉他你会尽力支持他做自己想做的事。告诉他你不喜欢吵架，而且看好他能把以前你们争论不休的事情处理好。如果他告诉你他准备早点上床，你绝对不要对他说"我告诉过你吧"，只需要说上床时间由他来定，不论早晚。

这种做法可以改变你们的关系。你不是那种会说"不听我的话就滚蛋"的死板父母，许多孩子认为他们父母就是这样的。你的孩子会知道，你不会为了规矩而讲规矩，或者因为其他人这样做就去效仿。你是他的父母，也是他的伙伴，你想给他尽可能多的自由，去选择做你认为他能处理好的事情。但如果你认为他还没准备好处理某个情境,在准备好之前要按照你的方法来。你们总会对彼此敞开心扉,清楚你们当前的状况。在选择理论式教养里,没有机械或不假思索的"不",你们也不会吵架,那不是你想要的与孩子相处的模式。

现在,我们来举这样一个例子:你认为孩子没有准备好自己做决定,这时还需要按你的方法来。你8岁的女儿不想上学,你试图让她去学校时,她表现出了强烈的歇斯底里。作为父母,虽然你还没有使用选择理论,但目前为止你也没有理由为她的教养担心。她得到了大量的关爱,而上学问题来得出乎意料。她一直有点抗拒去学校,但这么强烈的抗拒还是头一回。当你跟校长谈论此事时,她告诉你把女儿带到学校来就行了,学校会处理此事的。校长之前遇到过这种行为,并认为孩子一旦认识到这种情况不容商量,就会冷静下来。可是你仍然担心,你不喜欢诉诸武力的处理方法。

但是,现在你在学习成为使用选择理论的父母。你可以告诉她上学不是一个选择,所有儿童(包括她)都必须去上学。你要带着爱和关怀去做,但要小心谨慎,让孩子明白这是一种不容商量的情况。你们是好父母,你们爱她,而这种情况非常难处理,她的歇斯底里看起来像真出现了心理问题一样。但是,你越是允许她用歇斯底里控制你,就越难说服她去上学,上学不是一种选择。

如果你已经成为使用选择理论的父母,那么她知道你在许多情况下是灵活多变的。不管怎样,你与她一直相处融洽。她知道你爱她,而你必须准备好在不容商量的情况下坚定不移。无论她哭得多厉害,你都要亲自带她去学校,给她一个吻,再把她留下。你事先告知学校你打算这样做,而教师会以合理的方式跟她相处,但你要对她可能会哭上一整天这件事有心理准备。她一旦看到你是认真的,就不会哭太久了,你建立的信任是不会白费的。你可能永远不知道问题出在哪里,她可能会告诉你,但无论是哪种情况,你们都有办法处理。站稳立场,即使你认为有必要，也不要使用威胁或惩罚，尽可能灵活一点。

对那些坚持己见并实施惩罚的父母来说，吃饭是另一个大难题。这是一场容易迷失的战争，更是一个让亲子关系变得灵活的好机会。你女儿只吃很少几种东西，但还不至于营养不良。如果方便的话，给她那些食物，不要做任何表示。如果不方便，就给她吃和大家吃的一样的食物，就这样。如果她从盘中挑出自己想吃的，把其他的都剩下，你也不要说任何话。"光盘俱乐部"是受到我们特许的外部控制手段之一。如果她愿意自己做给自己吃，就让她去做。就这么简单，没有争论，没有哄骗，也没有引诱。她吃饭时，不要告诉她"我早跟你说过"；如果她不吃，也不要担心得要命。她没打算让自己挨饿。如果你从她小时候起就过分关心她吃什么的问题，那么你以后可能要面对她的厌食症。

根据选择理论，我在本书中给予你们的只是信息，我说的话不会凌驾于你自己的判断之上。执行你认为值得执行的事，但尽可能少这样做，该放手时就放手。如果不是事关重大，不要保护你的孩子不犯小错，也不要让他们按照你的方式去做。这样，他们就可以从经验（世界上最伟大的教师之一）中学到怎么做才聪明，怎么做才愚蠢。他们也会明白你不死板也不固执，你不会在乎其他父母非常在乎的许多事。但他们从小也就明白，涉及你底线的时候，无论他们如何抗议，你都会坚持原则。

孩子还小时，你让他们控制自己的上床时间、吃什么、穿什么，这样管理没有问题。不久之后，你非常在乎的事情，比如上学、健康、安全，都是不可商量的。但当你开始让他们选择很多事情时，许多孩子还不太了解要如何做决定。这时你要教给他们协商的价值，因为到了青春前期，他们的很多需求只能通过协商来实现。你不能像他们小时候那样，在身体上控制他们。你可以让他们待在家里，但是你很难拴住他们。而且，如果你过于严厉，就可能削弱你在他们优质世界中的地位。而此刻你比任何时候都更需要在他们的优质世界中占据显著位置。在你不能拴住他们的时候，比如上学前和放学后，他们可能会遇到大量的麻烦。

无论你喜欢与否，孩子们不在你身边时，你无法控制他们做出选择。毒品、性、酒精和犯罪都可能涉及，而阻止他们接触这些破坏性行为的唯一方法，就是你要在他们优质世界中占据显著位置。不仅现在要在那里，而且要一直在那里。你在那里的存在感有多强大，对他们所做选择的影响就有多大。你在大多数时间里愿意协商，而且在许多本可以使用强制手段的时刻确实进行了协商，这让你和你的观点得以存活在孩子的优质世界中。开始教他们学会协商吧，越早越好。

你的儿子9岁了，他想要一条狗。你不是特别想养狗，但你认为养狗在他这个年龄是一个合理要求，而且你也不想太专制。他6岁提出要求时，你说必须等到9岁，他等了，这说明他尊重你的意见。但如果你不尊重他的意见，你就会失去他的尊重。9岁时，他已经能进行协商了，这意味着你可以了解他有多愿意照顾一条狗。像所有的协商一样，打开局面的最好方法是与他谈谈如何养狗并表示出你对他这一要求的关注。如果这个要求是合理的，不要泼他冷水。如果你实在不想在家里养狗，那么就坚守底线。一开始就态度坚决，好过犹豫不决、拖延然后再强硬的做法。

与孩子一起讨论狗的血统、大小，是养一条小狗还是一条已经训练好的大狗、长毛还是短毛，狗的脾气以及所需成本。鼓励他多阅读关于狗的书，对他来说，这也是一个理解"开卷有益"的好机会。如果你们住在大城市，可以和他一起看分类广告，特别是那些关于领养狗的。带他去实地看一看狗。重视这件事，这也是一个建立亲密感和进行协商的好机会。与此同时，和他谈论照顾狗的事情，确定他愿意做多少，你愿意做多少。他只有9岁，所以你不应该期望太多，但遛狗和喂食应该是合理的任务。

如果你们住在城里，向他解释为什么你们需要一个小狗马桶以及如何使用它。不要要求他在屋里跟在小狗后面清理，那对他来说过分了，而且训练小狗的卫生习惯也不需要太长时间。你们也可以领养一条已经训练好的小狗，对初次养狗者来说，这可能是个不错的主意。尽量领养一条他想要的狗，而不是你想要或者你小时候想要的狗。

记住，十几岁的孩子需要大量的关爱。当然，儿童也需要同样的关爱，但他们没有青少年那么麻烦。我们总是忘记这个事实，把他们当作成年人来对待，但他们还没有长大成人。给青少年足够的爱需要大量的创造性，让他们即使不同意也愿意倾听你，并让你继续留在他们的优质世界中。不要等麻烦出现后再行动，应该通过和孩子们说笑和做事来预知它。这如同一个储蓄账户，当出现严重分歧时，你就可以从中支取。

如果夫妻之间形成了婚姻调解圈，而且也形成了亲子调解圈，那么很自然会进一步形成家庭调解圈。观察那些相处融洽的家庭，你会发现这个调解圈在发挥作用。无论发生什么事，这个家庭都会凝聚在一起，相互支持，相互帮助。而信奉外部控制的家庭的成员在出现问题时则倾向于相互指责，每个人都知道对自己而言什么是对的，但很少思考对这个家庭来说什么是对的。信任让调解圈坚不可摧。只要你和孩子在调解圈内，无论是不是在一起生活，你们都会感到幸福。

治疗受虐儿童或儿时受过虐待的成人

如果虐待在进行之中，我们必须竭力阻止它，这意味着带儿童脱离受虐待的环境。但通常我们发现虐待时，它已经停止了，但受害儿童仍然需要帮助来处理发生过的事情。甚至更常见的是，有时虐待的事实从来没有被披露，在受害者整个童年期都没有停止，而是在后来作为成年人问题的疑似原因浮出水面。虐待可能是身体上的，但并非性虐待，比如孩子挨打；也可能是心理上的，比如充斥着威胁、批评、责备以及忽视的生长环境；可能是性虐待，主要是身体上的，但也是心理上的。最常见的虐待是这三种情况中几种的组合。

受虐待的儿童往往会受到一个或多个照顾者的伤害。最容易造成这种伤害的是儿童倾向于信任的对象，比如亲生父母、继父母、祖父母、叔叔、表亲、养父母甚至是邻居。传统观点认为：虐待，特别是性虐待的受害者只有在意识到发生了什么或者敢于面对曾经的施虐者时才能正确应对发生过的事。人们认为受虐者无法独自应对发生的事情，而需要心理医生帮助他们走过所谓的治愈过程。认为来访者受到创伤的治疗师倾向于认为，只有能够通过心理咨询回顾过去发生的事情，受害者们才能摆脱无助的现状，这种观点也许有其目的。

选择理论看待受虐待经历的态度有很大不同。我们告诉受害儿童或成年后的受害者，他们可以运用选择理论来帮助自己。他们不再是过去事件的受害者，除非他们选择那样看待自己。选择理论认为传统思维——他们必须重新体验甚至面对虐待——不仅无效，还可能有害。在任何情况下，暗示自己是受害者而且无法自助都是有害的做法。这个世界上有无数人在童年或成人后受到了虐待，许多人的经历是非常可怕的，但他们在没有传统治疗也不懂选择理论的情况下自己帮自己摆脱了困境。他们有过很糟糕的体验，但仍然能够信任他人。他们饱受痛苦，但仍然没有失去希望。

那些没能有效处理虐待的儿童或成人需要优秀的心理咨询，咨询应该包括使用选择理论解释发生了什么以及如何进行处理的部分。最重要的是，他们必须了解，与其说他们遭受的是虐待带来的痛苦，不如说是无法信任别人甚至永远无法学会信任的痛苦。性虐待是最难处理的伤害之一，因为在很多情况下儿童一开始是信任虐待者的。

正如我在讨论儿童教养时解释的，学会信任是在这个世界上学会满足自己需求的关键。从受虐者的经历看，不信任别人对他们来说是有道理的。如果他们被自己优质世界中的人伤害了，怎么还可能信任陌生人呢？他们必须明白的是：大多数人并不是施虐者，还有许多人（但不是所有人）是可以信任的。他们还必须学会如何区分哪些人是可以信任的，哪些人是不能信任的，并避开后者。简单地说，在遇见他人时要谨慎小心，在信任对方之前进行更多了解。他们需要特别小心避免再次受到伤害，以防失去刚刚恢复的一点信任。

当虐待结束时，他们就像那些失明很久或天生失明的人现在突然见到了光明一样。尽管他们现在能看见了，但仍然不能正常运用视力，他们确实需要学习或重新学习如何用眼。那些受虐待的儿童或成人必须去感受充满爱心、值得信任的人，然后才能学会信任和爱。但要这样做，他们就必须学会放弃自己是受害者或者受到了永久伤害这样的观念。他们小心谨慎是有道理的，但继续认为自己是受害者则没有意义。

比起让他们回顾受虐经历，使用现实疗法为他们咨询，同时教给他们选择理论，可以为他们提供更多的帮助。回顾糟糕的经历并不能让你变得更加强大。如果你已经挨饿很久，你需要的是食物，而不是解释你为什么过去会挨饿。创伤甚至是严重的心理创伤可以被治愈，但前提是体验爱并重获信任。只有经过这样的努力，爱才会延续下去。

选择理论认为所有的问题都是当前的问题，因为需求必须在现在得到满足。你无法补上错过的一餐，最多可以吃掉后面的一餐。你可以为未来储存食物，就像你可以结交一位今后一起享乐的好友一样。但是，现在喜欢这位朋友是今后与其交往的关键。受虐者也许会因为不快乐的过去的影响而不太容易处理当前的情境，但不是不能。过去，无论遭受的是虐待、忽视还是拒绝，都不是问题所在。他或她的当前问题与其他人的没什么不同——所有的当前问题都是人际关系问题。每个人都需要与可以信赖的人建立令人满意的关系。

泰瑞，一位33岁的女性，因为无法维持满意的性关系来找我咨询。只要开始接近一个男性，她就会选择破坏这段关系的行为，她实际上做了什么并不重要。让我们来看看如何使用现实疗法为她咨询。我主要是帮助她从过去重新认识现在，并帮助她学会信任他人。我的做法不是使用现实疗法的唯一方式，但它是一种不错的方式。其他现实治疗师的做法可能有所不同，但我们都在朝着一个方向前进。

"泰瑞，告诉我你的故事吧。每一个来这儿的人都有一个故事。我非常想听到你的故事。"

"我没什么故事。我孤零零一个人生活。好吧，我不应该那样说。我喜欢我的工作和同事，但我的社交生活似乎总会被我搞砸。工作上的一位好朋友向我提起了你。我对她讲了关于我糟糕透顶的爱情生活的很多事，她想帮助我。她说你曾经帮过她的堂妹，她可以看到堂妹身上发生了很大变化。她的堂妹介绍了一些你的工作方式，但是她不准备告诉我，因为她不确定自己是否理解了。总之，我需要帮助。我交过一点保险，今年可以见你10次。如果需要花费更久的时间，我不确定我是否支付得起。除了车、租的房子和必须穿的几件衣服以外，我就没什么东西了。还有，我正在支付一大笔牙医账单。如果我只能支付这么多，你能帮助我吗？我听说治疗要花很长时间。我不想开始后又半途而废。之前我已经提到了，我想我的问题是和男人相处。一段关系开始时感觉还不错，但似乎从来都走不远。"

"要咨询多久取决于你。如果你愿意付出更多的努力来了解自己，大部分问题能在10次以内解决。不像去看牙医，在牙医面前，你需要做的就是张开嘴，然后他来修补你的牙齿。我不能修补你的爱情生活，但我可以帮助你去修补它。我们一起工作。这更像是在看过牙医之后，你学习如何更好地自己护理自己的牙齿。不同之处在于，在这里，你现在就会开始学习如何更好地打理自己的生活。那就是我的疗法——学习如何照顾你自己。我们会谈话，我会问你问题，还会仔细检视你的选择与现在生活之间的关系，并设法帮助你。我会经常使用'选择'这个词，因为我相信是我们选择了自己的行为；而且，如果你想要获得幸福，必须学会做出更好的选择。告诉我发生了什么，从哪里开始都行。"

"跟男人有关，我想要一段关系。我很容易遇见潜在对象。他们当中许多人对我来说并没有多大意义，所以我们相处不久就分手了。但有时候，他们中的某一个会对我很重要，然而我却搞砸了。现在我和汤姆之间就是这样。他是我喜欢的那种人。我们对彼此感兴趣，然而我毁了这段关系。"

"具体一点。我需要你尽可能详细地告诉我正在发生什么。告诉我所有事情，这会有帮助的。你是怎么毁掉和汤姆之间的关系的？"

让来访者说具体一些是非常重要的。生活是一件件具体的事，像"我搞砸了"这样的概括在治疗中没有用，细节才有价值。

"我们有很美好的开始。刚和汤姆在一起时，性方面也很美好。但是，后来我开始提出各种要求，我开始因为许多小事批评他。他告诉我，有一个女同事住在他家附近，要求他下班后带她回家。她自己乘公交上班，却要搭便车回家。我大发脾气，指责他是想跟她上床。这很荒唐——她的年龄几乎可以当他妈妈了——但在我发飙时是认真的。任何事都可以惹毛我。突然间，我就不喜欢他的胡须、讨厌他胳膊上的文身、憎恨他不准时来电话了。还有很多很多，这些统统都以我指责他不爱我而告终。他怎么可能爱我呢？我们刚开始交往，而我把他指责得一无是处。我告诉他，他来找我是因为我会跟他上床，我变得那样粗鲁，太可怕了。几天前的一个晚上，他发了一点脾气。他说：'你是对的，我来见你是因为我喜欢跟你做爱。'他没有说脏话，不像我那样粗鲁。他说：'我当然喜欢跟你做爱，我想那是我们见面的一个美妙的理由，我想不出更好的理由。'"

"后来呢？"

"我发狂了。我告诉他，我想要的不只是上床，我想要更多。我开始尖叫，大哭，捶打他的胸膛。我们在床上，但还没有做爱。这个可怜的家伙坐起来，穿衣服，准备离开。我起来追他，请求他不要走。所以他留了下来，我们做爱，感觉好极了。吵架让做爱的感觉棒极了。早上我的状态相当好，但要去上班时（这个季度我上早班），我对他说了一句刻薄的话。我告诉他，如果他再像那样起床离开，我们就彻底完了。

我没有必要说那样的话，一说出口我就后悔了。是我出了问题，不是他。我决定来找你，是因为这个家伙是目前最适合我的人。他有工作，不喝酒。当然，他离过婚；除了有妇之夫以外，我交往的男人都是离过婚的。我也试过其他人。我在搞砸自己的生活，而我不知道为什么会这样。"

显而易见，这里缺少了些什么——她不信任他，而且我猜她不信任他们当中任何人。我最好现在就提及这一点，旁敲侧击没什么意义。她在我前面似乎还算自在。她的人生中发生了一些事情，或许她能告诉我，我会弄明白的。

"信任这个词对你意味着什么？"

"如果你准备告诉我，我不信任这些家伙，你是对的。我不信任他们，我为什么要信任他们呢？"

"也许因为像你说的一样，他是个不错的家伙，但你害怕与他亲近。这是很平常的原因，而且很可能是对的。"

"听着，他离过婚，有两个小孩，而且他在支付小孩的抚养费。他打算再跟我这样的疯子开始吗？这对他有什么好处呢？总之，我为什么要信任他呢？我为什么在经历那些事后还信任这些人呢？"

我没打算问她，而她不得不告诉我。如果我问她，无论是什么，我的问题都会突显这件事的重要性。她必须停止去想它，停止以其为借口逃避男性。我什么也不说。她暂停了很久，然后继续，但她一直看着我，好像在说："你怎么了？你为什么不问我发生了什么？"

"我根本没有得到过好的照顾。如果告诉你我的童年经历，我会把10次面谈的时间都花光。我在书中读过一些悲惨的童年，知道它们是如何把一个人毁掉的。你想听听我的童年吗？我猜你想听，那是关键所在，不是吗？我的童年，儿时发生在我身上的事。我母亲现在说她感到抱歉，但那时候她似乎并不这样想。"

好，现在问题浮现了，我可以问她了。她想告诉我了。

"那个人是谁？你的父亲，你的继父，你母亲的男朋友？"

"不是我的父亲，他在我 6 岁时就离开了。是我母亲的几个男朋友——他们中的 3 个人，从我 9 岁时开始，直到我 17 岁离开家才结束。我离开家时，我母亲给了我一些钱，我猜她感到内疚。她假装不知道，但她知道发生了什么，我猜她是害怕失去她的男朋友。我离开后，她知道我在哪儿，我们一直保持着联系。有一段时间，我与一个女友住在一起，生活很艰苦，但我总算离开了该死的家。我在一家商店找到了一份工作。我很聪明，一到 18 岁就被录用，成为收银员，我很擅长做这个。这是我生命中的一件好事，我也因此遇见了那些家伙。这家商店在一个不错的街区，我遇见的那些家伙都有自己的工作。我现在遇到的这个人在一家音像店工作，他挣得也不少。"

她表现得相当坦率。她绝对有理由不信任男人，但她的基因里没有记忆，它们不知道她受到骚扰。它们想要性和爱，而且现在就想要。她有性生活，而且她说很享受它，感觉很好。如果选择理论是正确的，我必须向前而不是向后看。就算回顾一遍虐待经历又有什么好处呢？她有自己的生活，而且和母亲还有联系，那样很好。也许她的母亲应该保护她，但她没有。那些男人不应该做他们做的事，但他们做了。我明白她期望我去回顾她的过去，去抱怨那些男人给她带来的麻烦，但即使我做了，她又能怎样呢？她能做些什么让一切从未发生过吗？责备她的母亲有什么好处呢？她认为母亲是无助的，也许那是看待母亲的最好方式。我没打算往那个方向走。那些事她经历过一次就够了，不需要再回顾一次。她很明显有一些力量，我必须帮她发展它们。

"好，我明白了。我曾为受虐待的女性咨询过，有些人的情况还可以，有些人则更悲惨。告诉我，在那家商店工作有什么好处？你说在职场上能发展出一些好朋友？"

"好处是我的收入不错，还可以看心理医生。我喜欢工作时打交道的那些人，还喜欢轮班制，它是 24 小时营业的。你会在不同的上班时间遇到不同的人。我是在凌晨 4 点遇到汤姆的。那时候没什么人，所以我有时间聊天。我的老板人很好,他知道我很健谈,而且认为这对生意有利。生意忙的时候,我像闪电一样快,但我仍能聊天。我喜欢与人交往并认识了一些顾客。能做这份工作,我觉得自己很幸运。"

"你走进来时,说自己很痛苦,但坐在这儿谈话时,你似乎没那么痛苦。"

"我在你这儿没有那么痛苦。一个人在谈论自己时不容易感到痛苦,但那晚汤姆起床要离开时,我确实很痛苦。我喜欢这个家伙,却打算赶他离开,那就是我痛苦的原因。昨天晚上我把一切都憋在心里。他在音像店打电话告诉我,他要晚3个小时才能到,结果他晚了4个小时。他几乎午夜才到,但我什么也没说。他喜欢那样做。他进来时,我可以看到他脸上小心翼翼的表情,但我感觉自己在压抑情绪。就像小时候和那些男人在一起时一样,我会压抑自己的情绪。我们吃饭,然后做爱,但我感觉没那么愉快了。就好像如果我真的骂他一顿,性爱的感觉会更好。我一直在想,现在我表现得温柔体贴,但并没有表现得像个泼妇时感觉那么好。你能明白我为什么来到这儿,不是吗?"

我会尝试给她她想要的答案,但我不认为她的人生已经毁了。她能说会道,这一点非常好。她很容易跟人聊起来,而且容易打开心扉。如果她想获得幸福,人际关系对她来说很重要。她在我面前很轻松,而且我与她在一起时也很轻松。我能感觉到我怎么看待发生的事对她来说很重要。我必须持着"她的经历不会永远毁掉她的人生"这一观点,才好靠近她。

"你来这儿是因为童年经历。某些男性让你有过悲惨的经历,而且你母亲也没有保护你。你认为那是我要寻找的——你不信任男人的原因。好吧,我同意,我认为那是原因,但它不是因果的因,它只是借口。虐待已经结束了。如果你阅读流行杂志,会得到这样的信息:如果曾经遭到性虐待,只有治疗师能够治愈你,否则你的生活永远会一团糟。现在,每个人都相信这个论调。你认为你的生活会永远糟糕下去吗?"

"嗯,有一定的道理。我的生活曾被男人搞得一团糟。我来这儿就是为了改变糟糕的状态。"

"假如我告诉你,我对发生过的事无能为力呢?"

"那么我也许该去找别人。"

"你想让发生过的事,那些无助和压抑的感觉再来一遍吗?经历了一回还不够吗?"

"我应该忘记它,好像什么都没发生过吗?"

"我没有这么说。你知道它发生过。你愿意的话可以记住它。我只是要求你忘记你读到"你必须对此做点什么"的观点。过去的经历是很可怕,但已经结束了,你认为它会再发生一次吗?如果你认为它会再次发生,那么我建议你一直想着这件事,保持警惕。"

"它不会再发生了。但它确实发生过,而且让我的生活一团糟。"

"告诉我,它是怎样让你的生活一团糟的。"

"比如我和那个家伙的相处方式。"

"是你选择那么做的。你觉得你为什么选择那么做呢?"

"因为发生在我身上的事,我一直在跟你说这一点。你没有听到我说的话吗?"

"发生在你身上的事不会让你和汤姆的关系变坏,是你选择的对它的看法搞砸了你们的关系。"

"但我不是会不由自主地想起那些事吗?"

"我不是很确定。你想到过去,是因为你害怕信任男人、信任汤姆。可这样做又有什么好处呢?汤姆和那些家伙一样吗?发生的事并没有烙入你的大脑,是你选择去那样看待它的。你把汤姆推开,对你又有什么好处呢?"

"但它就是烙在我的大脑里。我是不由自主的,你应该把它弄出来。"

现在她谈到过去的经历了,但她还没从我这儿得到任何对处理此事的帮助。她能明白,这件事在我看来没她想象的那么重要,这让她有些茫然和生气。我不得不说服她,只要能和汤姆做一些不同的事,她就能不再想它。如果她与汤姆在一起时做着和别人相处时做的事,那么她永远也不能将这件事赶出脑海。如果我回顾她的全部受虐经历,回顾她对异性和母亲的全部感受,那些她不想面对的事可能会大量涌现。这根本不是她想要的,恰恰相反,她想要的是把它赶出脑海,然后它会消失。只有我们抓住过去不放,过去才会影响现在。她以后接触选择理论后,我会向她解释,她会明白的。但现在,我不得不教她好自为之,抓住机会并信任对方。她如果能做到,会发现过去的阴影没有毁掉她,而是她现在的态度以及她不信任异性的选择带来了麻烦,我能帮助她停止这样做。我答应了她刚刚的请求,帮助她将它赶出脑海。

"如果有你的帮助,我想我是可以做到的。你打算什么时候再去见汤姆?"

"明天晚上我们准备去看电影。电影是他挑的,我喜欢他挑的电影。"

"看完电影,你们去哪儿?"

"我的公寓。我之所以经济这么窘迫,是因为我租了一间不错的公寓。"

"按照你通常的选择,你会在电影院就开始找碴,还是会等到回家以后?"

我越来越多地引入了选择(名词和动词)的概念,这个词非常有力,能帮助我们理解无论过去发生了什么,今天我们仍然能做出好的选择。以前虐待她的男人没有守在她周围,等着再次伤害她。他们的等待只会出现在她的脑海里。选择的观点可以帮助她选择让他们滚出去。

"我们会去看下午场的电影,然后去我那儿一起做晚饭。他是一位大厨,但我也会帮忙。晚饭后我会开始发点牢骚,然后在做爱前我会真正发起攻击。就像我说的,这顿牢骚会让我兴奋起来。他知道我在做什么,并会接受随之而来的性爱,但我不认为他喜欢这样。这样做有点奇怪,如果我不停止,我会失去他。像我这样的疯子,短暂相处中还是有趣的,但认真对待就不好玩了。"

"你说发牢骚让你充满性的激情,但你喜欢发牢骚本身吗?如果不发牢骚也能拥有令人愉悦的性爱,那会如何?"

"我不知道。令人愉悦的性爱非常重要,但拥有这种性爱并不容易,至少对我来说是这样。"

"我是问你喜欢发牢骚吗?我知道它对你们的性爱有帮助。"

"我当然不喜欢。如果我坚持这么做,早晚会失去他的。"

"如果那天晚上你克制住不发牢骚,即使对你而言性爱不是那么愉悦,但对他来说还可以,是吗?"

"我猜是这样。我认为他没有注意那么多。我下决心要演一场好戏。我发现许多女性都是好演员。晚上没有顾客时,我会看《时尚》杂志。我知道所有要做的事,而且它们都很有用。"

"你希望他做出改变吗?"

"你指什么?"

"我指他并不介意你骂他,只要这么做能为你带来愉悦的性体验,他就不介意。愉悦的性体验就是你想从这个家伙身上得到的全部吗?"

这一问击中了她这个问题的核心。她能处理好性爱这方面,那很容易,但她想要更多。她想要足够信任他,让自己爱上他,不需要各种考验和游戏。爱才是她的问题,我正在逐渐接近核心。我没有说任何话,只是在等待。

"也许,我不知道。"

"为什么是也许,为什么你不知道?"

"因为这是病态的,是有问题的。他用不着忍受我。他从没有对我不好过。"

"为什么他用不着忍受你?曾经有男人不拿你当一回事。他也是个男人。如果这样对你更好,何必在乎他忍受什么?"

"因为他不是普通的男人。他也没有不拿我当一回事,他对我比我对他还要好。"

"好吧。我是一名咨询师，我会倾听你想说的任何事情。你仍然想讲讲那些虐待你的男人吗？聊聊那个本该保护你的母亲？谈谈你如何面对那种情况？如果你想说，我愿意倾听。"

现在她不得不思考了。她承认现在这个家伙是个好人，我能看出这是一种心甘情愿的承认。现在我给过她机会，让她告诉我关于那些坏家伙和她母亲的全部。他们做的那些她永远都不能改变的事。

"但你是不是需要知道发生了什么？"

"我知道发生了什么，你也知道发生了什么。如果倾诉对你有帮助，我会倾听。但是，不要因为你认为我需要知道这些事而告诉我。你已经告诉我足够多了，我不需要再听更多。"

一个长长的暂停。我所说的话正在渗入她的头脑。

"我还能再见你吗？"

"你还可以来 9 次呢。"

"你认为我还有救？"

"都结束了。你如果一直这样想，会把自己弄得一团糟。你已经遇到了一个好人，好自为之吧，给他一个机会。你 15 年来一直把头扭向过去，已经够了。"

"因为发生了很糟糕的事。"

"的确很糟糕。但还有任何正在发生而你没有告诉我的坏事吗？我是指现在与这个家伙在一起。你是否还有什么事没告诉我？"

"没有了。"

"如果他抛弃你呢？他可能会的，你知道。"

"现在还不会发生。那是我以后要担心的。"

"你感觉好一点了吗？"

"我感觉有点奇怪。我想是更好了吧。"

"我下周会再见你。同一个时间可以吗？你可以在任何时间打电话给我。"

泰瑞感到有点奇怪，是因为她正在摆脱习惯的思维方式，自9岁以来，她就在用这种方式来处理受到的虐待及其后果。一直以来，她确信自己不能与异性和谐相处是施虐者给她带来的后果。在第一次面谈中，我帮助她意识到真实的虐待已经结束了，是她选择的对待那些记忆的态度让其继续存活。正是这种新的意识让她感觉怪怪的。她会经历一些反复发作，但她如果能保持这种意识，就能开始有效地控制生活的某个部分，而这种控制是她从来没有体会过的。她可以选择不再将所有男人都看成潜在的施虐者，这个家伙可能会抛弃她，但他不大可能虐待她。她可能必须另觅伴侣，但她与下一任男友可能在一开始就相处得更好，而那是很有好处的。她有很多资源可以付出。如果她能保持谨慎并学习再次信任他人，某个好男人，也许是汤姆，会喜欢上她的。

在之后的面谈中，我们会谈论选择理论以及如何利用本书。接下来的9次面谈会关注她为自己做了些什么（即使是在童年），以及她的未来将如何发展。也许她会去做管理工作，她已经进入了超市这一行业。我会帮助她与母亲更好地相处，她从来没有将母亲移出自己的优质世界，现在她对母亲是同情多于责备。母亲是第一个来到我们优质世界、最后一个离开的人。

假如她来找我时带着同样的问题，却没有关于受虐的记忆，我会因为自己的怀疑而挖掘她压抑的记忆吗？我不会这样做的，原因有以下几点：第一，如果虐待、忽视或拒绝发生在三四岁之后（她的发生在九岁时），特别是如果她在一个能令她感到安全的咨询环境里，我不认为她能抑制住这些记忆。生存的需要会一直让我们能够调动那些威胁性记忆。如果它发生在两岁，在三岁时就结束了，那么它有可能会被忘记。即使怀疑它有可能发生过，我也不会去搜寻那些记忆。我会聚焦于现在正在发生的事，因为现在的事（而不是受虐待的经历）才是她需要解决的问题。如果她正在交往的男人值得去爱，那就更好了。但我想教给她的一项内容是，如何分辨好男人和坏男人。

一位在性方面有困难却没有报告受虐经历的来访者缺乏信任的表现会引导我在她当前的生活中寻找施虐者。同样，我会聚焦于她对当前人际关系有什么不满，而不是试图挖掘过去。如果她当前的人际关系是虐待性质的，那就水落石出了。如果她在过去曾受到虐待，但没有向我承认这一点，那应该由她自己提出这件事。如果她提出了，我会像对待泰瑞那样对待她；如果她没有，我会像对待没有受过虐待的泰瑞那样对待她。治疗应该永远向前看，不要向后看。弗洛伊德喜欢回顾过去并不意味着我们也要效仿。我仍然会问关于信任的问题，因为无论某些事发生了还是没发生过，她现在的状态就是这样的。

不管我们身上发生过什么事，选择理论都不会紧盯着过去，将它作为当前问题的原因。许多来访者想停留在过去，他们害怕处理当前的问题，情愿躲在过去，把自己的不幸归咎于他人。治疗师的工作就是找出当前的问题，而不是进入"安全的"过去。我说"安全的"，是因为来访者会利用过去来逃避面对现在生活中真正发生的事。许多女性来访者不愿意面对当前的男性朋友或丈夫对她们很不好的事实，而是盯着那些男人的过去，以此来回避不愉快的、需要她们采取行动应对的现在。

比起回忆那些可能从没发生过的事，当前的问题容易接近得多。如果来访者去见传统的治疗师，后者接受的培训是聚焦于过去并细究可能是什么事件导致了当前的问题，通常来访者更愿意帮助治疗师这样做，因为责备他人比选择改变容易得多。很多成年来访者确信，只有能回忆起被遗忘的童年受虐经历才能处理自己当下的痛苦。不幸的是，他们所"恢复"的经常是一段从未发生过的虚假记忆。这个"记忆"由来访者的创造力系统创造，是用来取悦治疗师或者回避当前问题的。来访者也好，任何其他人也好，都无法知道它是真是假。对来访者来说，它好像发生过，这就是我们的创造力系统工作的方式。在我的梦中，我真的是一个宇航员。

对来访者而言，虚假记忆可能比发生过的事更真实，因为它是在创造力系统中新鲜出炉的，而且是根据当前需求量身打造的，这就是为什么许多来访者都相信它发生过，而且当这段记忆被证明是虚假的时，他们会感到十分痛苦。这种记忆与妄想并没有什么不同。它是为了满足某种需求而被创造出来的，而对来访者来说似乎是真实的，好像真的发生过。

这些妄想性记忆在法庭上是常见现象，目击者常常根据特定案情来创造记忆，而不是回忆他们的真实见闻。这些目击者可能在试图满足他们的归属或权力需求。我们绝不能依赖任何无法被证实的记忆，因为我们不知道它是真实的还是被创造出来的。在催眠或药物引导下的记忆可能同样是虚假的。催眠或药物并不会使一段记忆更真实，通过这些手段想起的事情并不会比没有使用这些手段时的记忆更真实。有时药物或催眠确实能让一个人记起没发生过的事，那仅仅是因为这些外来的程序强烈暗示着必须发生点什么。当一位来访者屈从于这个暗示，他或她的创造力系统就会轻松出马，提供自认为一定发生过的事。这个世上没有"吐真剂"，那是另一种外部控制下出现的幻想。

现实治疗师不是侦探。我们的职责不是去分辨真实与虚假。我们知道，现在就有足够多真实存在的问题，我们得找出它们。只要来访者不处于受控的状态，那么哪怕不知道过去的信息，这些问题也可以得到处理。关于当前生活的新鲜记忆通常是真实的或者容易检验的，会使治疗更加有效。我们不能因为除了来访者现在的选择之外我们对其他事情知之甚少，就认为自己不能帮助他们。这就是为什么现实疗法能够切实缩短治疗时间。我不认为泰瑞与我有限的 10 次面谈会妨碍治疗。如果她需要更多治疗，我也会尽力为她找到一种支付方法。

对许多需要处理令人不满意的家庭关系的人来说，阅读本书可能是一个好方法。如果处在不愉快关系中的每个人都能了解选择理论，停止抱怨他人，进入调解圈并置关系的需要于自己的需求之上，那么他们就能比现在相处得更好。

第十章 填鸭、教育和优质学校

20世纪90年代初，我被邀请至匹兹堡市的一所高中做主题演讲。此次会议组织者对我的兴趣来自我写的两本书《优质学校》（*The Quality School*）和《优质学校的教师》（*The Quality School Teacher*），它们解释了如何将选择理论应用于学校管理。与会人员包括来自40所学校的学生、教师和行政人员，无论如何衡量，这些学校都是美国最好的高中。

得知听众席上坐着各个学校的尖子生，我有点紧张，因为我打算在开始演讲时提出这样一个观点：即使在最好的学校里，也有超过一半的学生在班上混日子。我担心这些被挑选来参会的学生可能会站在学校的一边，反感他们的学校里满是得过且过的学生这一主张，因此会注意不到我之后要讲的内容。我倒不担心那些教师和行政人员，他们对学校的了解远不及学生，也没那么想了解。

在演讲的前一天晚上，我问学生们明天是否愿意提前半小时到场。我告诉他们，我打算做一个关于他们学校的声明；但如果他们不同意声明的观点，我就不想说了。50名学生几乎都出现了。我让他们估计一下，在他们学校有多少学生根本没有尽全力。我们讨论了关于努力的标准，我说我赞同他们的标准，但我想要一个数字——有多少人在努力学习？

我对他们估计的数值感到很惊讶：班上只有20%～45%的人在努力学习。这些来自全市45%的高中的学生解释说，尽管初中时成绩不好的学生不能升入高中，但在高中努力学习的学生仍然不超过一半。我们讨论了这个低数值，而且为了确保他们理解我想要什么答案，我问："那些表现不好的学生是因为没能力做好学校的功课吗？"他们说不是，但又补充道，一些最有能力的学生在班上也没有尽全力学习，因为他们在初中就失去了对学习的兴趣。尽管在演讲中，我表示努力学习的学生不超过一半，但我还是倾向于同意学生们的看法：在最好的学校里这个比例实际上接近25%，但在许多大型贫民窟的学校里还不到5%。

当我声称这一低数值可归因于强制式或老板式管理时，听众席上竟无人反驳。在关于职场的下一章里，我会详细描述老板式管理和领导式管理。但就其本质来说，老板式管理的失败是因为实施了强迫和惩罚手段，而领导式管理的成功则是因为不采用强迫和惩罚手段，学生们明白跟着这样的教师对自己有利，这样做更多是因为喜欢教师本人而非他们所教的内容。如果我们的目标是优良教育，老板式管理至少浪费了我们一半的教育经费。

而有一次，在密歇根州阿尔玛市做一个关于优质学校的全天演讲时，我得知的消息更令人担忧。那天这些学校都停课了，所有教职工和许多市领导出席了会议，然而没有学生在场。像往常一样，整个上午我都在演讲，但下午我见了一些高中生。考虑到市里的管理者都在这里，我知道我将见到的学生是最好的，而且确实如此。既然整个上午我都在谈论优质学校，我决定问他们什么是优质。学生们没有被难住，极好地定义了优质："你能做到的最好状态，它要花费一定的时间和精力。它是我们花钱想要得到的东西，而且它往往很昂贵。"接着我问了一个出乎他们意料的问题："你们在学校里的努力算优质吗？"

学生们沉默了，不知道该说些什么。我想也许是这些好学生不想夸耀自己。在至少20秒的停顿之后，一个高个子学生站起来向听众发言。在我举办的几百场面谈中，这是第一次有学生站起来发言。他说："我自从幼儿园起就在这儿上学，我一直是一个好学生，得的都是A，很少得B，没有C。我的父母和教师都非常满意。但我想告诉你们：没有哪一门课我尽了全力。"这个能干的年轻人说的话让听众全部目瞪口呆，因为他们大部分人都认识他。当面谈结束时，许多听众一拥而上要与他交流。有几个人质疑，但这个年轻人坚持自己的立场。

在众人从他身边散去之后，我问了他刚刚就该问的问题："如果你在课堂上不尽全力，那么你会在学校的什么地方尽全力呢？"他立即回答道："在篮球队。我总是在那儿拼尽全力。"他的答案坚定了我的信念：在大多数学校里，最好的表现总是在课外活动中，原因有二：第一，学生们几乎总会把带领学生进行这些活动的教师以及活动本身放进他们的优质世界中。这是目前为止衡量一所学校里优质表现的最重要标准。第二，在这些活动中没有"填鸭式教育"（schooling），我稍后会解释这个词。

他的回答如此令人失望，是因为它指出了我们教学方法中的一个巨大问题。不仅是许多学习困难的学生在强制式学校中做得很差，而且许多好学生也没有尽最大的努力。尽管我本人主要关注那些低成就者，但我们需要的是对所有学生开放的优质学校。如果一位未来的领导人像这个年轻人一样不去选择做到最好，那么就几乎没有提升教育质量的希望了。

填鸭式教育

这么多的学生表现糟糕，甚至好学生也不尽全力，主要原因在于我们由校董事、政客和家长——他们遵循的都是外部控制心理学——强力支持的学校严格拥护这一观念：学校里教授的内容都是正确的，不学习的学生应该受到惩罚。这种具破坏性的错误信念最好被称为"填鸭式教育"，它主要有两种形式，其特征都是给学生打较低甚至不及格的分数。

第一种形式是设法让学生在学校里获取知识或记住事实，而这些事实对现实世界中的任何人（包括学生）都没有任何价值。第二种形式是强迫学生获取在现实世界中可能有价值的知识，但其价值远不值得强迫每个学生都去学习它。强迫人们学习从来都不会获得想要的效果，但我们仍然在这样做，只因为我们认为它是对的。

填鸭式教育正是学生甚至许多优等生在学校里所反抗的对象。如果他们因为反抗而被判不及格或低分，许多人就会彻底不再学习了。然后他们不仅会将填鸭式教育，也会将那些教师赶出自己的优质世界。说句公道话，许多教师都知道是学校的强制性系统强迫他们去向学生灌输知识的，但如果他们不那样做就会受到惩罚。如果准备摆脱填鸭式教育，我们就必须不再将教育定义为"获取知识"。

教育不是获取知识，它最好被定义为"运用知识"。词典将知识定义为"了解一些事实或对这一事实的意识"。我明白，你必须了解一些事实才能对其加以运用，但除了在智力竞赛或聚会游戏的场合以外，仅仅了解一些事实几乎毫无价值。价值在于对所学的运用，而这正是学校教育失败的地方。

学生在学校里要做的主要是记忆信息，如果拒绝就会受到惩罚，而这些信息在学校之外几乎不会被用到。这种形式的愚蠢之处在于，大多数情况下学校并不要求学生保留这些知识，而只是应付一下考试。正如在《史努比》系列漫画中的人物莱纳斯所说的："A类学生和F类学生的差别在于，A类学生会在考试后5分钟内忘记学过的知识，而F类学生在考试前5分钟就忘掉了。"

教育值得付出努力，而填鸭式教育不值得。教育值得改进，而填鸭式教育无法改进。知道就是知道，不知道就是不知道。你不可能知道得好一些或坏一些。你证明自己能力的地方在于你对知识的运用。你希望牙医能够准确找到牙洞并正确填充，但如果他不知道该怎么填充，你宁愿他没有看到。如果我们告诉学生，他们掌握了诸如日期、名称和地点等事实，就获取了一些值得记住的知识，那我们是在欺骗学生。现实世界并不会奖励填鸭式教育。如果需要的话，如何查找名称、日期和地点的知识倒是很值得学习。如果流行的益智游戏"常识问答"（Trivial Pursuit）改名叫"探寻重要事实"（Serious Pursuit），那么它就红不起来了。

填鸭式教育，正是阿尔玛的那个年轻人说自己没有尽全力时所谴责的对象。他在暂时性获取知识的情况下无法尽全力，但在篮球队和许多非学术领域，学生们会投入大量精力，因为他们不仅能运用自己的所学，而且还能改进它。学习任何东西时真正的兴奋点就在于改进它。当学生告诉你"我们有一位伟大的老师"时，指的是这位教师教导他们改进和运用知识，而不仅仅是获得它。这就是为什么最好的教师通常是最麻烦的教师：他们要求学生去思考。对采取填鸭式教育法的学校中的大多数学生来说，思考是新颖的，也是艰难的。然而，一旦理解了思考的用处，他们就会尊重自己的教师，并愿意去这样做。无论在校内还是校外，仅仅知道一些事实并没有多好，不知道也没有多坏，这些知识的价值只有在你运用或者打算运用它时才会体现。

许多人都会同意自己在中学和大学里记忆的东西大多是无用的这一观点。大受欢迎的教育家赫希（E. D. Hirsch）撰写了一系列关于儿童须知的书籍，但他的观点仍然存在争议。赫希声称，如果想在你生活的文化中获得成功，掌握一定量的知识是绝对必要的。如果他是在说运用知识，我同意他的观点。对像赫希这样定义我们需要知道什么的人士，我有一个问题要问："如果我们没有同时教学生去运用知识，又如何让他们把这种知识牢记于心呢？"

我们生活在一个非常多样化的文化中，其中贫富差距越来越大，盲目推行专家判定我们必须知道哪些知识的言论，会遭到许多学生的反抗，他们的家庭根本不重视教育。他们会因为这种反抗而考试不及格，然后作为"回敬"，他们会将学习和学校统统赶出自己的优质世界。许多人会辍学，过上混乱的生活，其中充斥着暴力、犯罪、监狱、毒品和滥交。在一所优质学校，学生们会被引导而不是被管制，他们会通过运用自己所学来获取并记忆大量知识。如果打算减少社会中越来越大、代价高昂的贫富差距，我们就需要更多的优质学校。

我们现在进入填鸭式教育的第二种形式，这种情况更复杂一些。在另一次会议上，一些教师要求我扮演一位教师或咨询师来帮助一个很有能力的 17 岁女孩——她因为在班上不学习，高等英语没有及格。一位教师志愿扮演这个女孩，而我则扮演咨询师。

"你的老师让你来见我。她觉得你遇到了麻烦。在那门课上发生了什么？"

"我的英语不及格。我尽力了，但我真的不知道是怎么回事，我没有制造任何麻烦。但我就要挂科了，没有那门课的成绩我毕不了业。我想毕业，但我觉得我做不到。"

"你的老师做过什么事来帮助你吗？"

"他也在尽力。星期二和星期三都有课后辅导，但我去不了。我每天放学后都要工作，我需要挣钱。不只是为自己，我必须帮我妈妈。如果我不帮忙，家里人就吃不饱。我还有一个妹妹和一个弟弟，他们都要吃饭。"

"你看上去很聪明，为什么会不及格呢？"

"是《麦克白》，是莎士比亚。他们让我读莎士比亚，但我读不懂，我讨厌它。我努力过，但我读得稀里糊涂，而且这次考试还不及格，所以我已经放弃了。我为什么需要读莎士比亚？为什么不懂莎士比亚我就不能毕业？"

这是一个好问题。了解莎士比亚是很有价值，但它的价值是否大到能让这个聪明勤奋的女孩只因为读不懂《麦克白》就不及格呢？即使她毕业了，她拥有幸福生活的可能性也不太大；如果她毕不了业，过自己想要的生活的机会就更少了。为了拥有幸福的生活，她可能要接受一些额外的培训。但如果毕不了业，她就会厌恶学校，因而不大可能去接受培训。我认为不该让这个女孩不及格，但我们需要做一些其他的事才行。因为我相信英语的核心是可以阅读和写作，以及理解你阅读和写作的内容，所以我问她："如果你的老师允许，你愿意去阅读一本书，写一篇读书心得，参加一次关于这本书内容的考试吗？"

"只要不是莎士比亚就行，但我没有时间看书。我为了通过其他几门课程都忙不过来了。不管怎样,我的老师不会让我那样做的。如果他允许我那样做,整个班级都会想那样做。他们全都讨厌《麦克白》。"

在这里你可以看到强制性文化的问题所在。因为一个学生拒绝学习某些东西——这些东西对她在我们的文化中获得成功可能有所帮助——我们就要冒险毁掉这个学生的人生吗?比起学习莎士比亚,我倒更担心那些学生的阅读和写作。

"你喜欢什么?"

"我喜欢动物。我有一只猫,我有一本关于猫的书。我会读那本书。"

"你愿意读一本关于动物的好书吗?它是一本畅销书,我家里有一本。如果我把它给你,你会为了英语这门课去读它,并参加一次相关的考试吗?我认为你能够通过那次考试,我知道你会喜欢那本书的。"

"书名叫什么?"

"吉米·哈利的《万物既伟大又渺小》。"

如果一个班级都是像她这样的学生,对莎士比亚充满敌意并且对如果不努力理解《麦克白》就会不及格的威胁感到愤怒,我们应该惩罚这名不懂莎士比亚的女生吗?我的观点是:鉴于她和她生活于其中的文化,阅读吉米·哈利的作品,就阅读内容进行讨论和写作,比费力通过关于莎士比亚的考试更好。我不是说非要给她一个 A,可以给她一个 C,或者在她做得好时给一个 B,但不要让她不及格,那样做没有意义。既然这种情况在班级中普遍存在,我不知道还有什么别的建议。

进行过角色扮演之后,教师们产生了分歧。一些人同意我的观点,但他们说实现不了,因为管理者不允许。他们知道让她挂科、无法和班上同学一起毕业有多大的毁灭性,但是他们束手无策。然而有些教师说,这个女孩说对了一件事:如果他们为一个学生网开一面,就会有更多的学生想要得到同样的待遇。害怕不及格可能是一种动力,但它永远不够激励许多人去喜欢莎士比亚。这是纯粹的外部控制心理学:我们不应该改变这个系统去适应这个女孩(以及许多其他人),哪怕她愿意证明自己的阅读和写作水平已经合格了。

那些想让她挂科的教师说，牺牲她来保存这个强制性系统是正确的。我担心这种"正确性"正在制造一群聪明的贫民，他们憎恨富人，讨厌上学。这种憎恨在很大程度上造成了第一章中人性进步曲线"一路平坦"的事实。而选择理论的正确性在于它会传授给学生在我们的社会文化中成功所需的技能。大学教育绝不能只是强迫学生去上课，它必须意味着所有人是因为学校、教师、功课以及同学都在其优质世界中而学习的。

在一个教师进修培训项目中，为了迎接1995—1996学年，某学区邀请我为他们从幼儿园到高中的教师做一整天演讲。在上午的演讲结束后，我接待了四名十一年级和十二年级的学生，问了他们关于学校的一些事情，而这些事情会证明我上午演讲中的某些观点。其中一个问题是，我问他们是否曾经自己主动阅读过一本不在学校强制阅读清单上的书。我很惊讶他们当中竟然没有一个人说读过。当我问他们是否想过要读时，有三名学生说他们没想过，而一名（十一年级的）坚定地说他永远不会。

学生的回答使听众席上的教师们感到震惊和迷惑。在学生们离开之后，我继续着我们的讨论。其中一位小学教师站起来很悲伤地说："我在三年级时教过那个小男孩，那时他很喜欢阅读。到底发生了什么？"这里发生的就是填鸭式教育。教育的一个重要目标是培养对终身学习的热爱，而不是扼杀这份热爱。那个学区，还有几乎美国所有的学区采用的系统，正在扼杀学生对学习的热爱。

计算 vs 数学：填鸭式教育的重灾区

尽管填鸭式教育的两种形式阻碍了学校里非技术性或软学科的学习，但它们最可怕的危害还是在于数学这一学科。我们用数学毁掉了无数学生的生活，而只是为了保留完整教授数学的权利。如果你问一些普通市民——他们在学校里学过数学，但在生活中并没有用过——数学是什么？他们会给你填鸭式教育的答案：数学就是计算。如果你要他们举个例子，他们会说：乘法表。

如果你问所有小学教师同样的问题，他们几乎会给你同样的答案。如果你再去问所有中学和大学教师（除了数学教师），以及那些工业巨头、政治家、医生、律师和法官，他们几乎也会同意这个答案。

所有认为数学就是计算的人都错了。数学从来不是也永远不会只是计算。学校里的计算意味着加减乘除、分数、小数和百分数，就如它的名称所示——计算。计算是一项值得学习的有用技能，但是一旦学会，就不用像现在大多数学校那样再三重复。在现实世界中，几乎有50年没人做过重复的笔算了，而它却为成千上万个孩子带去了痛苦，还浪费了成千上万个学时和数以亿计的金钱。美国急需更多有用的技能，比如阅读、写作、演讲、倾听和问题解决，当然也包括数学和科学上的问题解决方法。

最近的研究发现：四年级的学生在数学和科学测验中成绩很好，但到了八年级，同样学科的成绩存在巨大下滑。在第三章中，我将这种下滑归因于学生将这些学科赶出了他们的优质世界。计算，对一年级至三年级学生是有用的，而对四年级至八年级学生的用处就少了。在新加坡这样的地方，这些年级的学生正忙着学习实用的数学和科学，而我们的学生则因为没有意义的重复笔算和记忆性的科学。为了保证正确，我们正在降低填鸭式教育课程的难度，但仍然疑惑学生们为什么总是表现很差。

美国的数学课本正在得到改善。我孙女的六年级课本中有许多有用的数学知识，但仍有许多没用的计算，她告诉我她三年级时就已经学会了。数学课本的部分内容很不错，但编者没有区分真正的数学和计算，他们可以而且应该进行区分的。

现实世界中的数学只与一件事有关：解决实际问题。无论走到哪里，只要你观察周围，几乎每一件物品在制作过程中都或多或少涉及了实际问题。在优质学校，学生们从幼儿园就开始学习数学，直到离开学校为止。低年级时，他们会通过笔算找到分步解题的感觉并领会数字的力量。但是，当进入三年级并能够证明自己拥有笔算能力时，学校就会给他们提供计算器了。

任何一个在现实中运用数学的人，一个解决实际问题的人，无论是结算餐馆账单还是发送宇宙飞船到火星，都会使用计算器或者电脑。数学的用途是把问题带到需要计算的地方，而只有人类才能运用数学。计算器不能创建问题，它们的唯一用途就是在最后进行计算。

计算器便宜、方便、结果精确。如果你的生活被一位工程师掌控，他需要迅速算出 23682 除以 5033 的答案，你愿意他用手算还是使用计算器呢？如果你的生活被这位工程师掌控，他知道如何创建需要用计算器的应用题，你愿意他研究数学还是花费大量时间列竖式计算呢？工程师都会使用计算器和计算机，顺便说一句，我有一个化学工程专业的学位，我们必须学习数学，这样才能明白如何把实际问题带到需要计算的地方。

在大多数学校，计算都是低年级的主要内容。这是有必要的，但不应该把它摆在第一位。我们应该尽快引进实际问题，这样学生就能看到计算和数学之间的关系了。到了四年级，实际问题就应该占主导地位，应该为学生引入需要代数和微积分来解决的难题；我们应该展示这种更厉害的数学如何使难题迎刃而解，而不是相反。

等到要解决问题时，比如火车在哪儿相遇，逆流而上需要花多长时间，他们学会的代数知识就会使问题变得简单。如果没有学习代数知识，无论计算做得多么好，都无法解决这些问题。如果可以运用代数知识，计算就会变得非常简单，许多人都可以心算出来。但也请记住，即使你解决不了这些实际难题，仍然能通过代数考试。你可以通过做大量代数习题来通过考试，就像计算一样，它们和解决实际问题没什么关系。

高等数学中仍然存在对实际问题的回避，这甚至在大学数学中也是常见现象。填鸭式教育的确有所减少，但即使扮演了次要角色，它在大学数学中依然盛行。如果你在现实世界而不是学校中使用数学，你就得解决实际问题。令人悲伤的是，大多数人还没有去做，就因为害怕和讨厌数学而放弃了。但如果我们来自支持教育的家庭，我们就能设法通过义务教育中的笔算和不解决实际问题的高等数学考试。

我接待过大量的学生，因为填鸭式教育，他们把功课和教师赶出了自己的优质世界，因而没有完成学业。学校在告诉他们要学习数学时，实际上要他们做的却是计算，不做就会受到惩罚。我们的监狱里满是这样的年轻人（更多的是非裔美国人和西班牙裔美国人）：他们没有记住没用的事实，也不了解莎士比亚，当然也不会做重复的长除法——所有计算中最具惩罚性、最缺乏价值的。他们一只脚离开学校后，另一只脚很快就会踏进监狱。这种失败已经导致了大量的暴力、吸毒和滥交行为，而这些人在养育孩子时，又会导致儿童被忽视和虐待的事件。而正是那些受到忽视和虐待的儿童最容易受到填鸭式教育的侵害。

如果我们缺少数学家来做实际工作，在不得不做时，任何被逼学习数学的人都不会做到最好，幸好我们不缺数学家。我们应该努力教会学生解决现实世界中遇到的非代数的实际问题，而不是坚持要求所有的学生一定要学好代数和几何。如果我们有耐心并且不打击学生的积极性，所有人都能学会算术。但现在连会算术的人都如此之少，是因为我们被计算的烦琐以及日后"高等数学"的神秘吓到了。

如果我们停止以笔算折磨学生为代表的填鸭式教育，而真正教授少有人知、人人都能使用的算术，那么会有更多学生有兴趣继续学习真正的数学。我们可以让现在的数学教师在小班中教授那些有兴趣且自愿学习的学生，这样能节约资金，他们高中毕业时，就完成了许多高校中开设的大学数学课程。

最后，会有比现在更多、更优秀的数学家涌现，课堂气氛也会更活跃。那些被迫学习的学生会对有兴趣学习真正数学的学生造成消极影响。"数学教给人思维技能"这句话有其道理，但只适用于那些想要学习它的学生，它不会让那些被迫学习的学生掌握思考的方法。无论在哪里都一样，强制带来的一定是反抗。

在结束讨论数学以及它是如何被填鸭式教育毁掉之前，我想举一个例子，一个简单的、非代数的实际问题，我相信在美国，除了数学家以外没几个人能回答这个问题：我应该买车还是租一辆车？大多数租车人如果买车，每月能节省100美元，但因为他们不懂数学，所以成了汽车推销员的猎物。这些推销员大多也不懂数学，上司让他们争取出租而不是出售汽车，因为这样经销商会赚到更多钱。如果经销商赚得更多了，这笔钱就是租车人损失的。在阅读汽车广告时，你很少会看到汽车的价格，只有每月花费的租金。再看看所谓的"车辆取得费"[①]，只有完全不懂数学的人才会上当受骗。

现实世界中的另一个例子是儿童可以从三年级开始学习有效运用数学，比如学会剪下并使用杂货店的优惠券，可以算一算一个家庭尤其是大家庭可以节省多少费用。教师们可以去商店收集这些印有优惠券的宣传单，并说明可以在哪里使用它们。孩子们可以拿着这些优惠券跟父母去商店，在他们购物或者结账时计算出节省的钱。父母会对这种有用的知识印象深刻，也许会把节省下来的钱分一些给孩子们做奖励。

数学与其他学科中的问题解决能力

教育（旨在应用的教学而非填鸭式教育）的基础，正如优质学校里所教授和实践的，是学习如何听、说、读、写以及运用这些技能解决问题。一旦学会了这些技能，你就可以终身练习和提升它们。毕业之后，你几

---

① 在美国，车辆取得费是租车时要缴纳的费用之一。——译者注

乎天天都会运用这些技能来解决问题。为了给生活做好准备，在学校里你应该通过更好地使用词语来学习词汇，而不仅仅是记住那些你用不上的词语的意思。

问题解决不仅是数学和科学的基础，也是历史学和文学的基础。在历史学或文学中，重要的不是何人、何时、何地或何事，而是人物（无论是虚构的还是真实的）努力解决的问题以及他们是否取得了成功。如果他们成功了，为什么？如果不成功，又是为什么？在优质学校，学生一开始就会被问到这些问题，它们是运用知识的核心。这些就是现在的水平测验中会提到的问题，而优质学校的学生在这些测验中表现良好。

艺术学科通常不容易受到填鸭式教育的摧残。学生们喜欢通过学习艺术家努力描绘的对象来认识绘画。认出蒙娜丽莎只是开始，她是谁？达·芬奇为什么要描绘她的微笑？一场有用的讨论会将这个神秘的微笑终生印刻在学生的记忆中。学生们更愿意为了表演去记忆一段音乐或一出戏的剧情。艺术和音乐的全部基础就是表演或欣赏其他人的表演。

记忆的确是教育中的一环，但如果学生是被迫记忆的，而且不能选择记忆对象，记忆就缺乏意义。我八年级时背诵过林肯第二次就职演讲的最后一段，它是如此优美，在近60年后我记忆犹新。当老师问我想记住什么时，我就有了选择。老师给我时间去做它，我喜欢出色地完成它。那些用心了解所有段落的老师会激励有困难的学生并帮助他们过关，没有人会被威胁或者放弃。全班同学都喜欢背自己选择的段落，这将是一次非常棒的经验。与一位好老师在一起的愉快经验是学好任何知识的关键。

现在，如果你的二年级和三年级学生都在因为新鲜感和兴奋感而进行记忆和计算，他们也喜欢这么做，而且喜欢你，我对此无话可说。但当这种获取知识最初期的快乐逐渐消失时——它会消失的——不要强迫他们继续下去。快速地从填鸭式教育过渡到引导教育，你会让他们走上为生活而真正开始学习的道路。

学校里的斯塔西

我用"斯塔西"这个男女通用的名字来指代一个庞大的学生群体，这些学生从二年级开始就将功课和教师赶出了自己的优质世界。那些参加匹兹堡会议的高中如此杰出，正是因为它们校园里没几个斯塔西。可能也有许多学生不去完成大量作业，但他们仍然把学校、某些教师和作业放在自己的优质世界中。尽管他们也希望学校得以改进，但因为有教师和父母的大力支持，所以他们没有大肆反抗在学校体验到的强制。如果没有受到强迫，努力学习的学生数量将是我演讲时所遇人数的两至三倍。对这些好学校中的许多学生来说，因为学校在他们的优质世界中，所以他们会努力学习，考入大学。在大学里，将有更多的选择和更少的填鸭式教育，他们会学得很好。

斯塔西们则有一个与众不同的故事。通常，他们在家里没有得到足够的教育支持，也没有得到想要的关注和爱。如果他们还打算努力过关，他们需要在学校得到这种支持和关注。他们在家中没有获得所需，因此进入学校时非常容易被强迫、填鸭和惩罚，而他们通过把功课、教师并最终把学校也赶出优质世界来反抗。像所有学生一样，斯塔西们刚开始上学时，教师和功课都处在他们的优质世界中。

许多学生在幼儿园和一年级时做得很好，学校、和蔼可亲的教师、满足需求的功课都在他们的优质世界中，甚至比一开始时更有地位。如果教师们富有耐心、教学方法灵活，并选取许多有趣的书籍读给他们听，他们就可以学会阅读和写作。如果教师们认真倾听并与他们谈话，包括单独谈话和班会形式，学生们会很快改善他们的听说方式。

但到了二年级，教师开始在教学中增加少量的强制和大量的填鸭式教育。获取知识、计算、布置作业以及分数和不及格的威胁，开始侵占学习中原来充满热爱和趣味的领地。虽然这种改变很细微，但那些即将成为斯塔西的学生们觉察到了，并开始反抗，而那些不打算变成斯塔西的学生可能也会对这种改变稍做反抗。教师们将这种行为看作纪律问题，并开始轻轻地刺激他们。不同之处在于：那些不会成为斯塔西的学生们在受到刺激时会选择更加努力学习；而斯塔西则选择将一些功课（通常是强制式的）赶出他们的优质世界。当发生这个变化时，这两个群体开始分离；当他们升入中学时，这种分离会变得更明显。

直到这两个群体分离，我们才能区分出斯塔西和其他学生之间的差异。30多年前，我在瓦茨——洛杉矶的一个低收入、种族隔离的社区工作时，看见那些在幼儿园和一年级时对知识饥渴和投入的学生到小学高年级就逐渐不再做功课了。我那时感到迷惑不解，但现在选择理论让我明白了其中的原因。他们的大脑没有任何问题，问题是他们在以自暴自弃的方式反抗强制性系统。正如我一开始时提到的，这种变化是不均匀的而且很难觉察，特别是对不知道优质世界及它对孩子有多重要，也不知道自己在其中要做些什么的教师来说。但当这种变化持续到三四年级时，它就变得显而易见了。

那些将要变成斯塔西的学生投入功课的精力逐渐减少。他们上课说话，企图让那些努力学习的孩子跟他们一起玩耍。如果没有得到想要的关注，他们就会开始捣乱。无论是什么原因，他们需要比其他学生得到更多的爱心和耐心。但当他们开始以挫败教师、影响其他学生的方式来引起注意时，他们就无法再在教师和同学那里满足愿望了。然后，他们会越来越抵制教师布置的任务，会做出大量被认定为"纪律问题"的行为。

三、四、五年级是一个关键期。如果潜在的斯塔西继续让功课、教师和好学生待在他们的优质世界之外，他们就在通往"成熟的"斯塔西的路上一去不返了。在早期阶段，成为斯塔西的过程相对容易扭转。在我们"不听话就会受到惩罚"的学校里，也有许多好教师可以很早认识到这种反抗并立即停止惩罚。他们会给予学生更多的关注，例如早晨一声友好的问候；轻轻拍拍他们的头；布置他们能够完成的任务，帮助他们做得更好，然后表扬他们。所有这些都可能扭转那个灾难性的过程。

这些学生需要与和蔼可亲的教师建立令人满意的关系,这些教师可能是他们得到关爱的唯一可靠来源。一位优秀的教师知道如何给予学生他们想要的东西,这不会花费多少时间,最终还会因为学生全力投入、认真学习而节省时间。在一至三年级,把教室里的人数控制在20,正如最近加州的情况,是朝着正确方向迈出的漂亮一步。这样可以让教师给予学生充分的关注,否则他们得到的就不够。

这些优秀的教师还会发送信息到家里,要求家长为孩子读书或者跟孩子一起玩游戏。他们足够理性,不会因为孩子在学校的问题而责怪家长。大多数家长的问题都已经够多了,他们不再需要学校里的问题。如果教师准备帮助更多的孩子,阻止他们成为斯塔西,了解足够多的选择理论知识、弄清楚到底发生了什么是至关重要的做法。

但是,许多教师不清楚正在发生什么。他们或是打电话给家长,或是接二连三地发信息告诉家长(几乎是命令式的),要家长针对他们的孩子在学校里的行为采取一些措施。他们期望父母去惩罚这些潜在的斯塔西,而这些父母只知道强迫孩子。现在,孤独的孩子变得绝望了。他们在学校和家里得到的爱越来越少,他们与身边和自己一样的斯塔西们靠得越来越近。但在小学阶段,大部分潜在的斯塔西仍在犹豫不决。

到初中时会出现很大的变化,更多的填鸭式教育突然涌现,而教师对每个学生关注的时间变得更少。这个过程仍然有可能被逆转,但现在去做会更艰难,如果在小学阶段注意到并进行处理就会容易得多。如果一个学生已经成为老练的斯塔西,而且以某种方式进入了高中,这个选择就不大可能被逆转了。但这种情况很少发生,只要学生仍然会来学校,就永远不会太迟。学生考虑放弃学业并成为斯塔西的时间越久,这种逆转就会越艰难。

进入初中后,斯塔西们不好好学习,而且经常逃课。他们的成绩一落千丈,与刚进入初中时相比,也许不怎么打算升入高中了。他们将功课和教师赶出了优质世界,并开始失去或放弃一些仍然喜欢学校的好朋友。而这些朋友正是使学校在他们优质世界中逐渐淡化的诱因。

现在，如果这些斯塔西仍在学校，他们会因为对破坏、暴力、性活动和毒品的共同兴趣而抱团。他们也许过几年才会退学，因为偶尔还有他们可以联系的教师，仍然喜欢的学科（如美术、音乐）或是体育运动。即使斯塔西与这些人或事相处得不好，他们也很少会放弃自己的母亲。母亲一直告诉他们要待在学校，争取毕业。但大多数情况下他们远远落后，连母亲也不能帮助他们留在学校。

斯塔西的数量越来越多，因为在当今社会，教育对成功的影响越来越大了，但他们却一无所有。在我们当前"一所学校适合所有人"的教育体制中，他们是不会成功的。即使这些学校有所改善，大多数斯塔西对整天学习还是没什么兴趣。我们需要给他们提供一些初中水平的实践活动。现在那些教学水平卓越的职业学校只招收高中生，但对大多数斯塔西来说已经太迟了，他们已经将学校赶出优质世界了。

我们需要扩大职业教育的视野并将招生对象扩展到初中水平。现在很明显的是，当斯塔西处于职业学校的环境中时，他们经常会恢复对学业的兴趣。当我们接受的非学术教育越来越多，我们必须宣传这一观点：职业教育不是次等教育。学生们应该理解，尽管职业教育不是进入大学的直接途径，但通向大学的道路一直向那些逐渐开始进步的学生敞开。这一切所需的开销远远少于我们现在在斯塔西身上花费的。但是，学校单独去做这件事还有很大的困难，这件事需要社区的支持。

在贫穷的社区，不论是城市还是乡村，斯塔西都占据了整所学校学生中的大部分。现在，美国几乎没人知道该对他们做什么，无论是校内还是校外；除了惩罚还是惩罚，而惩罚只会增加他们的人数。当男性斯塔西长到20岁左右时，许多人会进监狱。大多数罪行都跟毒品有关，他们可以从中获得金钱和快感。

大量的男性斯塔西因为暴力被关进监狱，我们认为这些暴力毫无意义，但对他们而言并非如此，那正是他们寻求的东西。把他们关进监狱，几乎确定了他们会完全放弃幸福，而只关注在今后的人生里——经常是短暂的——能得到什么快乐，尤其是在当今越发强调惩罚的社会。这些人是十分危险的，大多数人对暴力感到恐惧，而他们一点也不害怕。

尽管斯塔西是学校现行体制显而易见的产物，但他们本身不是问题，需要改变的是这个体制。如果我们愿意将其更改为选择理论系统，则意味着变填鸭式教育为真正的教育，变惩罚为和谐关系，从"不得不"到"不必"为过去的失败做出补偿，这种变化几乎会让所有愿意去上学的斯塔西都能用功学习。如果他们愿意学习有用的阅读、写作和问题解决技能，我们可以将过去的失败抛在脑后。

不强求他们补上欠缺的知识，这样做会让他们看到希望。一旦他们提升了技能，我们就可以考虑知识了。我们必须做点什么来阻止他们成为斯塔西。无论他们在学校里做得多差，只要他们愿意参与，我们就能扭转这个趋势。大多数情况下，我们需要几年时间达成目标，但要这样做，我们必须改变整个体制。

现在，我们还需要做的事情就是在全国各地创建示范优质小学。把优质教育扩展到中学困难重重，但如果学生都来自优质小学，这个目标就是有可能达到的。我认为优质高中在我们能力范围之外，除非其所在社区朝着优质社区的方向发展（我会在第十二章讨论优质社区）。最后，推动整个社区采用选择理论（这是优质社区的基础）可能比只推动一所高中要容易。

在优质学校中，校长和教师都应该实行领导式管理，并把选择理论教授给学生和家长。在优质学校联盟中，已有200多所学校团结起来努力尝试这样做，其他学校进行这一尝试的障碍在于缺乏社区和行政支持以及培训所需的微薄资金，而50名教师的全部培训费还不及一个斯塔西在监狱里待三年所需的费用。

要让项目启动起来，需要学区总监和教师联盟的合作领导。在数千所不考虑这一方法的学校中有大量的怀疑者和否定者，而优质学校中没有这些人的容身之地。就像所有管理者和教师都需要管理和教学的资质一样，优质学校中的每一位员工都应该参加额外培训，以获得优质教育专业人员资质。

到目前为止，我们的经验是，只有学校中的校长和教师拥有这些资质，我们才能拥有更多的优质学校。威廉·格拉瑟学院从事这种必需的培训并颁发证书，它时刻准备与有志于为教师提供培训的学校合作。（关于进行培训的进一步信息，请见附录。）

我们正在学校里努力推广反毒运动。我们需要更努力地建设没有强制和失败的优质学校，因为正是强制和惩罚导致的疏远使未成年人走向了毒品。在密歇根州怀俄明市的亨廷顿·伍兹小学，校长和教师都接受了我这本书以及其他书中理念的全面培训。我们从那次培训中学习到的理念，现在成了学院提供的"优质学校专业计划"的基础。

学习障碍

阅读这些段落的公立学校教师会很快意识到，自己班上有一些或许多斯塔西。如果父母接受过教育并会干预孩子在学校里的表现时，可能许多潜在的斯塔西都会被误贴上"学习障碍"的标签。

这个标签强烈暗示这些学生的大脑有一些问题，从而使得他们的学习变得困难。但使他们当中许多人产生困难的不是异常的大脑，而是过量的填鸭式教育。人类的大脑不会去记忆用不上的信息，我们的大脑无法与计算器媲美。这些学生所做的是将填鸭式教育连带大量必要的功课（比如阅读和写作）赶出了他们的优质世界。当他们这样做时，没有任何人可以通过任何测验判断，是他们没有选择把功课放进优质世界，还是他们的大脑不具备学习这些功课的能力。

这些斯塔西经常有这样的父母：他们接受了填鸭式教育，在学校表现很好，对孩子被迫背诵和计算不觉得有任何问题。他们对孩子的糟糕表现感到迷惑，容易听信这样的诊断：孩子的问题不在于任何人，而是他们的大脑异常。现在父母和教师都倾向于接受孩子有注意力缺陷障碍（ADD）或注意力缺陷多动障碍（ADHD）的诊断。至于这些学生到底在做什么，他们是"不愿意学习"还是"不能学习"并不重要。他们选择了相同的行为：逃课、过度活跃，或者表现出了所谓的情绪障碍。

他们甚至声称自己想学习，当似乎无法正常学习时经常感到迷惑。一个对优质世界的概念一无所知的孩子无法分辨自己的优质世界里没有阅读的概念和大脑的问题使自己很难学会阅读之间的区别。他只知道自己在学习阅读方面有些困难。如果要弄清是他的大脑功能有障碍，还是他自己将阅读赶出了优质世界，我们就要密切地对其进行观察。这种观察不能由儿科医生来进行，他们没有这个时间，而必须由父母和学校合作完成，然后再将观察到的结果报告给儿科医生。将一个孩子诊断为大脑存在问题从而造成了学习障碍，这是一件极其严肃的事。它可能会影响这个孩子的未来，所以应该力求准确。下面是我们需要观察的几项：

● 这个被诊断为 ADD 或 ADHD 的孩子能看电视并理解他或她看到的内容吗？这个孩子会玩那些需要集中注意力的游戏吗？这个孩子能使用计算机吗？

● 比起其他教师，这个孩子是否在某些教师面前表现得更好？

● 比起需要同等阅读和听力水平的其他课程，这个孩子是否在某些课程上表现更好？

● 这个孩子有没有在学校里专心学习的朋友？他喜欢和他们一起玩吗？他们喜欢和他一起玩吗？

如果对第一个问题的回答全部是"不"，这个孩子很可能有学习障碍，他应该接受一位资深儿科医生的评估，可以考虑服用当下的一些针对大脑的药物(比如利他林)。如果对第二个和第三个问题的答案也都是"不",你也应该怀疑他有学习障碍。如果对其中一个问题回答了"是",那这个孩子就不大可能有学习障碍。大脑不会选择在某些特定情况下关闭,问题在于某个教师和学科不在这个孩子的优质世界中。至于第四个问题,如果孩子在学校里有专心学习的好朋友,我就不会怀疑他有学习障碍了;如果孩子没有好朋友,我会怀疑他太孤独了,太关注于交朋友而无法专心学习。在孩子被诊断为学习障碍并求医问药之前,父母应该认真帮助他学习社交技能和交朋友。

在学校里表现不好的孩子,也可能是因为在家里与某个人相处不融洽。他可能十分担心自己的人际关系,因此在学校里不愿尽力学习。在给任何一个孩子贴标签之前,父母应该密切关注我前面说的以选择理论为基础的儿童教养方式。如果孩子在家中被寄予了太多期望并被惩罚或拒绝,那么他们可能通过选择在学校无所事事或搞破坏来反抗。孩子会如何反抗是无法预测的。我们需要注意,一个在家里表现很好但在学校不专心或捣乱的孩子尤其需要人际关系方面的帮助,而父母可能也需要一些心理咨询。

一个心理健康的孩子通常只在家里会遇到些麻烦,而在学校和家庭之外都会表现得很好。孩子出现这种行为,是因为他或她在家里能感受到足以打破限制的爱和安全感,但在家庭之外就没有理由这样做了,因为家庭之外的人不会接受这种行为。但要记住,一个孩子不接受充满惩罚和填鸭式教育的学校,不代表他或她一定有异常的大脑或者糟糕的家庭关系。也许是他们比其他孩子更敏锐、更有洞察力,甚至更有自信。我的孙子五年级时告诉他妈妈,他以后在学校再也不做计算题了。他不会捣乱,同学们做计算题时,他在一旁画画。他妈妈告诉老师她不准备加以干涉。我的孙子考试时应用题得分很高,所以教师也没有坚持让他做。

在亨廷顿·伍兹,少量潜在的斯塔西入学时会接受常规课程,他们也不会被建议服用药物。他们很快开始学习,而且有些人成绩很好。很明显，问题不在他们的大脑，而是因为此前"做功课"不在他们的优质世界中。在崇尚强制的学校中许多学生被诊断为学习障碍倒有一点好处：因为有了这种标签，许多人被放进了特殊班级，在那里他们不会受到强制或惩罚，通常也不会再被填鸭。这种环境其实对特教教师在他们身上取得的成功起了很大作用。

有趣的是，曾经步入婚姻殿堂的人（包括教师）中几乎有一半离婚了。没有离婚的人群中，许多人也有着不幸的婚姻。这种不幸的原因和斯塔西的成因是一样的：外部控制心理学。举个例子，当你问一个斯塔西他或她为什么不喜欢学校时，答案是："因为老师。他们不关心我，不倾听我说话，让我做我不想做的事，对我想做的不感兴趣，真没意思！"

当你问一个婚姻不幸的女人："告诉我，你的婚姻出了什么问题？"她几乎总会说："我的丈夫。他不爱我，不听我说话，让我做我不想做的事，对我想做的事没一点兴趣，真没意思！"当教师们学习了足够的选择理论并将其应用于与人（那些他们想要与之亲近的人）相处中时，当他们看到这样做有多么成功时，就会比现在更倾向于在班级里使用它，而且他们在这样做时，在学校和家庭里都会感到更加幸福。

教育范例：施瓦布中学

1994 年的秋天，我和妻子卡琳抵达了施瓦布中学，它隶属于辛辛那提市公共学校系统，有 700 名七年级和八年级的学生，在当时是一所很混乱的学校。卡琳在那儿工作了一整年，而那年我为他们提供咨询并在学校里度过了 70 天。那里 90% 的学生是非裔美国人，而且许多人有过一次或多次不及格的情况。那所学校的外部控制体系非常牢固。举个例子，在我们抵达的前一年，有 1500 名学生受到了休学 10 天的惩罚，也就是 15000 个休学日。这所学校就像一艘正在下沉的船，全体船员和乘客在为了几艘救生艇争吵不止。但是，我们很快发现，这里的教师其实水平很高。他们正在背水一战，对手是一个由恐惧驱动的系统——辛辛那提市中央办公室的政策。正如大多数学区一样，长久以来，他们几乎放弃了希望。

坦白地说，中央办公室受到了校董事的压力，而校董事又对媒体和社区充满了恐惧。我们在施瓦布需要面对的事实是，那里的好员工已经被辛辛那提市盛行的森严等级制度束缚住了手脚。从9月到次年1月，我们一直在努力让教师们相信，这些学生并不是注定要成为斯塔西的。如果能在一个更好的体制里得到不同的对待，那些自认为斯塔西的学生就会改变想法。

我要求进入课堂，当教师们发现我只想提供帮助和支持而不是批评，而且我愿意和学生一起工作时，我立刻收到了大量邀请。我会在教师让学生自习之前进入教室，以便我们讨论后半节课怎么进行。我去旁听了一位年轻教师的课，他没有多少教学经验，或者说他还没有接受在施瓦布授课所需的教师培训。

课堂上大约有20名学生。上课铃响起时，教师锁上了门——学生们被锁在里面或外面，这取决于你从哪个角度来看。这是一堂数学课。教师讲了10分钟的课，是关于如何解一道应用题的：教师要求学生使用一张地图找到从家里到学校的最短路程。这是一个合乎情理的问题，这位教师也教得很好。唯一的问题，也是施瓦布中学的主要问题，就是我是这堂课上唯一一个听课的人。学生们在座位上交头接耳，或者四处走动。大约有四个人的头钻到桌子底下，把帽子罩在头上。他们一动不动，大概是睡着了。

这位教师在黑板上出了四道题。他讲完课后，告诉学生要做这几道题。根本没有一个学生看这些题，他们全都在继续玩耍或睡觉。他们安静地做着这些，既没有噪声也没有打闹。事实上这堂课还不错。有些课堂比这更糟，而一些经验丰富的教师的课堂上又会好些。但即使在那些更好的课堂上，尽管学生们会做功课，他们所学的内容却仍然保留甚少，因为他们被要求学习的大量内容都是填鸭式的，这些学生根本看不到他们被要求记忆的东西在生活中有什么用处。既然没有什么能留下来，每一天都是新的。我对这堂课也没有进行过准备，但我想既然那位教师将我看作专家，他希望我去做一些事情，所以我感觉自己最好做点什么。

我旁边坐着一个女孩，她既不关注教师也没注意到我。她在一个笔记本上兴致勃勃地写着什么，字迹清晰。她正在做跟学习有关的事情，虽然不是数学。我温和地问她："你打算做那些题吗？"

她惊讶地看着我，也许是因为之前没有看到我，也许是对我的话感到惊讶。她什么也没有说，继续写她的东西。我以感兴趣和有礼貌的方式重复了一遍："你打算做那些题吗？"

这时她意识到了我的存在，说："什么题？"

"黑板上的那些题。"

"在哪儿？"

我指向黑板："那里。"

她看向它们，然后转向我，说："哦，那些题啊。"

她继续写自己的东西。

过了一会儿，我再一次问道："你打算做吗？"

她看着我，好像这是一个奇怪的、有点愚蠢的问题，然后礼貌地回答道："不。"

这时，那位教师正在教室里四处走动，督促学生，但没有人注意到他。由于我的身份是一名专家，那位教师也在看着我，所以顾不上那么多了，我对那个继续写字的年轻女孩说："你就做一道题，怎么样？"

她看着我，好像这是一个有趣的建议，而且她似乎喜欢我提建议的方式——既没有威胁也没有批评。于是她说："好的。"

她轻松地做完了一道题，然后继续写她的东西。我鼓起勇气对她说："看看，挺容易的吧。为什么不把剩下的也做了呢？那样你就完成今天所有的作业了。"

她停下来,思考了一会儿,然后又说了声"好的"。凭借我的一点帮助,她做完了剩下的三道题。

然后,我说:"很好,继续写你的东西吧。"

我拿着她答题的那张纸,现在我知道该做什么了。我用那堂课的剩余时间辅导学生,一次一个,取得了良好的效果。(而且在施瓦布的一年时间里,辅导学生的工作都取得了良好的效果。)下课铃响了,学生们离开了。我问那位教师是否看到我在做什么,他说他看到了,然后我给了他我辅导过的五位同学的答题纸。我问他,我在辅导学生时,他在做什么?他告诉我的,正如我看到他所做的:在教室里四处走动,试图督促学生去做那些题。我问他是否取得了任何效果,他说"没有"。我问他,如果他去做我所做的事,是否会有更好的效果?然后我听到了熟悉的答案——当我建议许多教师辅导学生时,他们都这样回答——"但是,如果我坐下来辅导一个学生,其他学生怎么办呢?"

我像往常一样,不带讽刺、真诚地说:"事实上,在你四处走动时,你什么也没干。如果你再辅导五个学生,班上就有一半学生完成了这堂课的要求。"对这些孩子来说,少量辅导也是很重要的,他们需要个人化的关注。我们发现只要功课是有意义的,只需辅导几次引起他们注意,他们之后就会开始自己做功课。填鸭式教育有时在施瓦布也是有效的,只要它够简单。学生们喜欢做力所能及的事,但坚持不了多久,他们就会厌烦并放弃。他们也喜欢数学应用题,但在开始时需要一点帮助。他们真正想获得的是大量的个人关注和少量的对话,感觉教师真正了解并关心他们。施瓦布的大多数教师都能组织有意义的教学,并愿意邀请学生开始做他们想做的事。

但是与学生一样,教师也需要个人关注。他们在工作的系统里得到的关注仅仅是别人的批评,而那些批评者不知道他们的工作有多艰难,批评者如果像他们这样以在此教书为生,是无法做下去的。从我们走进那所学校开始，卡琳和我就表达了对他们勤奋工作的欣赏。我们与他们一起度过了许多时光：聊天，一起吃饭，与他们分享我们的经验，并倾听他们说话。我们很快明白了：他们知道该去做什么，只是被束缚住了手脚。运用他们的技能有效地教学，情况允许时尽可能进行个性化教学，放弃几乎所有的填鸭式教育以及停止威胁和惩罚手段，这些做法似乎都是不受认可的。

除了与教师个人和小组的日常会谈之外，卡琳开始在周二、周三、周四下午课后接待任何来访者。一开始的会谈就是牢骚大会，但她悉心倾听，并逐渐开始问教师们现在缺什么、想要什么，这向他们表示了她认真倾听的意愿。我参加了许多次会谈，我告诉他们，虽然我们无法保证满足他们的要求，但他们至少可以告诉我们想要什么。一开始，他们间接提出了一些我认为可以提供帮助的要求：他们能以自己感觉最好的方式来教学吗？他们似乎害怕按照自己的想法去做可能会有悖学校政策或者会偏离规定的课程。恐惧又出现了，在施瓦布，人们总会惴惴不安。

当我们问做些什么能让他们获准按照自己希望的方法来授课时，他们说希望教育系统的某个权威人士来学校，告诉他们可以按照自己的想法来教学。教育系统中似乎没有人想来施瓦布。最后，我打电话给宝洁公司（一家在辛辛那提很有影响力的公司）的副总裁，他们的任务是帮助这些学校。我告诉他，我需要教育系统派某个人来这所学校，向教师们保证他们可以在教学内容和方法上保持灵活性。

他找了一个重要的人物来学校并向教师们做了保证，但教师们不相信，并告诉她他们想获得书面保证。于是这位人士写了一封信确认她说过的话，这对教师们是一种巨大的推动力。这封信就是确凿的证据：我们不仅是说说而已。但在行动之前，他们还想要另一封来自俄亥俄州教育部的信，我们也得到了那封信。事情开始有了转机。

我们接下来做的事非常重要。许多教师认为，由于这些学生多年来在学校里无所事事,所以他们不愿认真学习并做一些有用的功课。为了处理这个问题,在数学系的帮助下,卡琳和我组织了两天的数学辅导(根据州级水平考试,数学是学生们表现最差的科目)。我们将学生分为两组,每一组都配有一名教师。如果把学校里的每个人都利用起来,我们就有足够的教师来做这件事了。

卡琳打电话,走访邻居,在教师们的帮助下,我们找到了100名志愿者服务两天。在数学系的帮助下,我们特地编写了一本数学辅导书,内容包括从初级阶段到八年级的应用题。这是施瓦布的一项浩大的工程,它的用意在于证明有了针对个人的关注和实用的课程内容,学生们就会拼尽全力认真学习。

在辅导过程中,每10名学生除了配有1位教师外,还有1或2名助教,整所学校都采用这样的分组。我们告知学生,他们不会不及格。他们应该尽力而为,如果他们需要,会及时得到帮助。这次活动成效显著。在一天半的时间里,他们做了大量计算和其他数学题,两项都完成得相当好。现在,在这里,不是与填鸭式教育斗争的时候。辅导书的第三部分是应用题,他们都喜欢解决它们。

最后半天,他们仍在学习,但没有前一天半的热情了。我们应该那时就停止实验,不过这个变化也并没有破坏实验。学生们很放松,也喜欢与他们的教师和助教交谈。这次辅导向教师们证明了学生们愿意在没有失败、有人提供帮助、讲道理的环境中努力学习。现在我们要做的是考虑如何每天都采用相似的做法。但是,成就大事的基础已经打好了。

卡琳继续在白天和课后会谈中与教师们进行一对一的接触。越来越多的教师前来,她一再询问他们最想要的是什么。他们告诉她,他们想要规模更小的班级,而且没有捣乱的学生。捣乱的主要是那些大龄学生——一共有170人——其中一些人在七年级待了四年。教师们说,如果我们可以让这些学生离开,他们就可以开始真正的教学了。这些学生似乎是施瓦布真正的斯塔西,他们已经放弃了学习。不过,这些学生在这次辅导过程中全都学习了。

施瓦布原来有一个针对这些大龄学生的特殊项目,但这170人当中只有75人参加,其中又只有40人有规律地参加了。我询问与这40名大龄学生一起工作的5位教师,他们是否能够一并接管其余的学生。我说如果他们能这样做,我们就能改变整所学校。虽然按我的要求,他们的教学负担会翻两番,而且没有更多报酬,但他们说愿意讨论这件事。

我们进行了大量的讨论。他们说需要再配备两名教师,两名正式教师志愿加入了。他们还需要一块场地。我觉得原来作为大龄学生项目教室的旧木材铺很理想,可以满足我们在新项目中想为学生创造的环境的要求。在提出要求之前,教师们就获得了这个项目的全部控制权,也不会有来自校长或教育系统内中央办公室的干涉。中央办公室对这个要求没有异议,并从一开始就支持这个项目。当我向校长解释这个项目时,他也全力支持。

这间旧店铺需要进行全面清扫、铺地毯、刷漆以及配备家具的工作。俄亥俄州风险投资机构资助施瓦布2.2万美元,用于该优质学校项目。于是,我们配置了旧沙发、餐桌椅,还安装了计算机。我们把房间重新刷漆并铺了地毯。我们这样装饰它,是因为我相信,让它看起来像一间教室可能是没用的,因为这些学生的优质世界中没有教室。

现在我们可以告诉那些正式教师,他们希望看到的事情正在发生。他们想要更小的班级,每位教师平均减少五名学生,而且没有大龄学生。一开始,他们又喜又忧。但是,对新生事物的恐惧只是暂时的。志愿参加这个新项目的七位教师会见了所有大龄学生,并告诉他们学校将发生的改变。学生们非常感兴趣,他们原本是想毕业并升入高中的,只不过早已放弃。

在我们的支持下,这些教师们尽情发挥着创造力。他们夜以继日地准备一种新课程,这一课程完全根据学区对每个学生要求的升入高中的必需水平而定。他们对学生采取的方法是:忘记过去所有的失败,只管证明你们具备升入高中所需的技能和知识即可，这里可没有顺风车可搭。

这个项目计划于1995年1月开始，但实际上直到2月的第二个星期二才开始。它以英国的剑桥大学为榜样，被称作"剑桥计划"。一个大房间是公用的，5个相邻的房间分别用来教授数学、自然科学、社会科学，进行就业指导和文学辅导，基础语言文学被放在了在公用区域。

第一天看起来很混乱。170名学生全都露面了，但没人知道该做什么。在一片混乱之中，我坐在教室中间的一张桌旁，为一些学生辅导数学。第二天情况好了一些，我继续辅导，这次辅导英语。教师们有些泄气，我却很受鼓舞。情况看起来比我预想中强得多，学生们很吵闹，但我注意到他们没有抗拒的意思。每个人都很愉快，愉快的气氛一直没有消失。

第三天出现了不可抗力。那天下雪，校车停了。整所学校那天只有80名学生露面——40名学生是可以步行来学校的，他们参与的是常规项目；40名学生参与的是剑桥计划，他们平常都坐校车来学校，那天却是自己来的。这40名学生有7位教师和1位助教。那天他们做了大量功课，非常愉快。那天之后，我们就度过了最困难的时期。

这里没有传统中坐在座位上听课的要求。全部课程都是辅导，学生可以选择辅导的内容和时间。我们告诉他们不能偏科，他们做到了。不久后，他们就制订了自己的计划表。这是他们第一次在学校里有这么多选择，他们感到非常兴奋。如果想要，他们可以每天修改自己的计划表。他们的工作是向我们证明：他们可以完成升学的要求。

学生们参加了针对个人的测验，但没有人不及格，因为这些学生知道要努力学习，直到向教师证明他们可以完成课程。一旦学生们向教师展示自己完成任务并被接受，他们就会继续学习下一课，然后再下一课。这里有许多对能力方面的要求，而学生们在学校时比以往任何时候都努力。一旦完成了一门学科的所有要求，他们就学完了那门学科。

现在这些学生已经开始自食其力了。他们知道要做什么，知道自己能做到，而且这是他们自己的选择。如果不去做，他们知道明年还要继续，直至完成为止。很快，我们明显需要一个暑期教学计划，以让他们中大多数人完成学业。我们得到许可，把剑桥计划扩展至暑期学校，许多学生都完成了学校的要求。这些学生被从常规班中分出来之后，学校变得安静而有序。尽管没有人强调礼貌问题，但我们的学生变得彬彬有礼了。这里没有故意破坏物品、乱涂乱画的行为，软垫上也没有一个洞。

6名保安人员负责全校700名学生，他们在第一学期忙得不可开交，而现在要做的事越来越少；他们通过与这些学生交往做出了巨大贡献。如果我们希望学生们相信自己能不依靠毒品和暴力获得幸福，那么就该让他们与真正关心他们幸福的人士打交道。到暑期学校结束时，参加剑桥计划的170名学生中有148人进入了高中；而在新学年刚开始时，这个预测数字接近0。

我们尽最大可能扫除了学校里毁灭性的失败，特别是那些不太支持教育的家庭，他们的孩子更容易挂科。更重要的是，我们也为学校的教师们扫除了失败。我不希望任何人认为我们多此一举。我们证明了这一举措是可行的，而且只要花费2.2万美元加上前一年剩下的一些培训费，我们就可以做到。卡琳的薪水由当地学区来支付。因为卡琳是威廉·格拉瑟学院的高级导师，所以她可以在整年中持续做所有培训。我们接手的这些教师很有能力，但是士气低落，正是他们受到的对待让他们变成了这样。我们采用的是基于选择理论的领导式管理，而他们过去使用的是基于外部控制心理学的老板式管理。

我们在施瓦布中学着手做的事情实际上在亨廷顿·伍兹小学已经完成了。在亨廷顿，他们创造了一所欢乐的学校。这种欢乐的基础是良好的人际关系，学校里的每个人都把彼此放在优质世界中：教师、学生、管理者和家长。这是任何一种成功的组织或关系（比如婚姻和家庭）的关键。当施瓦布的学生被问到他们为何努力学习并且相处融洽时，他们总是回答："这是一所好学校，别人关心我们。"这说起来容易，但在我们强制性的世界中做起来太难了！

学校纪律

当我们抵达施瓦布时,这所学校几乎一片混乱,没几个学生遵守秩序,会学习的人就更少了。教室之间的过道里满是吵吵嚷嚷、互相推搡的学生。每隔43分钟,下课铃一响,这里就如同人满为患的摇滚音乐会现场。教师们可能都认为这是纪律问题,主要应对措施就是将这些学生送到隔离室去。而我们的做法将向教师证明纪律永远不是关键所在,关键在于合乎情理的教育——没有强制、没有失败、大量关爱、大量耐心,以及落后时有机会重新开始。到那年年底,虽然学校仍需要更多的优质教育,但纪律已不再是一个问题。我们做出了一个巨大的转变:从惩罚性体系转向令人满意的选择理论领导体系。

多年来,全美上下的学校都在开展纪律项目,这些项目承诺使学生在强制性系统中变得遵守秩序。正是这样的项目为问题的出现提供了沃土。20世纪70年代,我制定了基于现实疗法的"十步纪律项目",不幸的是仍有学校在使用它。但是,直到我开始理解选择理论,我才认识到在被强迫做自己不想做的事时,抵制和反抗都是自然甚至明智的选择。纪律项目中,哪怕是手段温柔的强制,对潜在的斯塔西都不会起作用,而那才是真正的问题所在,这些手段只会对那些优质世界中还有教师和功课的学生起作用,然而这些学生不需要这些计划,他们只需要一点关注、一点耐心以及大量有效的教育。

学校的管理人员相信这些计划,是因为他们认为,在自己的学生时代,这些项目对他们是有用的,这可能不假。对这些人来说,教师和功课一直在他们的优质世界中,他们很少调皮捣蛋。由此类推,那些在家长教师协会和学校职能会议上露面的家长也是如此;有他们自然很好,但不出现也行,他们的孩子照样在学校里表现得很好。

除了我的十步纪律项目之外,现在流行的几个项目都强调强制性和纠正性,并声称遵从了我的理念。但因为它聚焦于学生而不是改变体制,所以它并没有遵从我在《优质学校》和《优质学校的教师》中清晰阐述的优质学校的概念。任何聚焦于改变学生而不是体制的项目，都不是基于选择理论的项目。我们在施瓦布启动的、在亨廷顿·伍兹付诸实践的项目，都是对学校体制的彻底改革。在选择理论的体系中，有意外的纪律事件，但很少有纪律问题。每一起事件都应进行个别处理，程序化的方法并不起作用。强制和惩罚是不会带来幸福的。

教育范例：亨廷顿·伍兹小学

密歇根州怀俄明市的一所小学完全以选择理论为基础，教师、学生、校长和家长都在彼此的优质世界中，这一切都应被归功于该校拥有献身精神和超凡魅力的校长——凯伊·门特利。在我的两本关于优质学校的书中，你可以看到这所学校是如何运作的；而且在《没有失败的学校》（*Schools without Failure*）一书中，我解释了班会对任何学校项目获得成功的重要性。但这所学校全体员工创造的成就远远超出了我在写那两本书时的想象。这是一所我希望我的子孙们，也希望你的子孙们去读的学校。尽管我要描绘这所学校并希望你去参观它，但它不应该被复制。它应该被理解，就像施瓦布学校一样。你一旦理解了它，便也可以创造一所优质学校，而且是一所适合你的教师、学生和社区的学校。

凯伊·门特利在阅读《优质学校》这本书之后，立即有了一个梦想："我希望拥有一所这样的学校。"那时她在怀俄明市一所很好的小学担任校长，而且她开始认识到自己对那所学校的梦想。但这并不容易，有些教师愿意学习选择理论，有些人则不愿意。借用亚伯拉罕·林肯可能说过的话：一所发生内讧的学校永远不会成为优质学校。只有员工团结一致，亨廷顿·伍兹才会有今天的成就。如果一开始教师和多年受威胁和惩罚的学生矛盾重重，就像在施瓦布一样，工作会变得更艰难。不过，施瓦布也有一个优势：教职工不会沾沾自喜，大多数教师极度渴望改变。

由于家长对已完成项目的大力支持，如果有空间的话，亨廷顿·伍兹可以扩展至初中和高中。从一所小学开始扩展是创造优质中学的一个途径。像我们在施瓦布做的那样，与许多已经厌倦学习的学生一起工作是非常艰难的。在辛辛那提市，明智的做法是让施瓦布成为示范中学，并创造一个从幼儿园到高中的优质教育系统。如果学生们来自极不支持教育的家庭，而这所学校继续使用强制和惩罚，那么无论花费多少钱都是浪费，甚至会使事情更糟。

怀俄明市学校的监督人看到了凯伊面对的问题，并相信她能够领导一所学校走向优质学校。他将一座陈旧、闲置的初级建筑提供给凯伊。她从现在的学校带去一些她欣赏的教师，并招聘其他相信这些理念并愿意参加培训的教师。现在，她所有的教职工都接受过培训，而且大多数人完成了我们学院的培训项目并获得了使用选择理论的证书。正是这种奉献精神使亨廷顿·伍兹成为全美最顶尖的小学之一。

亨廷顿·伍兹的校园里洋溢着幸福之情。欢乐写在学生脸上，教师们也开心地工作着。这所学校处处充满活力，教室内外的学生都忙于学习。这里没有填鸭式教育。学生们都在独立学习或者参加各种小组。这里的班级都是双倍大小的，有两位教师和50名学生。学生们分为两个年龄组，幼儿园和一二年级是低年龄组，三至五年级是高年龄组。等学生准备升入高年级时，许多人已经接触过高年级的功课了。

这里没有失败，没有谁高谁低，也不试图通过任何测量手段（包括年龄）将学生分开。教师们分担教学任务，因为每个班级有两位教师，如有需要，一位教师教课，另一位教师辅导。孩子们也互相帮助，他们更多是跟自己而不是别人竞争。这里没有上课铃，也没有课间休息。只要他们想要，教师可以随时带孩子们去户外玩耍或学习。

教师和孩子们在餐厅里一起吃饭，这是一个放松和社交的时间。我们强调的是融洽相处并享受彼此的陪伴。在学校里，教师被当作专业人士看待，他们决定在自己的教室里进行什么活动。校长的工作是帮助他们完成此事。她随时听候电话，教师如果有需要，可以因为任何事找她，包括接管 50 个孩子。

所有的孩子都会学习选择理论，等他们在学校待了一年后，大多数人都很了解这个理论了。他们知道自己身处优质学校以及为什么会如此。校园里贴满了这样的标语："无论何时遇到问题，我们都会与相关人士详细讨论并找到解决方案，不会进行威胁，也不会有人受到伤害。"因为事情得到了解决，所以没有不断的问题，也没有问题儿童。所有的教师和校长都接受过咨询培训，所以当偶尔发生纪律事件时，它们会及时得到解决。这里没有惩罚，也不会停课。

"纪律项目"绝对没有必要，长久之计是关注个体的问题，而不是执行一个僵硬的程序。但即使所有教师都经过咨询培训使用选择理论，没有纪律问题的主要原因是优质学校项目起到了预防作用。像亨廷顿·伍兹这样拥有融洽师生关系的学校是不会出现纪律问题的。

在亨廷顿·伍兹，我们不会紧盯着学习障碍。教师认识到孩子们在学习上存在差异，而这个项目就是要照顾这些正常的差异。有些孩子被诊断为患有某种学习障碍，但现在这个项目轻松地帮助了他们。还有少数孩子因为行为或学习问题而接受了药物治疗，但这是父母的要求，学校绝不会这样做。

为了让读者感受一下这所学校，请看凯伊·门特利写给我的一封信：

你近来如何？希望如意，我一切都好！三个星期前，我们这里转来了一个五年级的学生。他是我们大家庭中的一名寄养儿童。我与他谈话时，他告诉我，他讨厌所有学校、教师以及一切跟学校有关的事情！我告诉他没问题，他也可以讨厌我们，不过我很高兴他来到这里。我希望你可以看到他脸上的表情与三个星期前相差有多大！他在微笑，他喜欢给他上课的教师，会做所有的功课，甚至在上个星期告诉一位参观者，他喜欢这所学校。我们这儿两个星期前也来了一个二年级的学生，她说这所学校比她原来的学校好多了，因为这里的学生都非常友善，而且教师也不会对她大吼大叫。她说她在这里比在原来的学校学到了更多东西。

因为凯伊是当下经济体制的忠实信徒，所以参观者必须预约登记并为此支付 50 美元。她用这些钱支付了几乎所有的培训费，而且她越提高价格，就有越多的人想要来。学生们为参观者展示整个项目，这是他们教育的一部分。甚至连清扫校园、更换毛巾和厕纸也是他们教育的一部分。这些学生知道学校里的每件物品价值多少，以及为保证学校的机能需要做多少工作。他们不会浪费物品、时间或者金钱，因为他们懂得自己所做事情的价值。他们在学校的工作会得到工钱，但这些钱只能用来租书桌，买一些日常用品。在优质学校里没有免费的午餐。在这个项目中，学校生活会反映出现实生活。

优质学校中的成绩考核

在优质学校，为了取得学分，所有学生都必须在学习上达到"胜任"水平（competence）——相当于传统评分制度中的 B 级，没有比 B 更低的等级了。这种情形再次反映了在现实世界中胜任是成功的最低要求。此外，尽管不做硬性规定，但我们鼓励所有人达到优质水平或者相当于其他学校的 A 级水平。在亨廷顿·伍兹，我们已经达到了胜任的水平。惩罚性学校最致命的缺点是，他们不仅用低分来惩罚学生，而且还因此认定学生不能达到胜任水平。在任何地方，你如果想要高品质的工作，就不能接受任何低于胜任的水平。在优质学校，我们称之为"TLC 水平"，即"全面学习能力"（total learning competency）的缩写。巧合的是，

TLC 也是"细心的爱护"（tender loving care）的首字母缩写。

然而，我们激励这些学生，努力让他们表现优秀的功课更上一层楼，直到师生们都认为他们现在达到了优质工作的标准。检验工作是否达到优质的一个方法是通过测验，但与其检测学生的进步，还不如提高他们学习的质量。为了进行更好的说明，我以驾照考试为例：我建议改进现在考取或更新驾照时的笔试，这样才能增加我们关于交通规则的知识。

最近，我在加州更新了驾照。我认真学习了交规手册，但在参加测验时仍然遇到了许多难题，不得不去猜测。最终我勉强通过，错了 6 道题（一共 35 道题），再多错一道就通不过了。他们留下了我的试卷，所以我没有机会回顾做错的题，我感觉这个测试并没有达到它的目的。我仍然有一些重要的交规不知道，而下次重新学习它们就是四年后了。这种情况，就像我们学校里的大多数测验一样，算不上一次学习的经历。

即使所有驾驶者最终都通过了这个测验，许多人（比如我）也许永远不会知道那些错题的答案。而且，既然考试内容没有占据交规手册中问题的一半，我可以肯定地说，大多数驾驶者知道的都不超过他应该掌握内容的四分之三。这是非学习型或强制式测验的一个绝佳的例子。我建议加州使用一个更长的、覆盖手册中各个知识点的测验，也许有 60 道题那么长。想通过测验，你必须答对每一道题。

在当前体制下，制定这些要求是不可能的，因为通过的人会少之又少。就像在学校里一样，需要改变的是体制。这种改变可能很简单，比如将其改为开卷考试，人们就没有理由不通过了，他们只要坐在那里一直翻阅手册，直到正确回答出所有问题为止。为了检验我的建议是否有效，我们需要做两件事。第一，让报名者选择采用哪种方法：老方法，他们可能失败；新方法，他们不会失败。我猜大多数报名者都会选择内容更多的开卷考试。第二，随机分配两个小组，一组采用老版本，一组采用新版本，六个月后对两个小组进行口头测验，检查哪一组知道得更多。我敢打赌是选择新版本的那一组。

优质学校中采用的就是这种学习测验，测试的总是孩子们运用知识的能力。在优质学校中没有填鸭式教育，所以测验中也没有强制式问题，所有测验都是开卷的。这些测验不仅要求学生记忆，还要求他们思考。不过，大多数测验都很简短并且是经常性的。数学、自然科学、历史或英语测验可以只有一个问题，但是答案必须展现出答题者达到了胜任的水平。体现不出这一点的答案是得不到学分的。

为了证明自己达到了胜任的水平，学生通常要写下答案，但不仅如此，在教师或学生的要求下，学生还会被要求或获得机会向教师或助教解释为什么这样回答。通过这样做，学生在听、说以及思考答案方面得到了持续锻炼，而教师亲自进行检查，可确保他们理解了学生的答案。听说技能是对我们学习的最大奖赏，而现在的填鸭式教育对于这种技能几乎没有促进作用。

举例来说，历史问题可能是："在赢得独立战争之后，乔治·华盛顿为何拒绝担任总统？你认为他的决定对美国有利吗？"科学问题可能是："为什么科学家们担心地球气候持续变暖？"数学问题可能是："你的父亲正在刷墙，他让你去商店买足够的底漆。计算一下需要买多少。"英语问题可能是："这部小说里的每个人物各自面对着什么问题？你会如何解决它们？"对每一个问题，学生都必须给出正确答案。

如果学生体现了胜任的水平，任务就算完成了；如果没有达到标准，学生就会被告知"请继续努力，直到做出正确回答"。教师可能会要求胜任水平的学生继续努力，把功课提升到优质水平。学生自己也可能会这样做，这是好学生经常做的事。但是，不应该强迫学生达到优质水平。

如果有一种方法确保学生达不到优质水平，那就是使用强制方法。因此，亨廷顿·伍兹等优质学校不会强制学生竞争，但会激励学生去做最好的自己。学生们可以与其他同学进行比较，但其他同学的表现不会影响任何人的成绩。教师不仅要检查作业，还要鼓励学生并给予细心的反馈，这样学生就能更好地理解自己学到的知识。这种满足需求的智力互动创造了一种浓厚的学习氛围。在亨廷顿·伍兹，学生们都忙于思考、表达、倾听和解决问题。

在如今的强制式学校中，学生为了通过考试或表现优异要背许多东西，但死记硬背无法体现胜任或者优质水平。当通常的测验结束时，一切都结束了，无论学生是完成得很好、勉强通过还是不及格。学生们很少了解优质的精髓——在反馈的基础上持续改进。只要自己表现够好，他们就满足了，就像那个密歇根州阿尔玛的年轻人一样。虽然他做得足够好，但他认为自己在学习上远没有像在篮球队里那样拼尽全力。在优质学校里，学生们会与自己竞争。他们从来不会失败，经常互相帮助，因为这样做不会影响自己的成绩，这更接近真实世界的运转方式：只有当员工能胜任工作、积极合作、朝着优质水平迈进，企业才能生存下去。我们现在的学校里满是C级和D级的学生，学生间很少有合作，而优质更是濒临灭绝的理念。我们欠学生太多了。

有人会问："如果学生从来没有达到胜任的水平，怎么办呢？"答案是，他们绝不会得到学分。他们会得到帮助、鼓励，并被允许将测验带回家去做。但是要想得到学分，无论要花多长时间，他们都必须把功课做好。如果这种方法从幼儿园起就开始施行，一定不会有问题的。学生们喜欢把功课做好，而且如果时间允许，他们会做得很轻松。尽管我们在施瓦布的项目开展得较晚，但大多数学生都赶上了变革并升入高中。那些没有通过的学生就不得不等到下一年。这170人中的148人学到的知识比他们这几年甚至入学以来学到的都要多。在一考定终身的旧体制中，如果你没有通过考试，体制就会将你放弃。试想一下：如果你是一名学生，你愿意被给予更长的时间来做好功课，还是愿意如果表现不好就被很快放弃而且没有改进机会呢？学生们会和你做出同样的选择。

也有人会问："我的班上有30个学生。我哪儿来的时间检查他们的作业呢？"实际上，因为他们都在做功课，所以你总会有时间。你可以在他们自习时在教室里走动，并在每个学生身上花点时间。你很快就会发现谁需要你,谁不需要你。你没有纪律问题需要应对。当学生们认真学习并准备升入高中时,纪律在施瓦布已经不再是问题了。

在优质学校,优秀学生有机会做教师的助教,而且他们喜欢这项工作。如果助教在大学里很常见,为什么中学里不能有呢?助教的测验成绩要达到优质,然后就可以帮助教师检查其他学生了。比起在测验时得到的高分,他们在这个过程中学到的更多。教师的工作之一是在助教遇到麻烦时帮助他们,在这种没有人会被判不及格但所有人必须达到胜任水平的优质体制中,取得学分就是最大的激励,教师可以放开手去教学,他们不需要再维护纪律。

还有一个问题是:"在优质体制中大家都做得很好,我们怎么为他们排名次呢?"答案是你不需要这样做。现在基于填鸭式教育的排名很有欺骗性。如果中学校长告诉大学方面,在自己的学校里学生都会完成什么任务,我保证任何一个做过助教的学生都会受到大学甚至是名牌大学的欢迎。那些擅长背诵和计算的学生现在的名次很高,但如果追踪他们进入大学和社会之后的情况,你会发现他们的表现不如那些会思考和运用知识的学生。那些认为真实世界就像学校一样的学生根本不了解真实世界的样子。在真实世界中,人们合作利用知识是唯一的结果。优质学校是为学生进入真实世界做准备的,在现实中你只会因工作好而得到报酬。优质工作通常会让你得到更多的报酬,而差劲的工作表现则会让你收到解雇通知书。

在强制式学校,我们不会奖励学生,而且会接受低质量的工作,不强调优质工作的重要性。我们开除学生,但很少是因为他们成绩差。在优质学校,学生只有足够努力通过考试,成绩单上才有分数,这就是真实世界里的情况,就像如果你没有钱,银行里就不会有存款一样。尽管可能有学生因为达不到胜任水平而不能毕业,但在这个体制下,会有更多学生毕业,而且毕业时都达到了胜任的水平。许多被评为 C 和 D 的学生都以为自己达到了胜任水平,因为他们得到了学分。给未达到胜任水平者学分具有欺骗性，学生们被欺骗了。优质体制运行的关键是，就像在施瓦布开始做的，学生们确切了解自己所处的位置，自己控制自己的命运，这意味着如果没有胜任学业，他们只能责备自己，而且这是没办法自欺欺人的。

最后一个问题是："如果要等学得慢的学生赶上来，我们怎么能完成教学任务呢？"我想把这个问题反过来问："当你完成了更多的教学任务时，所有的学生都跟得上你吗？"你知道，你走得越快，丢下的学生就越多。问题不在于你教了多少或者多快，关键在于有多少学生在学习。你做手术时希望遇到一位动作慢点但技术过关的医生还是一位技术不达标的医生呢？现在学校运行的方式导致许多学生什么都没学到，他们不知道要去学什么，也不知道别人期待自己去做什么。许多学生没有学到东西，那些得 C 或 D 并自认为有所收获的学生也不知道自己收获了什么。

写作是优质学校的基本要求，而学习写作需要花时间。每一学年，教师都会帮助学生提高写作水平。因为几乎所有的测试都是笔试，只有少数是口试，所以他们一直在教授写作和语法，因为语法是清晰表达的必要前提。优质学校应用的永远是真实的语境教学，而且这种方法总是有效的。到了年底，所有学生都显示出了高质量的写作水平，或较年初水平有了很大提升。

他们可以用适合自己的方式来提升写作水平。有人会使用经过改良的测验来证明自己的写作能力，一直用到自己达到优质水平；有人从一项写作计划（比如写一本书）着手；还有人通过参与课外活动（比如办校报）来练习写作。如果他们觉得自己写得很好，任何时候都可以要求教师来检查。是否带着作品去见教师，让教师进行评价，这也取决于他们自己。

优质学校的所有学生都有自己的特别计划，这个计划可能与他们的学习任务有关，也可能无关。学生们建议的任何事情，只要在做之前能被证明是有益的，就会得到许可。一个科学项目、一本书、一首歌或一段录像、一个社区服务项目……学生们想到的任何可被认为是优质的事情都会得到许可。学生们每个月都要做非正式的进度报告，所以这不是一个临时抱佛脚的项目。只有当学生们打算竞争时，教师才会为最优秀的项目设立奖励。学生应该自己决定如何向学校和他人展示自己的成绩。学生们喜欢这个利用自己创造力的机会，做这些项目也可以让他们领会优质的含义，这比做任何其他事都要有效。这个项目是他们自己的。当我们拥有某些东西时，就会尽最大的努力。

学业水平测验

我一直认为州级学业水平测验既不公平也不准确，但是，只要学生能获得足够的时间，而且测验不集中于记忆和计算，我就能对其改观。现在许多学生在这些测验上表现糟糕的原因至少有两个：第一，他们没有很好地阅读问题；第二，他们没有应对这类测验的足够经验。

如果要很好地理解这些问题，学生们需要更强的阅读能力，而最好的办法是做更多的写作练习。写作是良好阅读的最佳前提。这就是为什么在优质学校很少有客观测试题。写作、问题解决和阐述对这些测验来说都是最好的准备工作，但学生表现不好的主要原因与"学问是可以被传授的"这一错误认知有关。学问在一定程度上确实可以被传授，但对大多数学生来说，学问无法像教育家认为的那样进行转让。

如果你想在篮球场上表现出色，你不能玩棒球或踢足球，而应该打篮球。如果你想让学生做好选择题，他们就需要在这方面多加练习。现在，大多数课程中教师制定的测验不足以应付州级测验。我们可以而且应该进行全真题模拟测验。如果你要求学生每天回答一个问题，如果问题很难，教他们如何回答，没有学生会因此抱怨。从秋季开学到圣诞节，每位学生都应该能正确回答州级测验中的75道题,并理解为什么要这样回答。

为学生准备这些测验需要一些时间,但这个时间值得花费。我认为教师可以把四年级的半个学期都投入这里,因为学校对四年级学生的州级测验成绩十分看重。通过在这些测验上花费的时间,四年级学生会学到很多,并真正理解为什么要这样回答。不要认为这是在浪费时间。这些测验是由专家设计的,他们提出的问题值得学生思考,这个过程会让学生有所收获。这不是欺骗,你可以通过任何方式使用这些测验。除了掌握知识之外,还要通过练习掌握测验技巧。举个例子,研究显示,在阅读问题之前先阅读选项能显著提高分数。教师可以在课堂上做一个游戏来检验这个研究结论。

亨廷顿·伍兹小学在密歇根州级测验中取得了85分以上的好成绩,而我并没有对他们提出这里所说的建议。这主要归功于教师们出色的教学能力。但大多数学校需要安排一些练习。如果学校的教学目标不是达到胜任和优质水平,那么我建议学生做大量练习。看看参加大学入学考试所需做的所有练习,以及学生参加辅导班所花费的金钱,备考工作必须是有效的,否则那些开设辅导班的公司早就倒闭了。

我对创立优质学校所提的建议是理想化的,在实际应用时,致力于达到优质水平的学校不能死搬教条。在优质学校中,参与的人们是具有创造力的思想者和实施者。亨廷顿·伍兹的教师知道自己在做什么,他们让我也长了很多见识。如果他们仅仅依赖于我,可能还不会有今天的成果,但他们所做的每一件事的背景都是选择理论。成功的关键在于良好的人际关系,除此之外,学校只受到自身经验和创造力的限制。

优质学校的标准

一所优质学校至少要符合六条标准：

1. 所有纪律问题（不包括意外事件）将在两年内被清除，第一年内应有明显下降。

2. 当一所学校成为优质学校时，它在州级评估测试中的得分比起过去应有明显提高。

3. TLC 意味着所有未达到胜任水平的分数或者所谓 B 级的情况都将不复存在。学生们必须向教师或指派的助教证明自己各门课程都达到了胜任的水平。所有的填鸭式教育都将被清除，取而代之的是有效的教育手段。

4. 所有学生每年都应以优质水平完成一些功课，即明显在胜任水平之上的内容。他们这些功课都将得到 A 级或更高的分数。这个标准将给努力学习的学生展示个人专长的机会。

5. 所有教师和学生都应该在生活和学校工作中使用选择理论。家长也应积极参加学习小组来了解选择理论。有些小组应该由教师引导开始，不过一旦开始，就应该要求家长志愿者来接管小组。

6. 第一年年底就应该清楚地看到，学校的氛围变得欢乐起来。

第十一章 职场上的选择理论

1942年,那时我第一任妻子才16岁,她在一家大型油漆厂的办公室里打工。油漆厂的老板是一位80多岁的富翁,喜欢把她叫到办公室里讲他经营这家工厂时用过的小把戏。他最得意的故事从1932年大萧条的顶峰时期开始,那时他大概只有40个员工,由一位跟随他多年的女性管理。一天,他告诉这位主管,他想让她在8:00开始工作,比往常的8:30早半个小时,他会支付她这半小时的薪水,但是她不能告诉任何人自己领取了这份加班费。

1932年,工作岗位非常稀少,如果有一个空缺的职位,马上会有10个人来应聘。他们通常星期六上午也会工作,所以在一个星期六,当这40个员工来到工厂时,主管已经在努力工作了。于是有几个人来得更早,然后更多的人选择早到。他们都不太敢跟她说话,她当然也什么都没有说。由于害怕失去工作,他们开始到得越来越早,直到几个月后所有人都在8:00到岗并立即投入工作。这个老人告诉我妻子这个故事时大笑并拍着大腿说:"半个小时的免费工作,40个人,一天就是20个小时,一个星期6天,一直干了9年。"后来,战争开始了,工作岗位大大增加,这个骗局也就结束了。

老板式管理

像这个老人一样的老板式权威在如今已有所减少,但老板式管理——我这样称呼职场中的外部控制心理学——仍然非常盛行。尽管许多学校管理者会对教师发号施令,这对教育产生了无尽的消极影响,但他们离大多数私营企业老板"我要你怕我"的威慑力还差很远。如果管理者希望员工完成高质量的工作,让人感到恐惧是最糟糕的策略。爱德华兹·戴明(W. Edwards Deming)曾说,引导这个世界走向优质的核心理念就是赶走恐惧。

对大多数人来说,工作是我们生活中最重要的部分。你遇到某个人时,问的第一个问题经常是"你是做什么的"。如果你的工作状况很不如意,这会是一个令人痛苦的问题。与其说是工作本身出了问题,还不如说是你与老板或同事相处不和,这才是导致低业绩的重要原因。

有例为证。就在开始写这一章时,我在报纸上看到了一则不幸的消息:一名男子认为他在职场上遭到奚落和嘲笑,于是杀死两个同事,伤了三个人。两天以后,又有一则头版消息报道说,低层管理人员被要求每周至少工作40个小时,否则就会被解雇。看来,那个油漆厂的老板并不像我想象中那样过时。在工作中受到上司和同事的友好对待是存在于所有人优质世界中的想法。当一位员工感到不满时,无论是怎样的不满,都会导致低效工作。

尽管是高层管理者为整个组织制定行为规范,但如今管理氛围中嚣张的发号施令并不总出现在高层。不过,因为它在大多数员工头脑里根深蒂固,如果高层管理者不采取一些明显转向领导式管理的措施,这种习惯会遍及整个组织。即使采取了这些措施,低层管理者也要花上好几年才能牢记这些事实,因为他们只知道发号施令。一个低层管理者接触老板式管理的时间越久,使用频率就会越高,无论高层发生了怎样的改变。事实上,这意味着最低层的管理者最倾向于使用老板式管理方法。当一个组织尝试转为领导式管理时,这些人就是最麻烦的"钉子户"。在只有一个管理者和两个员工的小公司,甚至连资历久一些的员工也容易指挥另一个员工。

老板式管理最典型的害处是,它阻止了任何受到指挥的人——包括大多数管理者和几乎所有员工——将级别位于其上者放进自己的优质世界。不仅如此,它还营造了一种残酷的竞争气氛,其中没有任何信任可言。低质量和高成本,是我们为这种不必要的怀疑和恐惧付出的代价。如果我们打算利用一切机会让职场从老板式管理的蹂躏中解脱出来,高层管理者需要意识到它的影响,并以基于选择理论的领导式管理取而代之。当他们这样做时,必须准备好打一场硬仗。低层管理者喜欢发号施令,而且员工也不介意他们这样做,因为这样做给了员工借口去玩一个古老的职场游戏:只要不会受到惩罚就尽可能偷懒,然后把低质量工作归咎于老板。

老板式管理并不复杂。就其本质来说包含四个元素:

1. 一般情况下,老板布置好任务并设定完成工作的标准,在此过程中却很少与员工进行协商。老板不会做出让步,员工必须根据老板的要求来调整自己的工作,否则就要承担后果——如果没有工会或契约来反抗这种势力,他们甚至会失去工作。老板会为了行使这种不受束缚的独裁的权力而进行长期而艰苦的斗争。然而,他们越是发号施令,工作质量就越低下。

2. 老板通常只会告诉员工如何做好工作,而不会为其演示,他们也很少就如何更好地完成工作征求员工的意见。

3. 老板会检查工作或指派某人来检查工作。因为员工并不参与这项评估,所以大多数人只是机械完成工作,而检查员则不得不一直检查低质量的工作。这是一个致命的、会摧毁产品质量的组合,而且在老板式管理的环境中,干得多的员工必然会遭到同事的排斥。因为工作本身永远不在这些员工的优质世界里,他们基本没有完成高质量工作的意愿。他们会嘲笑那些关于优质的口号,而它们又是现在许多老板式管理职场的标配。

4. 当员工以各种降低质量的方式对抗老板时,老板则会使用威胁和惩罚的手段迫使他们听从指挥。老板的这种做法造就了令人恐惧的职场环境：从上到下的管理者和员工相互敌对，实行恐怖管理。老板认为敌对关系是理所当然的，而与员工合作则是一个坏主意。

在如今高就业率的时代，我似乎对管理的问题关注太多。现在的美国有大量工作岗位，经济繁荣兴旺。促成这种繁荣的主要因素是较低的通货膨胀率、稳定的物价、员工除了涨工资之外没有过多要求以及在提高生产效率的同时降低成本的技术。竞争也使物价和工资的增幅受到了控制，而且美国联邦储备委员会可以通过调整利率来降低通货膨胀压力。大众似乎没有要求大幅降低税收，眼前也没有战争，这两种情况都有控制利率、抑制通货膨胀的作用。这些因素和缓慢而稳定的通货紧缩共同作用，一起减少了财政赤字。

我们努力促使繁荣所需的各种因素达成平衡，但似乎没人能确定这种局面是如何达到的。这种平衡十分微妙。它取决于我们能否抑制在人类历史中从未得到长期抑制的东西，特别是现代社会中商业和政治具有的摧毁繁荣的特性：人性的贪婪。

世界上有许多贪婪的人只考虑自己，却不去了解繁荣有多么脆弱。有人要求降低税收，有人要求涨工资，有人说应该增加军费开支，有人要求削减军费。流行的诉求是精简庞大的政府，而有人则认为必须维持一个安全的网络。如果任何一个群体都能如其所愿，我们拥有的脆弱平衡就会陷入毁灭。历史就会重演：股市摇摇欲坠，繁荣受到威胁。

联邦储备委员会可以调节利率，但它无法调节我们基因中的贪婪。外部控制心理学的第三条错误信念——比其他人拥有更多是我的权利，与人类对权力的基因需求结合在一起，使贪婪者在其优质世界中将自己的理想描绘为"应该比别人得到更多东西"。在历史上，掌权者优质世界中的繁荣画面从来没有真正衰落过。

如果这些丑恶的画面大肆兴起，这些年低通货膨胀和高就业率的趋势就会戛然而止。那时，我们将不得不再次经历让所有繁荣因素恢复平衡的痛苦过程，这几乎要经过 20 年的艰苦奋斗和一场战争，而股市会随之经历与 1929 年一样甚至更强的波动。

为了不被别人看出贪婪，这些自私者喜欢说"这是我应得的"，并声称是他们使公司保持了竞争力，没有了他们，公司员工的工作保障会比现在更少。我无法质疑这个观点，看看比尔·盖茨创造的工作岗位和财富，谁能说他不值得拥有自己挣得的数百亿呢？不幸的是，贪婪的根源与一个人价值多少几乎没有关系。贪婪来源于不知满足的成功人士基因中强烈的权力需求。像我们所有人一样，这些人被自己的感受驱动；这种需求越强烈，获得满足时的感受就越好，哪怕会损害他人的利益。

税收似乎是限制贪婪的合理方式，除了那些特别贪婪的人，大多数美国人已经接受它了。美国的税率是世界上最高的，这证明我们不是贪婪的人。但众所周知，历史上有许多贪婪的人想方设法偷税漏税，所以征税从未成功地成为一种平衡因素。没有自由选举的政治制度效果不佳，这是因为不能挑选执政者，就无法抑制日后的贪婪。

如果所有成功和富有人士的权力需求都很强，而爱和归属的需求非常弱，那么这一类人永远不会抑制自己的欲望，无论他们已经拥有了多少。美国如今的繁荣可归功于这一事实：除了强烈的权力需求之外，许多成功人士也有强烈的爱和归属的需求。他们之所以成功，是因为与生意伙伴和员工建立了良好的关系。

当一些成功人士表现贪婪时，在选择理论的社会，爱和归属的行为可使其贪婪得到控制，但在外部控制的社会里，这一点则很难实现。这些人不容易信任朋友以外的人，特别是那些没他们幸运的人。管理者几乎都有正常甚至高于正常的爱和归属的需求，如果他们能努力学习选择理论并将其应用于个人生活中，他们也许能尝试更友好地与员工相处。

一旦放弃外部控制心理学而采用选择理论，在与员工接触时，你会自然地想到融洽相处带来的利益。如果那些接触让你感到满意和舒服，你就会希望发展更好的关系，那就是我们基因的工作方式。如果吝啬鬼能够放弃贪婪，那么这个世界仍有一点希望，但我们需要的不只是鬼和神。如果继续使用现在的心理学，我们永远都不会改变人类贪婪的本性。

如果能将职场中的老板式管理改为领导式管理，我们算是触碰到了我们所能拥有的繁荣现状的表层。美国西南航空公司之所以成功，是因为对现状满意的员工会为一个不贪婪的老板努力工作，这位老板在其他贪婪的管理者进行裁员时并没有跟风。当然，我不会天真到宣称员工不可能为老板卖力工作。许多人努力工作，是因为他们认自己为勤奋的人，无论受到的对待如何。他们用手为老板干活，甚至还会用脑为其出谋划策，但他们只会用心与领导者沟通，这种幸福的感觉老板永远不会了解。

领导式管理

领导式管理与老板式管理的关系，就像选择理论与外部控制心理学的关系一样。尽管这种管理在任何地方都有效，但在职场上会比在学校里容易应用得多，因为在工作中，与填鸭式教育相当的成分非常少。你可能被要求做一些让你感到不愉快的事，但你做的事在现实世界中总有一些价值。而且你是拿薪水干活的，尽管可能被解雇，但在大多数工作中，你不会像在学校里一样，因为拒绝做对自己没意义的事而被判不及格。工作比学习更难的地方在于，几乎所有的工作都依赖人际合作，这一点跟学校里不一样。即使你想把工作做到最好，但也可能因为某个不靠谱的搭档而挫折不断。但是，当同事也都十分优秀时，在一位好领导手下工作可能是人生中最令人满意的体验之一。

老板式管理具有极大的破坏力，这是因为这种手段聚焦于个体并让个体互相竞争，就像那家油漆厂里发生的事一样。而领导式管理的成功之处在于，它努力创造了一种合作制度，并使人相信如果你友好地对待别人，说明你希望他们做什么，你就可以安心地将工作托付给他们。在下面领导式管理的四个元素中，你会不断看到，"我们在乎你"这一信息是其关键。领导知道，关怀不费成本，却有巨大回报。领导会一直问自己一个核心的选择理论问题：这样做会让我离员工更近还是更远？答案通常很明显，如果是更远，他们就不会去做。

领导了解选择理论，并以行之有效的方式使用它。但如果让员工也学习选择理论，让他们理解自己可以学会和使用选择理论，效果会更加明显。我们可以在公司赞助的讲座中向员工及其家属详细解释选择理论，这样他们就会明白：它不是公司的又一个把戏，而是一次真诚的尝试——不仅会帮助他们在工作上取得成功，还会帮助他们与伴侣和孩子相处得更加顺利。

领导知道优质职场的核心是对员工的管理，所以他们会把管理者、职场上的人际关系、工作、客户以及股东（如果是私人企业）放进自己的优质世界。换句话说，所有与之相关的人都必须亲近并保持亲密。正如本书其他章节讨论的一样，良好的人际关系也是职场的关键所在。领导式管理也有对应老板式管理的四个元素。

1. 领导会让所有员工参与关于工作质量和成本的开放式讨论，这些因素对公司的成功至关重要。他们不仅会倾听，而且会不断鼓励员工提出任何能提升质量和降低成本的建议。

2. 领导或由其指派的人会示范该如何工作，让员工明白管理者的期望是什么。在这个过程中，领导会鼓励员工就如何更好地完成工作提出建议。这样，管理者提升了员工对自己工作的掌控感。

3. 应该由员工来检查自己的工作，他们应该非常了解高质量的含义以及如何以最低成本完成它。但管理者要清楚：质量优先于成本。事实上，当员工被赋予这种权力时，质量会上升，成本会下降。高质量依赖员工和管理者之间的信任程度，而不能靠发号施令来完成。

4.领导会利用每一个机会告诉员工,优质的精髓在于持续改进。与填鸭式教育不同,工作中的每一件事都可以得到改进或以更低的成本完成。管理者很清楚,他们的任务是通过为员工提供工具、培训以及融洽的工作场所来提高质量。当公司因为质量提高而获得更大利益时,领导会设立一种薪酬体系,使员工可以分享自己努力的成果。

职场中的领导式管理之所以会获得支持,是因为它既富有成效又节省了成本,而这种成本是老板式管理必须花费的。在相互竞争的公司之间,劳动力和原材料所需的实际成本并没有多少差异。福特和通用公司支付的薪水相当,采购的钢材和轮胎价格相同。领导式管理比老板式管理更节省成本的地方,恰恰在于劳动力和原材料这种实际成本之外的费用。这些费用当中有很多是有形的,老板式管理会导致员工索赔、盗窃、旷工、病假、迟到、不合作、暴力以及性或其他方面的骚扰的情况增加,但更多的成本是无形的,比如沟通障碍。

沟通障碍

不管是在公司内部,还是公司与合作方(包括客户)打交道时,沟通障碍都是一项无形而巨大的成本。员工接受的指挥越多(或者在许多情况下虽然没有受到指挥,但因为过去常受到指挥而把如今的每个要求都当作指令),就越习惯使用那些会导致沟通障碍的微弱权力。你每天都会遇见会把这些话挂在嘴边的工作人员:"对不起,我不能那样做""这违反了公司规定""我没有这个权限""请您再等等",或者经常直截了当地说"不"。

这种沟通障碍会导致员工丧失动力,而且当公司每况愈下时,他们仍然坚持这样做。许多采用现代的老板式管理的公司告诉员工要发挥主动性，自己做决定，但只是说说而已，没有一个人了解选择理论，也不知道为什么要这样做。各层级员工虽然会在老板式管理的氛围中积极努力，使工作顺利展开，但一旦某件事出了差错，他们就会受到惩罚。这必然导致这样的观念在公司内传播：无所事事或者说"不"才更安全。让老板去搞定它吧，那就是他为胡乱指挥员工伤害公司利益所付出的代价。几年前，我与某家航空公司的前台小姐有过这样一段对话。

"这是我的千里抵用券。我需要给你几张？"

"你需要给我三张，很好，这儿正好有三张。"

"哦，三张。能抵多远？"

"两千英里多一点。"

"那你能找零吗？我的意思是，你能至少找给我一张五百英里的券吗？你们本来也卖这些券的。"

"不能，但你可以买一张五百英里的券，然后用它可以节省一些，我们只能做到这些。"

"你认为那样公平吗？"

"这是公司的规定，我也无能为力。"

"有其他乘客抱怨吗，还是只有我？"

"一直有人抱怨。"

"我猜，你们公司有征集员工意见的会议。你们有吗？现在大多数大公司都有。"

"是的，当然，我们有。"

"如果有大量乘客不满意，你会把这个问题带到会议上吗？我认为那些决策者需要一些反馈，不是吗？"

"我并不关心什么决策者。我没打算把它带到会上，不可能的。他们不问我，我是不会说的。"

"为什么？"

"他们会觉得我爱惹麻烦,没有团队合作精神。他们一直在解雇员工,下一个可能就是我。对不起,这样做不值得。"

老板式管理会这样浪费一个可能改善管理方法的好程序,这位女士的态度就是一个典型的例子。如果她有可能被上司认为在批评公司政策,那么她就不会在那些会议上开口。这家公司从她这里得到的只有劳动力。她不会在讨论会上使用她的大脑,而且她的心永远不属于这家公司,而这在商业竞争中是极为重要的。

在采用老板式管理公司的内部,说"不"的习惯非常严重。这些公司的员工经常说"不",即使要求他们去做一些有酬劳的事情,只要没法检查执行结果,他们就会说"不"。因为这种情况总是很多,所以经常让顾客很失望。

许多酒店员工在与顾客打交道时喜欢说"不"。"不"总是安全的,他们养成了习惯。每年我都会在酒店亲身遇到许多类似情况,今年七月就发生了三次。这种沟通障碍的代价必然是巨大的。记住,如果它会发生在顾客身上,必然也会发生在合作者身上,他们与顾客一样也是这种障碍的受害者。

我与同事切斯特·卡拉斯(Chester Karrass)博士准备了几场研讨会,我们打算在纽约的一家大型酒店里举办。卡拉斯的办公室发了三箱物品到酒店,入住时,我想取走这些物品。我很清楚,不要等到最后一分钟才去做。在酒店会议中心,一位女士告诉我这些物品在收发室,我只要打电话给工作人员,他就会把它们送到我的房间里。我让这位女士在我打电话时在旁边等几分钟,以防有任何麻烦。

"你好,我是格拉瑟。我有三个标注'卡拉斯协商研讨会'的箱子送到了酒店。我想把它们拿到我的房间去。"

"当然,先生,请再告诉我一遍标注着什么。箱子是大的还是小的?"

"大约10英寸高,1英尺宽,18英寸长。它们上面印有'卡拉斯协商研讨会'和'3-1号箱''3-2号箱''3-3号箱'。"

那个服务生离开了大约三分钟,他回到电话旁时欢快地说:"对不起,先生,它们不在这儿。如果它们到了,我会立即与您联系。"

根据以往的大量经验,我说:"好,这是你找的第一次。我希望你能再找一遍。这一次,整个房间都找一遍。你能告诉我你在找什么吗?我好确认你知道我要什么。"

"当然,先生,三个印有什么研讨会的箱子,'卡拉斯',是吗?"

"是的,卡拉斯!请帮我再找一遍。它们是一周前从洛杉矶寄过来的。"

大概五分钟过去了,然后他说(仍然很欢乐,好像在逗一个孩子):"对不起,先生,它们不在这儿。"

我说:"我觉得它们就在那个房间里。你介意再找一遍吗?我真的需要它们。"

站在一旁的年轻女士看着我,就好像我疯了一样。那个服务生已经找了两次,我还想做什么呢?这一次,他只离开了20秒。他回到电话旁时,仍然欢乐而不带歉意地说(他的语气表现出他很高兴又为我找了一遍的心情):"啊,先生,它们在这儿。这些该死的东西就在我的桌子底下。您想把它们搬到哪里去?"

我告诉这位年轻女士,她应该记住这起事件,并告诉顾客要坚持到底。她感到很惊讶,但还没惊讶到问我怎么知道要这么做,怎么知道发生的一切的。我可以看出,她并不真正关心顾客能否从收发室拿到箱子,当然,她也不打算做任何事情来改善这种情况。这位男服务生和这位女士的优质世界中都没有这部分工作。以这家酒店的经营方式,他们永远都不会有。

这起事件以及全世界每天发生的无数类似事件,是老板式管理职场上的一个典型特征。从来没有人坐下来对那个服务生解释他工作的性质,也没有人与他一起工作并帮助他做得更好。等我与他交谈时,这种介入可能来得太迟了,他会把任何干预都当作批评,可能会比现在更加消极怠工。从这位男服务生对其不称职所表现出的若无其事的态度看，我认为他并没有受到老板的严厉管理——说被忽视可能更准确，他的老板可能急需做出改变。想让领导式管理深入职场还需要付出很大努力，把一种全新的心理学及其技能应用于实际，需要迈出一大步，但只要迈出了这一步，这家酒店的生意会比现在更加兴隆。

员工索赔

尽管改为领导式管理可以减少许多有形的职场问题，但更为复杂的是如何处理痛苦、疲劳或者工伤引起的心理问题。员工与管理者的关系越好，这些心理问题就越少出现或持续，但良好的关系并不能阻止所有伤害。当发生工伤时，对于员工的控诉，要辨别的问题是：它到底是人身伤害的一部分还是员工抑制愤怒的一种方法？或者是员工在要求更多的帮助或赔偿，还是借此逃避回到讨厌或害怕的岗位上？

现在用来处理这些纠纷的方法也是对抗性的。保险公司希望不要有进一步的治疗，或者极力反对过度治疗。而员工则想方设法为伤害争取更好的治疗或者更多的赔偿。在我的职业生涯早期，我花了9年时间处理这类情况，可以说遇到的都是对抗性的方法，它们并没有为受伤员工提供很好的服务。受伤员工的医生、律师和心理医生会与保险公司派来的医生、律师和心理医生展开激烈斗争。以我的经验来看，受伤员工的利益经常被其守护者和敌对者弃之不顾。

在为保险公司工作时，我始终牢记受伤员工的利益。我告诉公司，如果能允许我与受伤员工坦诚沟通，在我对案情得出结论后给予支持，他们能节省开支。有些公司同意了，我能使用现实疗法为这些员工提供很好的服务，并劝说他们不要只顾眼前利益，应做长远打算。但无论保险公司同意与否，我总会与员工坦诚交流，而且我仍能帮助他们中的很多人。

一名男性工作时背部受了伤，他住院已经有一段时间了，但仍然病痛缠身，不能回到工作岗位上。他没有受过许多教育，也很难理解会发生什么。他对自己陷入的对抗性系统十分迷惑。保险公司叫我劝说他回去工作，但他们也允许我与他讨论理赔问题，尽管之前我从没处理过理赔案例。

我第一次见这个男人是在他的某次住院期间。我与他相处了六个星期，每星期与他谈话一次。他大约45岁，离婚后一直单身。他是一家建筑公司的工人，在搬沉重的混凝土模板时伤到了背部。自从一年前受伤以来，他没有再工作，靠着临时赔偿维持生活。这是他第五次或第六次入院了。医学检查表明，他暂时不需要接受背部的外科手术。

"约翰，我是格拉瑟，这家医院的心理医生，你的保险公司要求我来见你。我想了解一下你的情况。"

我没有试图隐瞒我为保险公司工作的事实，但我也没有询问他的感受。他似乎没有剧烈的疼痛，可以从自己的病房走到我的办公室，我不想询问老套的问题，表示我期望他告诉我他的伤有多重。我告诉他我想了解他的情况。在我接触的大多数案例中，律师会把伤者带到医生处，后者会立刻关注伤者的疼痛，强调其不能继续工作。但我有不同的打算。他说："又一个心理医生。你们为什么要见我？我后背受伤了，但我没疯。"

"我见过许多受伤的人，他们同样很不快乐，疼痛通常是不快乐的一部分。但我想听听整个故事，我想知道你怎么想，而不只是你哪里受伤了。我想听听你的想法。跟我说说，不会对你有什么害处的。"

"你是要拿走我的钱吗？"

"这并不是由我来决定的。我只想看看能否帮助你。如果你告诉我你的情况，也许我能帮到你。"

当我告诉他我不会拿走他的钱而且我想听他的整个故事时，他安心了。在员工受伤的问题上，鉴于员工的受教育水平，我提供的帮助不尽相同。我确信这个男人想把整件事讲给别人听。他的故事很简单，他弯下腰去抬混凝土模板，然后"啪"的一声，他的后背就疼起来了。那是他最后一天工作。这个故事（包括那声"啪"）都非常典型：一个孤独的男人，只有几个朋友能喝上几瓶啤酒。他没有积蓄，住着狭小的公寓，开着一辆破汽车，没有家人。他不喜欢自己的工作，但还是希望有班上。

"如果背部没有受伤，你愿意回去工作吗？"

"我不想干了。太辛苦了。我越来越老，不适合那种工作了。"

"好，不干了。你愿意干哪种工作呢？"

"我不能工作了，我的背部伤得太重了。"

"我不是在讨论你不能做什么，而是在讨论你愿意做什么。你还想继续工作吗？"

"我当然想。我在农场里长大，我从很小的时候起就一直在工作。我在学校里成绩不好，但我在工作的地方总是很出色。"

"我看得出来。你看起来像是个很能干的人。"

这是事实。他告诉我他过去一直在工作，而且做得非常出色。大多数受伤的工人都会告诉我一个类似的故事。这次后背持续的疼痛让他感到迷茫，但在他的优质世界中仍有一幅工作的画面。接下来我与他一起回顾积极的过去，让他告诉我他努力工作并自我感觉良好的时刻，我确信他做了大量优秀的工作。我想他在工作中可能与某人相处不够融洽，这段关系可能与他的受伤有关。这是此类案例中的常见因素。

"我是一名工人，在这里无所事事，我快发疯了。我的律师说，我应该谨慎小心，多多休息。可我现在除了休息就是休息。"

"跟我说说你的老板吧，他是一个什么样的人？"

"他人还可以，没跟我说过多少话。我总是有很多工作要完成，有时我需要一些帮助，那些模具真的非常重！当我请求帮助时，他会说'我知道了'，然后就没回音了。有趣的是，受伤那天我并没有搬很重的东西，突然就'啪'的一声。"

又是一个寻常的故事。孤独,没有老板的帮助——只有一双手干着艰难、孤单的活儿。这声"啪"是那些背部受伤的人经常谈到的。当我与他们接触时,我听到了许多"噼啪"。它似乎更多是一种心理信号,而不仅仅是身体方面的。

"还有其他人受伤吗?"

"有,在我受伤几个星期前,一个家伙在脚手架坍塌时掉下来了。虽然不太高,但他也受伤了。他没有回去工作。跟我有点像,我也没有回去。"

所有的情节都在这里了。孤独、无助,得不到老板的认同,一个受伤的男人。他知道受伤和赔偿这回事,虽然钱不多,但可以累加起来。他受的伤不是特别严重,或许还能做某种工作,但他认为自己找不到任何事干,所以他需要继续受伤。他的优质世界中还保持着这样一幅画面:自己曾经工作过并仍想回去工作。他厌倦了劳累和孤单的工作,但如果他不认为自己还能做别的,他最后也只能继续做这种工作了。我不会再谈论这种工作,那儿没他什么事情。说不定其他地方也没有他能做的工作。

他待在医院里每天要花费 500 美元。除了和我谈话以外,他没有理由待更久,所以我同意他作为门诊病人来见我。他可以开车来,我让保险公司为他报销 25 美元的车费,他可以花剩下的一点钱。每个星期,他谈话中对未来工作的展望越来越多,背部的疼痛越来越少。他喜欢来见我,但他不能长期见我。只要他的案子不了结,我就无法帮助他。现在花费的钱本可以更好地用在理赔上,但保险公司不这样认为。我也感觉到他准备好接受某种赔偿,但这个案子必须举办听证会,而且已经安排好了。我们的关系很好,他很高兴我会在听证会上做证。我告诉他,我会提议他干一些轻体力活儿,但我不知道有什么。我问他是否可以这么做。

他说:"可以。做你应该做的事吧。"

"其他医生会说你不能工作,他可能是对的,我们都不知道。你懂的,我们不清楚。如果我们当中任何一个人能帮助你,我们就不会在这儿谈话了。"

这个男人没有生气。他完全迷茫了，并厌倦了整件事。我相信我做的事对他是有益的，但我认为如果他能摆脱整件事，他的身心状态会更健康。我决定建议保险公司给他一些钱，好让他暂时离开医院。住在医院里很费钱，对他也没好处，但是每次花完了钱，他的疼痛就会加重，让他再次入院。

两周后，我参加了听证会。约翰站在台上，他的律师问他近况如何。他说自己的背部仍然疼痛。然后，律师问他是否需要进一步的医学照料。约翰的回答引得全场哗然。他指着我说："我不再需要任何医生，他们帮不了我。那位医生，格拉瑟医生，是唯一关心我的人。他说他帮不了我，但如果我要看任何医生，他是我唯一想见的人。"

听证官员让约翰保持安静并从台上下来。约翰再次指向我，重复了他所说的话，然后走了下来。他的律师让他保持安静，然后看着我，好像我做了什么可怕的事。保险公司的律师建议应该找出理赔方法，已有两名律师着手办理了。保险公司的律师告诉我，我不必做证了。约翰起身，向我致谢，与我握手。他再次告诉我，我是唯一关心他的人。

我并没有感觉很好。我担心我搞砸了他的案子，但保险公司的律师说我做的事不会影响理赔。我想以一种充满关心的方式与这些人谈话，告诉他们我可以做比现在更多的事。我的关心不是虚假的，我并不是在保护保险公司。这些人是外部控制对抗系统的受害者，这种系统并不关心伤者。它引起的对抗越多，对病人的危害就越大。我越早见到像他这样的人，能提供的帮助可能就越多，除此之外我没有任何建议。这个男人受伤了，等到我去看他时，他已经选择了疼痛。这种疼痛虽是心理上的，但产生的伤害并没有减少。

约翰的老板并不是一个残酷的人。他对员工做了自己常做的事情。他不知道每个星期半分钟的关注对这个孤独的人有多重要。那份工作是约翰优质世界中唯一可以被满足的画面，但如果打算顺利坚守那份辛苦的工作,他仍然需要一些关注。让管理者去学习选择理论,给予员工这点关心,这个要求过分吗?一天花掉几分钟并不费事。

约翰受伤后,他的老板不得不花费更多时间在索赔上,并与安全工程师一起彻底审查场所,这远远超过了原本可以阻止事故发生或减少疼痛所需的一两分钟。律师和医生各尽其职,为了他而争吵,而这对他或任何人来说都毫无价值。在这种案件中,狮子大开口是很常见的,但是约翰并不贪婪。他在工作上和受伤后都应该得到更好的待遇。整个事件的程序已经被扭曲,不再是设想中那样。但只要职场采用外部控制心理学,我们拥有的全部就是如此。

从年度绩效考核到调解圈

戴明说过:"一个人永远不该评价另一个人。"我完全赞同这个观点。他的意思是,有权力的人永远不该对下级做出正式的评估。不过很显然,没人可以阻止我们非正式地这样做,我们整天都在这样做。我们不这样做可能更好,但这不是我要在此解释的。

无论管理者平时多么像领导,当他对下级做出常见的年终总结时,他就进入了老板的角色。这种许多公司每年必做的一项工作,无论是私人的还是公家的,规模是大是小,都可以让其他许多管理者整年的心血白费。所有员工都反感这样的评估,大多数管理者也很反感。只有不加考虑的老板喜欢做这些评估,它给了他们非常重要的权威感,特别是它可以掩藏他们的真实动机,美其名曰"我在设法帮助你"。

员工讨厌这种借口,因为他们知道,这些管理者实际上不了解员工在做什么,他们常常提出一些糟糕的意见,有时是好意见,但与员工的实际绩效没什么关系。即使管理者会说一些好话,员工知道他们也同样可以说一些坏话,无论是哪种,他们都没有掌握确切信息。员工所做的是尽力保护自己，而不管这种做法会如何影响公司。这种工作程序让职场上长期弥漫着互不信任的气氛。如果一位员工认为评估并不准确——许多人就是这样认为的——他或她与管理者就会疏远并不会再产生信任。我们的公司会因为这种百害无一利的虚伪程序损失大量的金钱。这是我们的企业习惯做的完全无效的几件事之一。

相反，公司需要的是每年为每位员工提供与管理者谈话的机会，谈谈他们可以为改善公司的状况做点什么。不要进行绩效评估，而以每年举办的讨论会取而代之，它或许可以被称作"公司调解圈"。这种职场上的调节圈的作用与婚姻和家庭调解圈一样。

在采用领导式管理的公司，管理者会召集员工并告诉他们："我想知道，你们认为自己可以为改进工作做点什么，以及我可以怎样帮助你们。重要的不是我们完成什么伟大的事情，而是我们敞开心扉，谈谈你想要什么以及我怎么帮助你。现在不是谈论别人做什么的时候，我们可以在每月例会上谈论那个话题。"很明显，一旦这种会议成为常规，我们就不需要这样冗长的开场白了。

下面是我与那位航空公司前台的一段虚构的对话，关于我的里程数问题，她对公司里任何人只字未提。这段对话假设这家公司已经迈向领导式管理，公司中蔓延的恐惧比我最初与那位员工谈论时要低很多。我把这个员工称为南希，管理者称为苏珊。在领导式管理公司，员工和管理者通常以名字互称。

"南希，又到了我们走进调解圈的时间。你有什么想法？"

"虽然告诉你有点冒险，但按照现在的形势，我想我可以告诉你。"

"这正是我们要努力达到的目标，我们要消除周围所有的恐惧。我非常想听听你的想法。"

"好，苏珊，是这样的。我想说的是，当一位乘客提出投诉或者我们无法满足的要求时，我感觉反复说'公司有规定，很抱歉'就像一个傻瓜，那是乘客最不想听到的话。这是一项讲究效率的工作。飞机几分钟后就要起飞，而乘客有意见。我了解我的工作。你知道我了解自己的工作。我已经在这个柜台前工作11年了。我可能会犯小错误，我并不完美，但现在看到不满意的乘客离开我的柜台，我感觉自己整天都在犯错。即使后来事情搞定了，比起偶尔得到解决的事情，乘客会对自己的不满印象更深。"

"你举个例子吧。"

"好的，我说下里程数的事情。我们发放千里抵用券，这位顾客的行程是1100英里，要花掉两张券。他必须花费2000英里的券来换1100英里。我想告诉他：'我们没有以百英里为单位的券，但我可以找给你一张500英里的券。'苏珊，我们在这笔交易上仍然能赚400英里。我希望我能够做这个决定。我可能不会对每个人这样做，但是当我想做而不能做时，我觉得自己像一个傀儡。"

"这超出了我的权力范围，我不能给你这个许可。"

"你看，这就是你和我同样面临的处境。但是，你可以做一点努力。当你与约翰（苏珊的上司）走进调解圈时，你会告诉他我的要求吗？不只是这个要求，还有许多事情。如果你愿意去做，我会给你写一个清单。但首先，我想弄清形势，不要让我迷惑。告诉我真实的情况，我好知道调解圈是否有用。还有，如果你不告诉约翰要求是谁提的，那样对我更好。"

这个要求的级别越高，提出要求时的恐惧就越强，但南希真的需要一些反馈，她想了解真实情况，想确认调解圈并不只是一些管理顾问的白日梦，她害怕高层领导中根本没人认真对待它。

苏珊说："我认为你对一些事很有想法。但如果我们给你更多的权力去做决定，我们怎么知道你会做什么以及做到了什么程度呢？"

"我考虑过这个问题。我会制作一张表格，让你们一看就能明白。每当我做一个以前不能做的决定时，我就会把它记下来。我会在自己不忙或在家里时做这件事。我觉得这种情况不会经常发生，但是当我感到无能为力时，我就像一个需要向老师报告后才能去洗手间的孩子。这就是我想说的，你能明白吗？这个想法在我的脑海里已经5年了。把它告诉你，我感觉好多了。"

"我很高兴听到你的想法，我会转告给约翰的。"

"苏珊，跟我说实话，我需要这份工作，你认为我刚刚说的过分吗？现在我在你看来是一个捣乱的家伙吗？"

"南希，我打算给你写一封信来确认这次谈话，说你完成了我们想让员工做的事情。这封信不涉及第三个人。这样可以吗？"

"这样很好。我只是不明白为什么要保密。"

"南希，解决这些事情需要时间，我已经竭尽全力了。我给你写那封信，也表明了我对你的信任。你明白的，对吗？"

"这真是个不幸的世界，不是吗？我认为我们的观点都一致，但实际上并不是那样的。如果我们的恐惧只限于竞争对手，我们的工作就简单得多了，不是吗？"

"事实不就是这样吗？"

我总是惊讶于这个世界上竟有如此多的恐惧。外部控制心理学再次确认了漫画中所说的："我们遇到了敌人，就是我们自己！"

第 三 部 分

应 用

第十二章 优质社区

我们都体会过陌生人的关怀和善意。当我们的某个地区遭受洪水、飓风、地震或爆炸等危害时,全美人民都会伸出援助之手。即使是一个人被困山中的新闻,也会唤起各地人民的担忧。当我们帮助陌生人时,因为知道这种交往只是暂时的,所以除了要他们接受帮助之外,我们不会有任何其他要求。在我们的优质世界中,关于他们的唯一画面就是帮助他们。因为我们对陌生人没有期望,在帮助他们时很少会涉及外部控制。但是与妻子、丈夫、孩子以及父母、学生或员工相处时,期望成了我们行动中的一个重要部分,而外部控制正是实现期望的行动方式。

本书的目的在于让每个人学习选择理论,让彼此相处更融洽。我希望许多人能做出这样的选择,但仍有更多人不会做出这一选择,他们坚持使用外部控制心理学与人打交道。但是,即使你的配偶、父母、校长或老板不使用选择理论,只要你使用,你就会获益;如果他们也使用,帮助会更大。

我在本书中多次指出,如果这个社会从外部控制转变为选择理论,会有怎样的好处。我构想出优质社区的理念,整个社区都致力于改用选择理论——在这个社区里,不会有人强迫你去做你不想做的事,而且每个人在做任何事之前都会考虑:这会让我与社区里的其他人更亲近还是更疏远?在这个社区里,当你使用选择理论与人相处时,你知道别人也会这样做。

这个理念鼓舞我努力说服整个社区考虑学习选择理论。如果我可以告诉社区里一部分人(包括一些重要人物)并为其展示这些理念很有价值而且值得学习,那么不必花费大量时间和金钱来学习如何运用它,整个社区会自行运转。一旦这个建立在选择理论基础上的社区启动,其理念便会口口相传地延续下去。但是,如何为社区展示这些理念的价值,并劝说人们读这本书,让他们考虑改变生活方式呢?

我清楚地记得,家家户户使用煤炉的时代,我的父亲有多么讨厌铲煤。后来,1932年的秋天,两个西装革履的男人连续三晚来到我家,与我父亲谈话。我在一旁听着(父亲喜欢在做事时让我待在他身边),尽管我不大理解他们谈话的内容,但那两个男人极力称赞我,而且我也很享受他们的关注。

那两个男人是燃气公司的,他们努力劝说我父亲改用燃气炉。这个燃气炉是免费的,父亲要做的只是购买燃气。父亲同意了,让他们在墙上安装了一个恒温器。邻居们对此十分怀疑:"现在你享受它们,等你的炉子坏了,你们就会挨冻了。即使它不坏,也会让你花掉一大笔钱。"但你知道这个故事的结果,我父亲是对的,没有人能阻止事物发展。如果本书能让你相信选择理论是进步的,那么就有戏了。现在,如果我想把选择理论卖进一个社区,我必须穿上漂亮的西装,坐在社区群众身旁,向他们解释建立在选择理论基础上的优质社区的好处。我还要记得展示它对他们的孩子如何有益。那家煤气公司的人就没有忘记我。

1997年的冬天,我被安排去纽约州的科宁学区阐述我对优质学校的理念。我问他们,卡琳和我是否可以在前一天晚上就如何用选择理论改变不幸婚姻的主题对整个社区做一个免费讲座。然后我又问我的联系人,如果婚姻讲座顺利的话,我是否可以在此基础上把教授选择理论的想法传达给整个社区。我们得知这个房间将会挤满600多人。我记得那两个燃气公司的员工,我没有心存任何侥幸。我穿上漂亮的西装,打上最好的领带。

开始时,我解释了如何在婚姻中应用选择理论,并引出这一事实:在我们的社会中,幸福而长久的婚姻已经濒临灭绝。但我很快明白,这一大群人不是只想听一场讲座,所以我决定演示一下我所谈论的内容。

我要求学校监管文斯·科波拉扮演一位不快乐的丈夫，卡琳扮演他愤怒和不满的妻子，我则扮演咨询师，演示我在婚姻问题中应用的结构性现实疗法。文斯和卡琳表演出了可以拿奥斯卡的水平，在座的人都笑翻了。我不必再解释我的意思了，可以说，在这个简短的示范中，大家看到了学习选择理论的价值。

在吸引了听众的注意力后，我告诉他们，他们可以向社区内所有居民传达这个新理念，可以将其应用于个人生活的许多方面。演讲结束后，我能感受到听众们的兴趣，他们彼此交头接耳。人们走上前来，分别与我和卡琳交谈。我与警察局长谈了几句话，他认识到选择理论可能有助于减少家庭暴力，这是他们必须面对的几种最棘手的情境之一。

第二天午餐时，大约有30位社区领导与卡琳和我进一步讨论这个理念。他们担心自己将时间和金钱花在了自己没有充分了解的项目上。在我更加详细地解释过选择理论之后，他们似乎很感兴趣，但仍然很谨慎。他们说还会再来见我的。

我一直在考虑他们的担忧。我知道这些社区领导还有一些没有说出口的担忧，担心那些持怀疑态度的邻居有一天会开心地说，只有自己没有上当受骗。这件事比我父亲同意改换燃气炉的风险更高。如果他们同意这笔交易，可能还会让自己的街坊邻里吃亏。我要求他们同意的是把燃气接进所有家庭的锅炉，而不是像我父亲同意的那样，仅仅用于一家。

为了消除他们的顾虑，我写了一封信给我们的联系人马乔里·瓦特里，邀请他参加我们在午餐讨论之后成立的非正式小型委员会。

威廉和卡琳·格拉瑟向纽约州科宁城发出的邀请

为了跟进我们最近向贵市发出的邀请，将贵市打造成首个建立在选择理论基础上的社区，我们把下面的想法记录在案。

当我们在科宁城时，我要求贵市与威廉·格拉瑟学院签订一份合同，而且我预估了为整个社区教授和培训这些理念的大致花销。

但在这之后，我认为你们需要更详细的信息来做这个决定。

在你们考虑签订任何合同之前，卡琳和我愿意继续跟进我们在 3 月所做的事，我们准备做一次深入的周末演讲，面对更大的群体，与 3 月 12 日在高中做的演讲类似。我们想在 1 月底做，因为那时我的新书《选择理论：个人自由的新心理学》（即你手上的这本书）将会出版。这本书不仅会解释选择理论，还会更详细地描述在社区如何实施这一理论。

在那两天，我们会介绍并演示这个理念，给你们分组讨论的机会。然后，你们可以根据读到和听到的信息来做决定。到那时，我们也可以向你们提供更明确的经费预算。

现在，我们需要就 1 月底的周末做出一个承诺。参加的人可以尽可能多，但所有人都应该阅读过这本书。因为这个项目的作用在于改善人际关系，特别是家庭关系，那些在台上出席的家庭将会示范这个项目如何运作，家庭成员有表达自己意见的机会。我们还想取得基层民众的支持。如果将它看作一个精英项目或"我们知道什么对你好"的项目，那么我们提供的方法是不会有效的。

同样重要的是，不要把这个计划看作卡琳、我自己或是威廉·格拉瑟学院的营利手段。我们全身心投入这些理念的传播工作，社区途径是我们提升人性进步曲线的唯一方法。

这个世界不仅需要语言和书籍，还需要一个示范社区来展示这种方法。我希望科宁城能够提供这个示范。我们可以向你们保证，会不遗余力帮助你们取得成功。

1997 年 4 月 1 日

科宁城的人们既热情又谨慎。他们同意派出 100 位社区代表阅读本书，他们可能于 1998 年 1 月 8 日收到本书。然后，这 100 个人和其他读者会在 1 月底与卡琳和我进行讨论。在这次讨论会上，我们会决定今后的目标和计划。既然他们愿意试验这个先锋项目，只要计划开展下去，除了路费之外，我们不会申请报销任何款项。到目前为止，社区居民都会让我们留宿，这样连住宿费也省了。

对我来说，这可能是一次难以置信的学习经验。我曾在辛辛那提市的施瓦布中学教学 70 天，没有收取任何费用。如果我没有在施瓦布待过，就无法了解本书所写的关于教育的内容。正像我在施瓦布做的，我也无意收取科宁城的费用或签订正式合同。我们在施瓦布所做的努力是有效的，尽管科宁城是一个大项目，但它可能更容易实现，至少在一开始时是这样。下面我会描述我对优质社区的构想，以及我认为在 1998 年 1 月见面时我们可以做些什么。

源自文图拉的构想

我没有意识到，早在 20 世纪 60 年代时，我就已经开始构想建立在选择理论基础上的优质社区了，很久以后我才开始考虑现在所谓的选择理论这一概念。从 1956 年到 1967 年，我在文图拉女校担任心理医生，它是加州少年矫治局下的一所监狱学校。1962 年，当地又新建了一所容纳 400 名有过违法行为的未成年少女的学校。我在这里描述的就是发生在这所新学校里的事情。

现在我认识到，我们在那里创造了一个优质社区。我们就是那些女孩的母亲、父亲、咨询师和教师，她们的整个世界被高墙和铁丝网所封闭。在不知不觉中，我们使用了选择理论。我们所做的一切经受了选择理论核心理念的考验：我们做的事情会让这些女孩与我们的关系更亲近还是更疏远？

这些女孩有许多外部控制心理学的体验，她们刚进来时都尽可能与我们离得远远的。她们触犯了各种各样的法律，几乎全都遭受过性虐待，而且几乎所有人都沾过毒品。这些女孩过去在街头自由流浪，对被关在学校里这件事充满敌意。但当她们在 10 个月后离开学校时，有些人得被套上拘束衣、塞进车里送回家。她们不想离开这个地方，她们中的许多人在这里多年来第一次感受到了他人的关心。

许多人不再惹是生非，她们获得假释的成功率非常高。如果她们可以进入一个以提升人际关系为重点的优质社区，那么我们的成功率会更高。但如果她们在优质社区里长大并进入优质学校，那么许多人就永远不会被送进文图拉。

我接下来描述的场景是优质社区的精髓所在，它生动地描述了一个乐于学习和运用选择理论的社区的各个方面，而且这些是可以被复制的。如果你认为我们的行为是有效的，并且可以设想在你的生活中也这样做，那么作为一个个体，你就要准备行动起来了。如果让 100 个人（包括一些社区领导）认为它是有效的，那么你就启动了建立在选择理论基础上的优质社区。

在文图拉，每个女孩都有自己的房间和钥匙，但为了安全起见，这些房间在晚上会被锁起来。第二天早晨，"看守妈妈"会打开所有的门，并来回走动，去做一些她能做的事，为这 50 个女孩开启新的一天。如果你家里有一个正处于青春期的女孩，你就能理解她的工作。这些女孩叫她妈妈，并都把她当作妈妈，这座房子就是她们的家。有时，我们会遇上一些麻烦，但因为我们处理得当，它不会持续太久，下面这件事很好地阐释了我们的方法。

前一天，文图拉来了一个高大、凶狠的女孩，名叫特蕾西，她对这里态度不善、充满敌意。在经过所有员工和其他女孩的努力之后，她似乎才稍微接受这里并按时上床。但第二天早晨，特蕾西没有整理自己的房间，而是在凌乱的床上干坐着。得知她没有去餐厅后，看守妈妈来到她的房间问道："你需要帮助吗？"

特蕾西顿时对看守妈妈破口大骂，她早就打算好这么干了。但看守妈妈设法安慰她，礼貌地要求她整理自己的床，告诉她要去吃早饭，等她吃完后她们会再来谈谈。她还告诉特蕾西，如果她仍感到心烦，那天可以不来上课。

"这不是我的床，如果你想收拾这张破床，自己干吧！"特蕾西喊道，"你应该感到很幸运，我还没把这间屋子砸坏呢！我又不是自己想到这儿来的，你能不能滚远一点？让我一个人待一会儿！等我想出去了，我才会出去。"

"所有女孩都要整理自己的床，我对你没有任何特殊要求。快点，快去做吧，然后我们去吃饭。那些女孩都在打听你呢，她们希望你在这儿过得开心。"

注意，看守妈妈并不关注那些威胁和咒骂，而是以友善回报敌意。对于如何处理愤怒的新人，她有丰富的经验。

"好吧，我会去吃早饭，但我不打算整理床铺。"

这是关键所在。每个人都要整理自己的床，这是规则，所以特蕾西需要整理她的床铺，这是很重要的。但在这个过程中，我们不能与这个已经远离我们的女孩进一步分离，这也很重要。看守妈妈知道该做什么。在这里停下来，花点时间考虑一下，你能否想到她将如何处理这个情境：既要让这张床铺被整理好，又要让她与特蕾西更亲密。如果你了解选择理论，你就会知道该怎么办。如果社区里的每个人都了解选择理论，他们就能更好地处理家庭、学校以及社区中的类似情况。总有一天，我们的社区会焕然一新。

如果你热衷于外部控制理论，我知道劝你改用选择理论比劝阅读本书的读者要花费更多时间，你身上的每一根纤维都在呐喊："我不会听她那一套的！如果她逃脱了处罚，整个学校就会四分五裂。无论付出多大代价，我都要让她看看谁是这里的老大，要让她懂规则！"

下面是看守妈妈所做的。她完全遵循了选择理论，并达到了帮助特蕾西消除敌意并接受在这里的新生活的目的。如果特蕾西在学校惹了任何新麻烦，还会出现这样的对话。

"如果我叫一个关心你的女孩来帮你整理床铺，你看怎么样？"

"如果她愿意的话，我没问题。不过我不会为任何人整理床铺的。"

特蕾西的敌意已经冷却下来。因为看守妈妈没有对她的语言或威胁做任何关注，特蕾西没有继续咒骂。看守妈妈所做的就是提供帮助，但她对整理床铺这件事没有让步。她也没有说："我在这里最大，你最好把床铺整理好。"这会导致更多的麻烦，会使特蕾西比现在更讨厌面对每个人。看守妈妈离开后，一个女孩进来了。

她说："我知道你叫特雷西，我是吉尔。我听说你不开心，我能帮助你吗？"

"我讨厌这儿。我也讨厌少管所，但我从没想过我会被送到这儿来。我真的很生气。你怎么能忍受这种鬼地方？"

"我刚进来时也像你一样，但我告诉你，事情没有那么糟糕。这里比少管所和接待中心好多了。"所有的女孩在去少管所之后要去接待中心，然后从那个中心被送到文图拉学校。

"他们会让你去上学吗？我讨厌学校。"

"他们不会逼你做任何事，但我们都会去做的。真是不可思议，我们会去做的。"

"你是说，他们不会逼我去整理床铺，也不会逼你去上学，而你去了？你在跟我开玩笑吗？"

"是的，我去了。这比整天待在宿舍里强多了。我喜欢学校，他们有一个美容中心，教我们美容技术。如果你愿意，我可以为你做头发。"

让女孩们互相帮助是一种非常棒的方法。我们在文图拉总是率先尝试这样做，它比许多学校和机构的做法（比如实施外部控制）有效多了，那样会让事情变得更糟。我们帮助这些女孩学习选择理论，就像在亨廷顿·伍兹和在施瓦布所做的一样。

"好吧，我不知道。"

"你不知道什么?"

"该死的床,我还是不想整理它。"

"坐在这儿,我会为你整理的。这没有什么大不了的,或者我们可以一起整理。来吧,我饿得不行了。如果我们不快点去餐厅,她们会把饭吃光的。"

两个女孩一起整理好床,然后去吃早饭了。除了泡一杯咖啡欢迎特蕾西,问她是否需要香烟之外,看守妈妈没有说任何其他话。在那些日子里,所有女孩和大多数员工都吸烟,他们可以在饭后或其他时间吸烟。不论是女孩还是员工,一天八根。在文图拉,没有人拥有特权;你在考虑选择理论时,请记住这一点。如果社区里绝大多数人能理解并同意我们在文图拉所做的,愿意在这些常见的困境中尝试使用一点选择理论,那么创造优质社区的后续工作就简单得多了。

展望优质社区

一直以来,我们都生活在充斥外部控制心理学的环境中,很难想象没有它的生活是什么样子的。让我们回想一下文图拉学校的那个女孩。到那天晚上,特蕾西已经是群体的一员了。没有人需要威胁或惩罚她,一切反抗都结束了。我们可以与加州最难缠的女孩相处几个月,不会出一起严重的事故,更不用说持续不断的问题了。但是,如果你参观这所学校,是不会看到什么痕迹的。你会看到许多快乐的年轻女孩,就像我妻子的妹妹参观时问的:"坏女孩都在哪儿?"如果你在优质社区里四处走动,你也可能惊讶它好在哪里。即使住在里面,你也会惊讶它究竟有什么不同。

变化虽然是微妙的,但你可以看到它。这里的街道更清洁,人们更友善。虽然需要一段时间,但一直以来的恐惧会有所减少,即使在科宁城那样的小型社区。从另一座小城来的人可能会比你更快发现不同之处并进行评论。社区里的居民在寻找变化，报社也会派出记者打听变化。我相信改变需要时间，但如果人们开始使用选择理论，他们就会看到变化。

如果一所学校选择努力成为优质学校，那么学生、教师和家长都会注意到这种变化。如果你与优质学校里的教师谈话，他或她会说："这里每个人都更快乐，学生们也更努力，上课比过去更有意思了。"参观者的评论会像对亨廷顿·伍兹的一样："为什么其他学校不能像这样呢？"如果密歇根州怀俄明市朝着优质社区发展，其他学校的教师对选择理论的学习不是职业培训的一部分，而是社区项目的一部分，那么他们自然会考虑将所在的学校变成优质学校。亨廷顿·伍兹成为一所优质学校已有三年时间，前来参观的人们来自世界各地，但这个社区没有一所其他学校尝试朝那个方向发展。这就是我们需要优质社区的原因。

优质社区的家庭暴力也会减少。当家暴发生时，我们可以做一些切实的事情，比如第八章提到的俄亥俄州福斯托里亚的"第一步项目"。但优质社区不会局限于"第一步项目"，因为它是在家暴发生后才开始运行的。在优质社区，有许多夫妻一起学习选择理论和调解圈，预防大量的婚姻不和上升为暴力。

但是，如果家暴到了需要警察介入的程度，我们就会建议夫妻进入"第一步项目"，而法官会根据情况提供这个项目来替代监禁或者罚款。我们处理一切暴力事件的关键是早期干预，以防发生更多的伤害或者必须把施暴者送进监狱的情况。这种非惩罚、教育性的干预是非常理想的。我们不必教夫妻如何运用选择理论，他们要做的就是一起了解它、使用它，然后一切都会变得简单，而如何使用它也会成为学习经验的一部分。

在优质社区，一旦任何人发现孩子在家遭受虐待，或者在学校或社区里不能与人融洽相处，这样的信息就应该被当作社区紧急情况处理。在许多青少年做出任何犯罪行为之前，优质社区就会发现身处困境中的他们。早期的帮助会让个体免于受苦，并为社区节省大量金钱。我的构想是：一旦社区里有相当数量的人——不论是专业的还是非专业的——学习了选择理论并有着共同语言，自然就会形成某种社区力量，可以及时帮助这些孩子。卡琳和我都愿意为这种重要的力量提供持续的咨询。现在社区所做的是惩罚或忽视，不但不起作用，还会让事态恶化。

我无法提供具体的策略。但只要我们接触过曾被粗暴对待的孩子，就都会知道最好的方法来自选择理论。我们邀请孩子的父母学习选择理论；如果案子上了法庭，法官也会命令父母这样做。既然福斯托里亚的妻子们欢迎这种干预手段，父母们或许也会欢迎它的。当麻烦产生时，了解选择理论的人们可以找到应对的方法。在被外部控制理论主宰的社会，尽管我们的出发点是好的，但行动往往帮助不了这些孩子，甚至还会伤害他们。而在优质社区，在选择理论产生的作用及其对学校和家庭的积极影响下，受害儿童会更少，我们可以集中帮助他们。

随着社区居民开始在生活中使用选择理论，他们的医疗成本会越来越低。很多因疼痛、痛苦、疲劳和慢性疾病而求医问药的人是受外部控制心理学破坏所苦，尤其是它导致的令人不满的人际关系，而不仅仅是纯粹的医疗问题。在优质社区，我们将为那些不需要医疗帮助的人提供学习选择理论的机会。我们节省的钱将远远超过花费的几美元，因为需要看医生的人会更少，需要开的药方也更少。

不只有护士和咨询师，有时全科医生也会接受培训以带领学习小组，一个小组可以接受15个成员，但理想人数只有在实践中才知道。无论那些慢性病患者参与哪一个社区项目，这将是健康计划提供的一份"物美价廉的礼品"。我必须强调，这个项目永远不能取代医学治疗或者一对一的咨询，但它确实会减少人们对这两者的需求。特别是会减少昂贵仪器（比如核磁共振和CT扫描）的使用费，因为在检查那些郁郁寡欢的慢性病患者时，医生会频繁使用这些仪器。

现在，因为把孤独的人看作病人，我们付出了巨大的代价。而教授他们选择理论可以减少这种代价，还可以给他们提供比现在更多的帮助。

在获得帮助后，他们会成为这个项目最大的支持者。如果一个健康维护组织想变得更具竞争力，它应该允许医生在这些病人（比如癌症和心脏病患者）身上多花些时间，病人可以从医生和护士的持续关怀下获益良多。如果一位医生花费额外的五分钟关照重症监护下的病人，这五分钟可以防止病人及其家属像如今这样因为感到自己被忽视而提出抗议。这个社区项目最大的优点是，它不会将这些人单独挑出来，对待他们与社区整体的教学没有多大差异。

在优质社区，我们还会为所有警察和狱警提供学习这些理念的机会，这样他们就能将其应用于工作中，并将其教给他们的工作对象。举个例子，一位警官可以将选择理论应用到与学生的谈话中，劝他们远离毒品。在优质社区，缓刑官和假释官可以教授其负责的犯人选择理论，犯人一旦学会这套理论，就可以进行积极的谈话和思考。缓刑犯和假释犯可以单独阅读本书，也可以在由假释官或缓刑官领导的小组中阅读。那些熟悉本书理念的社区志愿者也可以与警察一起工作，因为对假释犯和缓刑犯来说，有一个来自社区的成员设法帮助他们学习这些理念，显示出对他们的关心，是非常有益的。

我们也会要求已婚的假释犯和缓刑犯与其配偶一起阅读本书，并将他们带进讨论小组。无论他们是真诚地做这件事，还是用这本书和小组做幌子，没有关系，结果都是一样的。文图拉的一些女孩经常告诉我："我只是在假装配合这个项目，你永远都不会真正改变我。"我会说："很好，努力欺骗我吧，对我来说都一样。"几个月后，她们笑着说："你知道会发生这种事，不是吗？"我问道："发生什么事？"然后我们会一起大笑。

优质社区里的法官会发现，他们有了一种新的量刑选择，一种新的改变非暴力初犯的方法，可以让这些罪犯避免牢狱之灾——让他们入狱不仅不会起作用，反而会让事情变得更糟。法官会给这些罪犯一个简单的任务——如果他们能获得缓刑的话——让他们阅读这本书，然后写一篇报告，描述他们在生活中如何使用这些理念。这会让他们从新的角度来思考问题。现在到处都是外部控制心理学，它把我们的监狱变成了地狱。

社区监狱和少管所里的犯人在服刑期间同样可以阅读本书并进入讨论小组，将此作为可以帮助他们减刑的良好表现的一部分。如果他们不识字或者识字不多，可以听其他人阅读材料或者听录音。他们当中许多人都希望有机会打破监狱里乏味单调的生活。像其他受邀的参与者一样，这些犯人也知道社区付出的这种努力——他们没有因所犯罪行而被特殊对待，知道这一点可以让他们更愿意参与活动。而且，如果他们当中有人接受过咨询，就会知道选择理论会使咨询更有效。

我见过的最优秀的选择理论非专业培训小组是由15名犯人组成的，他们在俄克拉何马州的监狱里服长期徒刑。他们并没有把学习这些理念当作无趣的工作，他们喜欢这样做，并表示在压力大时这样做很有帮助，而这种压力会终身陪伴其中某些人。再次重申，我们需要做的就是教授选择理论并询问人们如何运用它。

在优质社区，一个22岁的青年因为抢劫钱财和私藏毒品入狱6个月，他刚被释放，假释官和他初次见面时可能会有下面这段对话。他如果重犯并被捕，将面临一次更长的刑期。他已经进出少管所四五次了，加上在一次帮派械斗中受伤而接受的手术治疗，社区已经为他花了75000多美元（不包括他在州监狱里的花销），而且除了偶尔支付消费税之外，他还没有做出任何贡献。如果没有什么足以改变他的事情发生，那么他再次入狱的概率非常高。这位假释官会这样开始："你明白我们对你有什么期望吗？"

"不碰毒品，不碰酒精，按时报告，远离老友，好好工作。哦，还有按时来这里。"

"我们叫你来的时候，准备好一份尿样给我们。还有，带一张你找工作的地点清单过来，写上你都去哪里找工作了。"

"没问题，我很勤奋，我想工作。"

"好，我们还有几分钟。你看你还需要什么帮助吗？我会尽量帮你远离麻烦的。"

"你不必担心我，长官，我很好。"

"我是不必这样做，但是我担心你，我担心你的现在。"

"你担心什么呢？我告诉过你，我很冷静。"

"我担心你在想什么。"

"我在想什么？我没有想任何事，不要为此烦恼，我很好。"

"你读过书，进行过讨论吗？"

"读书，你在开玩笑吗？我一本书都没有读过，我连九年级都没上完，都是那些书害了我。你到底在说什么呢？"

"我在说我们的谈话根本毫无进展。告诉我你很好，等于什么都没告诉我。你识字吧？"

"我当然识字，但如果你想送我去学校，别想了。我正想告诉你呢，我不是读书那块料。"

"你也不是能长期不进监狱的那块料。那些从来不读书的人会经常进监狱的。"

"你在说什么呢？许多家伙在监狱里整天读书，可有些人从来没有出去过。读书对他们有什么用呢？"

"他们直到进了监狱才会去读书。如果你回到监狱，你也可以开始读书。但我希望你现在就开始，做一些之前从没做过的事。"

"现在你说了算。你给我一本书，我会读它的。我没问题。"

"不，我没有书，但我有一个阅读小组。我想让你来参加阅读小组。他们会讨论一本受欢迎的书，这个城市里的许多人都在读。它不仅仅是为监狱里的人准备的，它适合每个人。"

"一群像我这样的人组成的阅读小组，你在开玩笑吧。这是个玩笑吗？"

"不，不是玩笑。这里一直有读书会。我想你会觉得参加这个小组比跟我谈话有趣得多。它与你切身相关,真的是这样。"

"什么叫与我切身相关?"

"你参加这个小组之后就会明白的。我现在正在召集小组成员。一个星期内回复我,我会告诉你去哪里开会。"

"我必须这样做吗?"

"你必须这样做。"

"否则你会逮捕我吗?"

"这样说吧。如果你这样做,我们的相处就会容易得多。这个小组一周开一次会,一次两个小时。他们会点名的。你先去四次,之后如果你想退出,我会尊重你的意见。怎么样?"

这种做法可能会为一位假释官的工作提供切实有用的补充。而且,所有参加读书会的人都会喜爱这种被一视同仁的感受。

准备开始第一步

因为建立基于选择理论的优质社区是前所未有的行动,所以我们那时在科宁城要做的事情必须得到精确的计划。那些参加初始小组的人员非常关键。如果他们是社区领导,会被媒体询问许多问题。如果他们强烈支持这个项目,我们就很可能会成功。我们的委员会同意至少劝说100人带头阅读本书,他们大多是社区领导。卡琳和我将与这个小组会面。

从那时开始,说服社区居民启动这个项目的最好方法就是从与社区内其他成员保持着有规律的联系的人开始。在初始阶段,委员会可能会利用牧师向他们的教众传达这一信息。教会团体在这方面尤其合适。我还看到委员会在联系社区服务组甚至电台主持人。社区居民经常聚会的地方尤其适合解释这项活动如何开展以及感兴趣的人如何参加初始小组。不过,对于高层管理者,我认为需要通过与他们同级的其他领导者来单独联络。

科宁城有两位接受过选择理论培训的女士愿意向感兴趣的小组成员解释这个项目；如果时间允许，她们还会向个人进行解释。我们在美国、加拿大以及其他几十个国家都发展了接受过选择理论培训的人群，可以帮助其他感兴趣的社区开展这一项目。我确信那些受训者会乐于帮助任何社区启动项目。

初次参加小组的人最好与其他人一起阅读本书，并与身边的人进行讨论。丈夫和妻子可能是最方便的搭档，不过任何两个人都可以，只要他们当中有人愿意出席初次会议（确保在筹备会上至少有100个人）。但是，任何阅读过这本书的人，我希望包括那些媒体人，都应该在初次会议上受到欢迎。我让委员会来决定初始小组的成员，但我相信小组应该包括下列人群：

- 隶属政权机构的人士：市长、市议会成员、市执政官、地方和联邦政府官员、政党首脑。
- 隶属工商管理机构的人士：这些机构管理着科宁城的玻璃业、工会、公用事业公司、私营企业、银行、保险公司、房地产公司以及书店。
- 报纸、广播台、电视台的主管和记者。
- 宗教领袖。
- 青少年、成人和家庭法院的法官以及矫正官。
- 社会服务、福利和慈善事业、公园的代表以及休闲娱乐业人员。
- 各个层次的教育领导，包括从幼儿园到大学（公立和私立），以及高中的一些学生领袖。
- 医疗和咨询团体成员，包括医疗保健组织或健康维护组织的管理者、医生、护士、职业理疗师、咨询师、心理学家和社会工作者（公立和私营）。

- 警察和消防部门的代表。
- 对参与社区工作感兴趣的居民,包括艺术家、园艺工作者以及公民权利拥护者。
- 妇女团体、民权组织、种族和民族团体、老年人团体以及基督教青年会的代表。
- 社团组织(比如扶轮社、基瓦尼俱乐部、国际狮子会、埃尔克斯俱乐部,美国大学妇女联合会)的代表。
- 一些阅读本书的保守人士,如怀疑论者、吝啬鬼、否定论者、扫兴者以及阻挠者。
- 所有你能想到的人。

如果科宁城的项目能够旗开得胜,我建议任何想要开展社区项目的团体前来参观,并与那些参加过初始小组的人进行交谈。在科宁城的初次会议上,我们会制订一个劝说大多数社区居民阅读本书的计划。我相信知识分子会感兴趣的。科宁城寒冷的冬天也会支持我们,冬季正是阅读的好季节。

阅读小组

既然有这100多位领袖人物和初次会议上其他读者的支持,如果让社区中其他居民也开始阅读,一个好方法是在初次会议的志愿者中建立阅读小组。这些人在社区里越出名、越受尊重,就越能促进这个项目开展。举个例子,如果警察局长参与这个项目并同意带领小组,那么这将会产生很大的影响力。如果这位局长要求他的手下参与,项目的推进也会变得很容易。但是,我们不应该对任何人施加压力,外部控制不是优质社区的风格。

阅读小组最初的领袖并不一定要是专家，他们需要的是良好的幽默感和一些人际交往技巧。我们发现退休人士中有许多人可以领导这些小组。退休后，人们最怕自己的智慧不再有用武之地，而这种使用方式很令人激动。如果我们能从初始小组的100人中找出10个小组领导，然后再从每个小组中找出10个有兴趣成为领导的人，那么我们就会有一个好的开始。甚至在初次会议之前，初始小组里如果有对领导阅读小组感兴趣的人，也可以设立他们自己的小组。

初始小组以及后来的阅读小组里会不断出现领导，而这些理念会以一种连锁反应的方式传播出去。阅读小组将根据成员构成情况决定多长时间举办一次读书会。即使在阅读小组举办读书会的过程中，想领导小组的人也可以另外建立新小组。我看到一些小组成员在邀请其他感兴趣的人加入，所以他们明白自己在干什么。

一旦读书会开始，就需要有一个信息协调办公室为想参加阅读小组的人做登记、建立小组、选举领导、记录每一件事务。可以根据登记人的一些信息来建立兼容性小组，但如何操作或是否明智，只有在实施过程中才能得知。一开始会有许多不同的小组，然后随着领导的产生，这些小组会变得越来越同质。

高中生也应该参加阅读小组，作为他们英语或社会研究课程或者社区服务的一部分，但所有学生都应该享有学习选择理论的机会。如果他们愿意，十一和十二年级的学生可以被分配到成人组，以使他们在这个过程中感受到平等对待。不过，如果没有父母的许可，我们不会要求学生去阅读这本书。

我们鼓励销售这本书的书店制作海报，描述科宁城正在进行的项目，所有感兴趣的人，尤其是本书的购买者可以获取讨论这个项目的小册子。那些书店也许渴望与委员会合作，主持关于本书的讨论会。这些讨论会是招募阅读小组成员的一个好机会。一些小组由那些阅读过本书并想保持会面的读者组成，有些小组也可以吸纳新的成员。卡琳和我在头两年会定期安排大大小小的筹备会，这样可以做到教学相长。

实施阶段

实施的主体是一般阅读小组，小组中的每个人都会学习选择理论，并将其应用于生活；然后是特殊阅读小组，比如由学生、教师和家长组成的学校小组，他们可以独立或者共同学习选择理论，但都会为学校争取优质而努力。其他特殊小组可以由以下人士组成：警察、狱警、政客、公务员、医疗保健业人士、娱乐界人士、社会服务人员以及庭审人员和律师，等等。

我甚至能够想象一群无助的人聚集在一起吃晚餐并讨论这本书。这些小组的共同点是：它们不是治疗小组，其目的是向成员介绍选择理论并鼓励他们在生活中学以致用，并且合适的时候在工作中运用它。几乎所有的一般小组都由志愿者领导，特殊小组则主要由专业人士领导，如果需要的话，志愿者也会帮忙。

实施该项目的其他环节包括向精神病学家、心理学家、社会工作者、婚姻和家庭咨询师、企业咨询师、药物滥用咨询师以及牧师等职业性质为帮助他人的从业者介绍选择理论，他们有兴趣在工作中使用选择理论，但还没有参加阅读小组（无论是非特殊的还是特殊的）。在科宁城，我会向阅读本书的专业人士解释，我在工作中是如何将选择理论与现实疗法结合起来的。在这次解释和演示之后，如果他们想要获得进一步的培训，可以联系为全世界提供培训的威廉·格拉瑟学院。

除了专业培训（这是可选的）之外，在任何社区实施这个项目的费用都很低，因为这个项目的核心——特殊阅读小组——是由这个组织内的志愿者领导的。因此，这些费用可以用来建立和管理非特殊的阅读小组。而且，我认为社区所花费的每一块钱，都可以通过其他方面花销的缩减和人类疾苦的剧减而得到加倍偿还。

到目前为止，这个项目最大的影响在于对每个人生活的改变。每个学习选择理论的个体和家庭都有了更多的幸福机遇，而且现在有工具可以测量这些变化了。但是，我们可以明显地看到，疾病、家庭暴力、教学质量差、青少年和成人犯罪、家庭的分离和离婚、职场乱象以及药物滥用的问题显著减少了。我们现在正在收集一些统计数据。

为了避免臆想和猜测，科宁城委员会同意雇佣研究人员评估这个项目对社区的益处，而这一努力又节省了哪些方面的花销。对一个在专家教授指导下的社科博士生来说，这将是一个非常棒的计划。虽然还有许多事情要做，但卡琳和我对此表示感谢，并愿意提供力所能及的帮助。这是一个试点项目，我们的目标是向其他社区展示，通过一起努力，我们可以挑战人性进步曲线图上那条平坦的线，现在是时候将它提升起来了。

1998年10月1日，纽约科宁城的优质社区项目在顺利地进行中。它被称作"选择计划"，为期五年，拥有项目负责人、基金会和商业计划。现在已有两名研究者表达了追踪这个项目的兴趣。

重新定义个人自由

第十三章

我在本书中强调,如果愿意以选择理论代替外部控制心理学,我们的生活中将会拥有更多、更广泛的个人自由。我们现在就来看看本书归纳的选择理论的十条原则。正是通过这些原则,我们得以重新定义个人自由。

选择理论的十条原则

1. 我们只能控制自己的行为。事实上,只要我们愿意承受严厉的惩罚甚至死亡,就没有人能迫使我们去做任何事。当受到威胁和惩罚时,无论是做什么,我们都很少能完成得好。

当真正意识到我们只能控制自己的行为时,我们便开始了重新定义个人自由的旅程,而且我们会发现,在许多情况下,我们拥有的自由超乎自己的想象。我们如果不想听从他人的指挥,可以自行决定愿意放弃多少自由。举个例子,当一位妻子对她的丈夫说"你要是不对我更好一点,我就会离开你"时,她就在重新定义自己的个人自由。她有权选择离开,现在她要做的选择是:如果决定留下来,她愿意放弃多少自由。就控制自己的生活(这是可能的)而言,我们必须不断判定自由对自己的重要性。

想想看,你花了多少时间,试图让别人去做他们不想做的事,又花了多少时间反抗别人让你去做你不想做的事的企图。想想蒂娜浪费了多少时间企图让凯文来求婚,而她本应用这段时间来使他们的关系更融洽。她知道她只能控制自己的行为时,就会拥有更多的自由去做对这段关系最有益的事。

2. 我们能给予他人或者从他人处获得的只是信息。我们和他们如何处理该信息则是各自的选择。

再回想一下蒂娜。她最终接受她能给凯文的只是信息，而她可以控制给他什么信息这一事实时，便可以停止唠叨，并对他说一些拉近关系的话。当她不再担忧自己做不到的事——控制凯文时，她就拥有了更多的自由。教师可以向学生传达信息并教他们使用信息，但教师绝对不能越俎代庖。你一旦摆脱了那个陷阱，就会重获大量自愿放弃的自由，不再对那些选择不用功的学生感到内疚。

3. 所有长期的心理问题都是人际关系问题，许多其他问题（比如疼痛、疲劳、虚弱和一些慢性疾病，通常被称作自身免疫疾病）中一部分的原因也是人际关系问题。

我们没有必要浪费时间检查生活的方方面面来寻找痛苦的理由。痛苦的原因总是跟这件事有关：一段重要的人际关系没有我们期望中那么好。我们必须面对这个事实，否则自由将无从谈起，我们会将自己锁进一个不可能完成的任务中。没有人能保证可以解决这个问题，但如果我们不去面对它，可以保证的是，它永远不会被解决。

4. 人际关系问题是我们生活的一部分。

我们不必去看很遥远的人际关系。重要的不是过去或未来的关系，而是当前的关系，在此，我们必须重新定义自由。我们可以对许多事情不管不问，但是没有满意的人际关系就不会有幸福的生活。我在本书中一再强调获得人际关系中的最大自由，但它绝对不是一种完全不受约束的自由。我们必须考虑他人的想法，所以在一段关系（比如婚姻）中，我们能够拥有的自由必须随着岁月变迁而不断被重新定义。对了解选择理论的双方来说，调解圈是重新定义自由的一个好工具。

5. 过去发生的痛苦事件与我们今天的生活有很大关系，但是回顾痛苦的过去对我们没有什么帮助，我们现在需要做的是改善当前的重要关系。

我们可以让自己摆脱这个观念：在解决现在的问题之前，最好能够了解自己的过去。令人满意的过去值得我们回忆，但不要回顾那些令人不愉快的过去。大多数时候我们知道发生了什么，但有时，如果是创伤性事件，我们的创造力系统就会介入并抹掉痛苦的记忆。"不了解自己的过去就注定要重蹈覆辙"这种观点是不正确的。我们的任务是尽己所能改善当前的人际关系。我们没有注定要重蹈覆辙，除非自己选择这样去做。在选择理论的帮助下，我们可以通过双方都满意的行为来改善当前令人不满意的关系。如果认为不能理解过去，现在就会被束缚住手脚，那么我们便选择成为过去的囚犯。这样做是很难感受到更多自由的。

6. 我们受到五种基因需求的驱动：生存、爱和归属、权力、自由和乐趣。

这些需求必须得到满足，它们可以被延迟，但不能被否认。只有我们自己能决定何时满足它们，没有其他人能告诉我们。我们可以帮助别人，但永远不能替他们满足需求，我们只能满足自己的需求。如果我们尝试满足他人的需求，那就是给了自己一个不可能完成的任务。在困住自己的同时，我们也失去了自由。

7. 我们只能通过满足自己优质世界中的画面来满足这些需求。在所知的一切事物中，我们选择放进自己优质世界的是最重要的。

如果自己优质世界中的画面能够成真，我们就会体验到最大的自由。如果优质世界中的画面无法实现，我们就在失去自由。

8. 从出生到死亡，我们所能做的只有行为。所有行为都是整体行为，由四个不可分割的成分组成：行动、思维、感受和生理状况。

9. 所有整体行为的特征都是动词形式，通常是动词不定式或动名词，而且根据其最容易识别的成分来命名。举个例子，应该是"我选择了抑郁"或"我在抑郁"，而不是"我患上抑郁"或者"我感到抑郁"。

外部控制心理学的信徒很难接受这个明显的道理，但如果不理解它，我们就会失去大量的自由。选择终止抑郁是外部控制者永远都不会拥有的美妙自由。这些人认为痛苦是降临在他们身上的，或者是由他人造成的。一旦说出"我选择了抑郁"或"我正在抑郁"，我们就会立即意识到这是一个选择，而且我们会收获个人自由。这就是为什么用动词标记这些选择是如此重要。

10. 虽然所有整体行为都是被选择的，但我们只能直接控制行动和思维。不过，可以通过选择行动和思考方式来间接控制感受和生理状况。

我们不能直接控制感受和生理状况，只能直接控制行动和思维，理解这一点可以让我们知道自己的能力所限。虽然改变行动和思维也不容易，但那是我们能做到的。如果我们对行动和思维变得更加满意，就会获得更大的个人自由。

当你在一段关系中感觉不到自己想要的自由，那是因为一方或者双方不愿意接受选择理论的原则——你只能控制自己的人生。在领会这个原则之前，你无法运用选择理论的任何理念，比如基本需求、优质世界和整体行为。但是，一旦你领会了它，选择理论的全部内容都会为你所用。那时，你可以自由地选择与想亲近的人更加亲近，无论他们的表现如何。而且，当他们也越来越了解选择理论，你与他们的相处会越来越融洽。选择理论对人际交往的黄金法则有支持作用，这本书的目的就是让你能够自由运用这个黄金法则。

附录　威廉·格拉瑟学院

1967年，我创办了现实疗法学院，目的在于教授这种疗法。这所学院是一个非营利性的慈善机构。我的妻子卡琳和我在学院工作，但不从其中领取任何薪水。自从它创办以来，我就在不断扩展自己对选择理论的思考，将其应用于现实疗法的各个方面。我将选择理论的应用扩展到学校，比如优质学校，以及其他需要应用管理手段并努力达到优质的领域。在本书中，我还将选择理论进一步应用于整个社区。

由于这些扩展和应用，我的行为已经远远超越了现实疗法的范围；为了更加准确，我将现实疗法学院改名为"威廉·格拉瑟学院"。我做出这个更名的举动后，任何对我的观点及其应用感兴趣的人就能轻而易举地联系到我们。多年以来，随着教学和培训的发展，我们已经在世界上的许多国家建立了分校。

威廉·格拉瑟学院通过会员制为公众提供服务，并在许多方面为会员谋利。会员身份是对致力于现实疗法理论和实践、领导式管理以及选择理论的学员的认可。学院负责协调和监管所有的培训项目，并起到信息交换所的作用。我经常把最新的思想通过录音带、录像带和出版物传递给会员。作为一个网络中心，人们可以通过学院的简报交流思想，并通过国际会议和地区会议相互联系。学院为会员在面向个体、机构和社区的工作中提供大力支持。会员可以通过《现实疗法期刊》（*Journal of Reality Therapy*）发表关于教授和使用现实疗法的最新进展的文章。学院还会通过地区代表和国际联络人的身份为会员提供发言权。

威廉·格拉瑟学院主要为那些想要在心理咨询中使用现实疗法的咨询师（治疗师）服务，为他们提供一个密集的三周培训计划。这个培训分为五个部分，最短需要18个月才能完成。首先，我们会提供一个初级强化周，它比较适合小团体，每位导师带领不超过13个学员。一周之后，希望继续的学员可参加最短30个小时的初级实践小组。他们在完成初级实践之后，可以进入另一位导师带领的高级强化周，在那之后进入高级实践小组。

最后在高级实践小组导师的推荐下，学员可以参加证明自己所学知识和技能的领证周。有了这个证明，我们就会颁发结业证书。这个证书不是法定的专业实践许可，但大学课程和继续教育单位经常开展这项培训。现在，全世界已有超过5000名证书持有者。

获得资格证书之后，一些学员选择继续接受培训，并成为我们组织中的指导者。指导者分为四个等级：初级课程导师，可以教授初级课程；高级课程导师，可以教授初级和高级课程；初级周导师，既可以教授两种课程，又可以教授初级强化周；高级周导师，可以教授所有四个阶段。每个培训阶段的收费标准也不同。对于初级强化周和高级强化周，费用取决于学员是以个人还是团体形式报名。

对于那些希望成为优质机构的学校，比如亨廷顿·伍兹，我们学院有一个基于十年经验的新培训项目，读者可以联系学院询问细节。完成这个项目之后，每位学员都会得到一张证明自己作为优质学校教师的专业证书。校长会被颁发类似的证明自己作为优质学校管理人的专业证书。然后，他们的学校会被认证为优质学校。在开始之前，我们强烈鼓励校长参加为期一周、由学院资深导师提供的管理人培训项目。

这笔培训费由学校来支付，但学校通常没有专项资金，而是从各种渠道来筹集经费。由于优质学校是一所无毒品学校，因此可以使用联邦政府提供的毒品干预基金。如果一所学校致力于清除毒品，通常可以获取这项基金。因为每一阶段都是独立付费的，所以启动经费可能在许多学校的培训预算之内。这本书是我们所有教学的基础，开始前一定要阅读和讨论本书。

我们对培训项目的所有指导包括解释和演示。这些都是供实际操作的项目。我们希望人们能联系威廉·格拉瑟学院并来参观我们是如何帮助任何个人、团体、学校或社区追求这些理念的。

住在南加州并对此项目感兴趣的人，可在每月最后一个周日 16：30 至 18：30 到查茨沃思学院试听我的演讲。这些课是免费的，我们欢迎所有对此感兴趣的人，但我会给咨询师一些优先权，因为在此期间我主要教授咨询。如果你想参加，请打电话、发传真或邮件告知学院为你预留位置。

我们学院雇佣的都是亲切友好、受过选择理论培训的员工，所以如果你联系我们，肯定能得到满意的答复。我希望向全世界人民教授选择理论，我邀请你也加入我们，共同努力。

译后记

威廉·格拉瑟是现实疗法的创始人，而我是存在主义疗法的热衷者。之所以翻译了现在你手上拿的这本书，大概是缘于此前我选择翻译了一本叫《现实疗法》（罗伯特·伍伯丁著）的书。在我看来，现实疗法与存在主义疗法有着许多共通之处。比如"选择""自由""责任"这些在现实疗法中频频出现的词，其实也是存在主义疗法的核心词语。因此，在我所熟悉的存在主义治疗师队列中，加入一个威廉·格拉瑟也似乎毫无违和感。

存在主义疗法看似行云流水，一般难以摸清它的套路。现实疗法则不然，它的核心程序甚至可以用四个字母来说明，即WDEP。这几个字母代表了它引导人们做出改变的步骤。W代表询问来访者想（want）从他的周围世界中获得什么，D代表来访者当前正在做（do）什么，E代表来访者的自我评估（evaluation）——检查其需求的可行性、行为的有效性等，P代表了一个行动计划（plan），引导来访者走向想要的改变。

然而，你知道我喜欢的就是行云流水，所以现实疗法令我着迷的还不是WDEP，尽管它看起来简单明了，使用起来方便快捷。我更感兴趣的乃是现实疗法背后的理论——选择理论。正如心理学家勒温所说："没有什么比一个好的理论更实际的了。"掌握了一个好的理论，你可以在生活的方方面面去应用它，而且你使用它的方式是自由的。这种使用的自由——甚至你可以不使用它——实际上也就是治疗师要传递给来访者的。

在我看来，选择理论是一个相当好的理论。选择理论解释了人类心智功能是一个负向输入（negative input）的控制系统。比如，火箭的导航装置显示它远离目标时,就会对推进系统发送信息,以矫正当前方向和目标方向之间的误差。与此类似,一辆汽车设置了导航控制想要的速度,当它侦察到当前速度和目标速度不一致时,这个速度装置就会矫正汽车的速度。同样,当人类发现他们并非在接近自己想要的目标,这种不一致就会引起他们行为系统的活动:即为了保持自己接近目标,他们会做出矫正性的选择。正如威廉·格拉瑟所说:"选择理论让我们知道,我们控制自己生活的程度比我们想象中更深。"而且,他认为:"我们选择了自己所做的一切。"

尽管如此,"是你选择了抑郁"这种说法听起来还是让人心生怀疑,如果不是明确表示反对的话。事实上,几乎每隔一段时间,用不了几个月甚至是几天,人们就会再次热烈地讨论起抑郁症。在媒体的报道中,它成了重要人物、天才、学生以及普通人自杀最常见的、而且似乎不用再进行解释的原因。看起来,人们更相信"是抑郁选择了我"这样的说法。

一些年前,很多人认为抑郁只是心情不好,没什么大不了。如果那时说"是你选择了抑郁",或许还有人承认——当然是外人——他们认为抑郁的人可能是在"作",在无病呻吟。但是现在人们似乎彻底转变了态度,绝大部分人都认为抑郁症是一种疾病,而且是生理上的,得了病就得治!当今人们对待抑郁症的态度,好像把自己当作一个无辜的受害者,要依靠医学和医生来拯救自己才行。

在最近出版的一本书——《渡过:抑郁症治愈笔记》中,作者认为,中度以上的抑郁症患者必须接受现代医学的干预,这是对科学的信念。他说自己写这本书的目的,就是"能够让患者相信科学,面对现实,积极求治,以配合的心态,完成现代医学对自己的拯救"。如今,很多人相信这位作者的体会:"抑郁症是一种器质性疾病,而非简单的心理问题。要及时到专业医院,找临床经验丰富的医生看病。""正确的心理治疗只对轻度抑郁症患者有效。如果抑郁症发展到中度和重度,只能先靠用药改善大脑神经递质的失衡,再考虑心理治疗。"

这样的看法固然有了很大的进步,但我感觉它似乎又要走进另一个误区——把生命的意义交付给科学(医学)来管理。

患了抑郁症,当然会涉及大脑生理的变化。但需要注意的是,这种生理变化可能只是抑郁症的表现之一,并非致病的原因。威廉·格拉瑟在本书中如是说:"大脑中的化学成分并不是产生感受的原因,而是正常的大脑生理活动与行动、思维和感受一起组成了所谓的抑郁这一整体行为。"因此,威廉·格拉瑟认为现在人们普遍接受的解释并不正确,即抑郁并不是由大脑化学物质失衡导致的。而且,格拉瑟对药物治疗与心理治疗相结合的方法也不以为然,他说大多数使用现实疗法的咨询师关注的是失败的人际关系,他们发现并非一定要使用药物治疗,而且在他多年的咨询实践中从没使用过针对大脑的药物。他认为一个靠谱的心理治疗会阻止人们对那些药物的需求。

我宁愿更相信威廉·格拉瑟的说法,抑郁症绝不只是一种简单的生理疾病,采用药物治疗固然可能是有效的,如果有效仅仅是指抑制症状的话;但是,药物不会为我们带来更丰富的生活,也不会为我们带来更多的意义。正如奥斯卡·王尔德所说:"哪里有悲伤,哪里就有圣洁的土壤。"我相信抑郁之中一定蕴含着深层的意义,我们需要对其有更多的了解,以让自己拥有更完整的人生。了解它的方法就是借助靠谱的心理治疗,而且这种心理治疗最好涉及了选择理论,当然,如果还结合了存在主义理论就再好不过了。

《选择理论》这本书非常值得一读，也值得我时而忘记微薄的翻译费这回事，而逐字逐句地将它从英文转化为中文，它确实让我在知识这个层面收获不少。甚至在翻译的过程中，选择理论的理念就在悄然地渗透进我的头脑，改变着我的生活。然而，这改变不了翻译是一件苦差事的事实。它的苦不在别处，只在于时时要求你跟它在一起。人、电脑、原文、译文，缺一不可。写作也是一件难事，但写作期间你仍可"休息"，可以在床上、在路上、在车上整理你的思路。然而，翻译，你就得老老实实坐在电脑面前，敲敲敲。敲出来一遍，你还得对照原文订正一遍，以防漏译错译。然后，你还得看看中文再读一遍，以防有读不通顺的地方。你若有闲暇，最好再来一遍，如果你记得翻译的目标是"信、达、雅"的话。但是，在这个快速运转的社会，很多人没有这个闲暇。

多说无益，选择翻译一本书，便有责任将它做到最好。关于如何译好一本书，新世界出版社的姜汉忠老师曾说过一段话，是非常到位的，在此与大家分享："当翻译，尤其是当从外文到中文的翻译，至少需要五个条件：第一，古文修养要丰厚，否则你的译文没味道；第二，原文理解要深邃，否则你的译文不靠谱；第三，专业背景要有力，否则你的译文很外行；第四，逻辑思维要严密，否则你的译文看不懂；第五，良好习惯要牢固，否则你的译文糊弄人。"要具备这五点，绝非一朝一夕之功。

译书不易，与各位译者共勉，请各位读者不吝赐教！

郑世彦
2016 年于合肥天鹅湖畔

出版后记

美国心理学家威廉·格拉瑟是选择理论和现实疗法的创始人，本书在长达半世纪的心理咨询经验的基础上撰写，是格拉瑟阐述选择理论的经典著作。格拉瑟认为传统的精神分析方法有其局限性，他在为患者提供咨询时并不关注心理问题的历史起源，而是将重点放在咨询对象此时能够针对现状采取的行动上。选择理论的精髓即为：我们能且只能选择自己的行为，我们无法控制他人，能向他人提供的只有信息；而很多心理问题的成因，都与不尽如人意的人际关系紧密相关。

本书系统而全面地展现了格拉瑟对心理问题的创新解读，哪怕成书于20年前，如今读来仍然能让人心生共鸣。格拉瑟提出，我们应用已久的外部控制心理学，正是导致我们的人际交往陷入困境的原因之一，这种做法试图夺走他人的个人自由，带来了大量的痛苦。建立在这种传统心理学上的心理咨询方法事倍功半，选择理论让我们得以转换视角，明确个人自由的边界，只对自己的选择负责，不试图控制他人，也不落入被他人控制的陷阱，积极发展充分保障彼此选择自由的新型人际关系，很多问题便可迎刃而解。

格拉瑟认为，选择理论的应用可以遍及现代生活的方方面面，因此在本书中，他在对基本概念做过详细定义后，具体阐释了选择理论在婚恋关系、家庭与亲子关系、教育领域、职场和社区中的应用，可以说只要有人际关系存在，就有选择理论的用武之地。也许比起一种心理学，选择理论更像一种态度，无论是否对心理学有过研究，都可以轻松上手。

在生活中主动应用选择理论，给自己和身边的人多一些选择空间，你便会明白"退一步海阔天空"的真正含义。

服务热线：133—6631—2326　188—1142—1266

服务信箱：reader@hinabook.com

后浪出版公司

2017 年 2 月

图书在版编目（CIP）数据

选择理论 /（美）威廉·格拉瑟著；郑世彦译. — 南昌：江西人民出版社，2017.2
ISBN 978-7-210-07508-0

Ⅰ.①选… Ⅱ.①威… ②郑… Ⅲ.①选择学 Ⅳ.① C934

中国版本图书馆 CIP 数据核字（2016）第 308534 号

CHOICE THEORY: A New Psychology of Personal Freedom
Copyright©1998 by William Glasser
Published by arrangement with Harper Perennial, an imprint of HarperCollins Publishers.

本书简体中文版由银杏树下（北京）图书有限责任公司出版。
版权登记号：14-2016-0371

选择理论

著：[美]威廉·格拉瑟　　译者：郑世彦　　责任编辑：辛康南
出版发行：江西人民出版社　　印刷：北京汇瑞嘉合文化发展有限公司
690 毫米 ×960 毫米　　1/16　　19.5 印张　　字数 262 千字
2017 年 6 月第 1 版　　2017 年 6 月第 1 次印刷
ISBN 978-7-210-07508-0
定价：49.80 元
赣版权登字 –01-2016-927

后浪出版咨询(北京)有限责任公司 常年法律顾问：北京大成律师事务所
周天晖 copyright@hinabook.com

未经许可，不得以任何方式复制或抄袭本书部分或全部内容
版权所有，侵权必究

如有质量问题，请寄回印厂调换。联系电话：010-64010019

《抗压力》

比学历和智商更重要的"抗压力"锻炼法
日本商业精英首选抗压指南

著　　者：[日] 久世浩司
译　　者：贾耀平
书　　号：978-7-5502-6432-8
出版时间：2015.12
定　　价：32.00 元

　　本书能让你摆脱消极情绪的恶性循环，用运动、音乐、呼吸、写作，物理手段助你神清气爽，一身轻松。它可以帮你分门别类应对各色思维定式，还原内心最真实的声音。它还能让你通过科学的手段培养自我效能感，用获取成功体验、观察他人成功经验、接受他人鼓励和营造兴奋氛围的四大途径重拾自信，斗志昂扬。锻炼抗压力，你还可以了解自己的优势，有效规避弱点，用你能做的，做你想做的。

内容简介

　　为什么身为同样才华横溢的商业精英，有人能攀上事业高峰，有人却中途败退？

　　你是否曾经陷入害怕失败、逃避任务、裹足不前的消极状态？

　　我们如何拥有更幸福的职场体验、事业前景与人生？

　　你需要做的不是一味积极乐观向前看，而是掌握在逆境中直面消极情绪、应对压力的技巧。本书作者久世浩司从他在世界 500 强公司宝洁的多年工作中总结经验，提出了在著名商学院里也无法学到的道理——"抗压力"的重要性。他针对现代人容易遇到的种种压力来源与情况，提出了培养抗压力的七大实用技能，这些诀窍也是他在日本积极心理学学校面向大众进行培训时教授内容的精华所在。不只是商业人士，从企业到院校，从老人到儿童，掌握抗压力就像养成定期运动的好习惯一样，可以让任何人受益终生。

《热锅上的家庭：
家庭问题背后的心理真相》

热销全美20年，累计售出100万册的
家庭问题急救手册

著　　者：［美］奥古斯都·纳皮尔
　　　　　卡尔·惠特克
译　　者：李瑞玲
书　　号：978-7-5502-3890-9
出版时间：2015.01
定　　价：42.00元

权威心理治疗师帮你剖析家庭问题背后的心理真相
隐藏在家庭生活中的危机，人人都应该面对，人人都有能力解决！
使家人口不择言、互相伤害的罪魁祸首究竟藏在何处？
翻开这本书，你将发现答案！
你将建立的家庭，比你出生的家庭更重要。

内容简介

　　为什么本该亲密无间的家人之间会有种种矛盾？为什么我们总是肆无忌惮地对最亲的人恶言相向？为什么我们总是要的太多而付出的太少？为什么父母的婚姻对我们的家庭有如此大的影响？

　　与其步步退避、不知所措，还不如快翻开这本书，看权威心理治疗师的分析解答。

　　作者用生动细腻的语言为我们讲述了布莱斯一家从四分五裂，到求助家庭治疗师，最后在理解和倾听中重建爱的信仰，重获新生的过程。借由书中家庭所面临的危机，作者带我们揭开了家庭治疗的面纱，也向我们解释了家庭中存在已久的制衡力量、三角关系以及原生家庭的影响等诸多问题。

　　本书于1978年成书以来，在全美掀起了广泛讨论的热潮，成为家庭心理治疗领域极具影响力的作品。